Die Macht der Manipulation

Johannes Steyrer

DIE MACHT DER MANIPULATION

Wie man sich durchsetzt, wie man sich schützt

ecoWIN

SALZBURG – MÜNCHEN

FSC
www.fsc.org
MIX
Papier aus verantwortungsvollen Quellen
FSC® C014138

1. Auflage

Medieninhaber, Verleger und Herausgeber:
Red Bull Media House GmbH
Oberst-Lepperdinger-Straße 11–15
5071 Wals bei Salzburg, Österreich

Lektorat: André Pleintinger
Satz: MEDIA DESIGN: RIZNER.AT
Gesetzt aus Palatino, Honda, Garage
Printed in the Czech Republic
ISBN 978-3-7110-0166-5

Inhalt

1. Wie wirkmächtig ist Manipulation?

Südtiroler Eltern wollten Asyl in Österreich beantragen. Warum? »Wir werden unsere Kinder nicht vergiften!«[1], sagten sie. Geht es hier etwa um illegale Giftmülldeponien der Mafia? Mitnichten! In Italien gibt es seit 2017 eine gesetzliche Impfpflicht. Rationale Argumente von Ärzten wie »Die Forschung zeigt, dass es keine schädlichen Nebenwirkungen gibt« überzeugen Impfgegner nur wenig.

Manipulative Tools, Tipps und Tricks können hingegen oft Wunder wirken: Sie sind dreimal wirksamer als rationale Argumente, um die Einstellung von Impfgegnern zu ändern. Sie verursachen bei Schulkindern, zumindest kurzfristig, einen Leistungszuwachs um das Zweieinhalbfache. Sie verdoppeln die Bereitschaft, aus Ökogründen einen Monat lang Mülltagebücher zu führen. 21 richtige Worte bringen Mitarbeiter dazu, immerhin für eine Woche, um 51 Prozent härter zu arbeiten. Ihr Einsatz verzweifacht die Zuwendungen für Krebshilfe und die Bereitschaft zu Prostatauntersuchungen. Sie lassen fast 100 Prozent der Österreicher nach irreversiblem Hirntod ihre Organe spenden, während das nur zwölf Prozent der Deutschen tun. In einem Mahnschreiben, das an säumige Steuerzahler ergeht, genügt nur ein einziger Satz, um den Anteil derer, die die Abgaben überweisen, um 50 Prozent zu steigern.

Diese Tools, Tipps und Tricks verbessern die Chancen beim Anbandeln um das Fünffache, und wenige richtige Worte puschen die Erfolgsquote von Freundschaftsanträgen auf Facebook um sagenhafte 240 Prozent. Wer sie anwendet, erscheint auf einen Schlag um 20 Prozent sympathischer und erhöht den Anteil derer, die ihm aus der Patsche helfen, um das Dreifache.

Durch ihre Handhabung kann in Verhandlungen um 25 Prozent mehr herausgeholt werden. Sie helfen den Verkaufserfolg bis zum Fünffachen zu maximieren und bewirken, dass der Prozentsatz jener, die sich für das billigere Produkt entscheiden, um die Hälfte schrumpft. Sie verursachen, dass Konsumenten um über 50 Prozent mehr den Verkaufsempfehlungen folgen, und ihr Gebrauch lässt Kunden für ein und dasselbe Produkt doppelt so viel hinblättern.

Dilettantische Beeinflussung ist hingegen ein Schuss ins Knie: Wenige Minuten Videoaufzeichnung von Ehepaaren, die aufeinander Einfluss nehmen, genügen, um mit über 90-prozentiger Sicherheit zu prognostizieren, ob das Paar in drei Jahren geschieden ist. Über sechs Millionen Dollar Leistungsprämien für Schüler haben auf deren Noten keine Auswirkung, und Geld fürs Blutspenden lässt die Spenderquote um 40 Prozent hinunterrasseln.

Von der Macht der Manipulation, wie sie funktioniert, worauf sie beruht und wie sie sich davor schützen, lesen Sie in diesem Buch.

Manipulation: Ein anrüchiger Begriff?

Was bedeutet Manipulation? Manipulation im klassischen, engen Sinn ist durch drei Merkmale gekennzeichnet: Erstens: Manipulation beeinflusst andere zum eigenen Vorteil und gegen deren Interessen. Zweitens: Die Einflussnahme geht so vonstatten, dass das Gegenüber sie nicht bemerkt. Drittens: Der Beeinflusste hat das Gefühl, sich frei entschieden zu haben.[2]

Zweifelsohne, das ist harter Tobak, amoralisch und ethisch fragwürdig. Aber machen wir uns nichts vor. Unablässig beeinflussen Menschen andere Menschen, damit sie etwas tun oder unterlassen, damit sie anders denken oder fühlen – egal ob es sich dabei um Partner, Kinder, Mitarbeiter, Vorgesetzte, Käufer, Schüler, Patienten oder Klienten handelt. Dabei sind immer, direkt oder indirekt, eigene Vorteile im Spiel. Was die Interessen der anderen betrifft, stellt sich überhaupt die Frage, ob – unterm Strich – Menschen stets wissen, was sie wollen. Stimmt die pauschale Sichtweise, dass wir das tun, was wir wollen? Ist es nicht genau andersherum: Wollen Menschen nicht das, was sie tun? Jedenfalls teilen wir alle einen Hang zum Wunschdenken und Schönreden. Was also kommt beziehungsweise kam zuerst: Motivation oder Manipulation? Auch empfinden wir offen zutage tretende Beeinflussungen als Bauernfängereien. Darauf reagieren wir höchst allergisch. Das setzt Gegenwehr und Widerstand in Gang. Geht es daher auch ohne Tarnen und Täuschen? Menschen setzen sich schließlich, wenn es nicht um ihre unmittelbaren Bedürfnisse geht, nur selten von selbst in Bewegung. Dazu sind, wie es der Wirtschaftsnobelpreisträger 2017 Richard Thaler nennt, gewisse Anstöße (»Nudges«) nötig.[3] Schließlich geht es um die Art der Ziele, die es zu erreichen gilt. Schockbilder auf Zigarettenpackungen sind Manipulation pur. Trotzdem sind sie für die meisten legitim.

Noch etwas kommt hinzu. Offene, freie Gesellschaften ersetzen, wo immer das geht, Zwang durch mehr oder weniger freien Willen. Stellen Sie sich vor, wer Seife statt Duschgel benutzt, bekäme Fernsehverbot, wer sich die Beine nicht epiliert, öffentlichen Badeausschluss, Sitzenbleiber in der Schule hätten dem Klassenprimus zu dienen, Raucher die Straßen zu kehren, und wer die Schlagerparade von Florian Silbereisen schwänzt, den verdonnert man zu Fahrverbot in Bayern. Und wer in letzter Konsequenz Kim Jong-un nicht als gottähnlich verehrt, kommt ins Straflager!

Last, but not least stellt sich eine persönliche Frage: Sitzen Sie an den Schalthebeln der Macht? Können Sie andere Leute mit den Worten »You're fired!« nach Belieben über die Klinge springen lassen? Ist das nicht der Fall, dann müssen Sie die Strippen anders ziehen. Dann sind für Sie Tools, Tipps und Tricks der Manipulation eine Frage der Selbstdurchsetzung.

Alles in allem sind die Grenzen zwischen *Manipulieren* und *Motivieren, Verführen* und *Führen* fließend und nicht immer leicht zu ziehen. Daher wird der klassische, enge Manipulationsbegriff um eine Facette erweitert. Er soll auch Beeinflussungen inkludieren, deren Ziele aus Sicht des Beeinflussers legitim sind, eigentlich dem Adressaten nützen, aber trotzdem von ihm nicht gewollt, ja sogar mehr oder weniger abgelehnt werden. Das Beispiel des Impfboykotts ist so ein Extremfall.

Machen wir uns aber nichts vor: In unserem sozialen Leben begegnen wir immer wieder auch der dunklen Seite manipulativer Macht. Dann sind wir die Gelackmeierten, Hereingelegten, Getäuschten und übers Ohr Gehauenen. Wer es versäumt, sich mit Manipulation zu beschäftigen, wird ihre willfährige Beute. Wissen ist da Schutzimpfung und Gegenmittel zugleich.

Bevor wir beginnen, sollten Sie sich aber auch darüber im Klaren sein, dass schlagkräftige Manipulation schwer zu demaskieren ist. Sie setzt tief in uns verwurzelte Reiz-Reaktions-Muster in Gang. Sie wirft in uns Autopiloten an, die kaum auszuschalten sind. Menschen verhalten sich in vielen Situationen, so paradox das auch klingt, irrational, aber dennoch vorherseh- und damit lenkbar. Beispielsweise bremst spontane Emotion überlegten Verstand nur allzu oft aus. Sind wir traurig, nehmen wir für ein und dasselbe Produkt um 29 Prozent mehr Geld in die Hand.[4] Bringen Kellner die Rechnung auf einer herzförmigen Tasse, stecken sie im Vergleich zur eckigen um 15 Prozent mehr Trinkgeld ein.[5] Sozialer Status löst in uns Herdentriebe aus. Im Normalfall gehen 16 Prozent der Fußgänger bei Rot über die Ampel. Tut dies vor ihnen ein Anzug- und Krawattenträger, folgen 55 Prozent. Hat derjenige aber Bluejeans und ein zerlöchertes T-Shirt an, gehen nur neun Prozent mit.[6] Wir sind für uns selbst der Nabel der Welt. Selbstverliebt nehmen wir Mehrkosten von 17 Prozent in Kauf, nur um über uns selbst statt über andere oder Sachfragen reden zu dürfen.[7] Von diesem Faktum leben ganze Branchen. Zu guter Letzt agieren wir völlig aberwitzig, wenn uns die Evolution ein Schnippchen schlägt. Sie hat uns auf Vermehrung getriggert. Daher stecken Männer Sexdarstellerinnen während ihres Eisprungs 49 Prozent mehr Trinkgeld ins Höschen als während der Menstruation. Ihr Autopilot ließ sie das machen, denn keinem war das bewusst.[8]

Dennoch ist Achtung geboten, raffinierte Manipulation setzt zwar – wie von Zauberhand – Automatismen in Betrieb, aber fix ist nix. Ob man sich Ihnen unterwirft oder nach Ihrer Pfeife tanzt, ist bloß mehr oder weniger wahrscheinlich und niemals absolut sicher.

Dieses Buch erläutert die wirksamsten Techniken der Beeinflussung und skizziert den aktuellen Forschungsstand. Besonderes Augenmerk wird auf die Anwendung in Alltag und Berufsleben gelegt sowie auf die Frage, wie man sich vor Manipulation schützt. Zu diesem Zweck werden anschauliche Geschichten zum Start jedes Kapitels, aber auch zwischendurch erzählt, die die Tauglichkeit der Tools, Tipps und Tricks und die damit verbundenen Stolperfallen in der Praxis illustrieren.

Wir starten gleich mit der ersten Story, und zwar mit dem Fall Lena.

2. Das Räderwerk der Beständigkeit

Der Fall Lena, die ihren hartgesottenen Vater aufs Kreuz legt

Frau Mama hat sich schon an das Rap-Gedröhn aus dem Dachgeschoss gewöhnt. Dort hat sich Lena ihr Rückzugsnest eingerichtet. Der Kontakt zwischen Mutter und Tochter ist also noch halbwegs intakt. Weniger Verständnis hat ihr Vater für die zickig-fordernde »Eltern sind doof«-Phase seiner Lena. Töchterliche Aufmüpfigkeit und väterliche Untersagungen gehen demzufolge Hand in Hand. Nunmehr steht für Lena die Schulabschlussparty vor der Tür. Sie glaubt zu wissen, dass die ganze Klasse bis weit nach Mitternacht wegbleiben darf. Allerdings hängt über ihr, wie ein Damoklesschwert, das in Stein gemeißelte Gesetz: »Bevor du nicht 16 bist, hast du um Punkt 22 Uhr zu Hause zu sein!« Vor den anderen offenbaren zu müssen, wie ein Kleinkind behandelt zu werden, wäre Blamage und Bloßstellung zugleich. Ihr drängender Versuch, eine mütterliche Berechtigung, wenigstens bis 23 Uhr, einzuholen, ist fehlgeschlagen. Frau Mama hat einen nicht einbekannten Bammel vor Kollateralschäden, verweigert Seitenabsprachen und beschränkt sich auf den wohlmeinenden Rat: »Versuch's halt beim Papa! Du wirst sehen, wenn du ihn weniger frech bittest, gibt er schon nach.«
Nach Nettsein ist Lena zwar nicht zumute, aber sie hat keine Alternative. Käme sie demonstrativ unfolgsam zu spät nach Hause, dreht der werte Papa mit Sicherheit ihren Sommertrip ab. Sie muss es strategisch angehen: »Papa, alle, wirklich alle in unserer Klasse dürfen beim Schulabschlussfest bis nach Mitternacht bleiben. Nur ich nicht! Ich mache mich lächerlich.« »Lena, du weißt genau«, erklärt ihr der um Contenance bemühte Vater,

»dass das ein Präzedenzfall wäre. Also nein. Jetzt wartest du noch das eine Jahr. Dann bist du 16, und dann sehen wir weiter.« Allerdings hat Lena so etwas antizipiert und kontert mit dem schlagenden Argument: »Papa, eigentlich ist jetzt Sommerzeit, und 23 Uhr ist 22 Uhr. Niemand verletzt also die Regel, und es gibt damit auch keinen Präzedenzfall! Im Herbst haben wir dann ja wieder Normalzeit.« Mit diesem Winkelzug hat ihr Papa nicht gerechnet. Er fühlt sich entwaffnet, ist aber gleichzeitig auch stolz auf die Raffinesse seiner Tochter. Zudem fühlt er sich erleichtert, ohne Gesichtsverlust seine väterliche Toleranz zu demonstrieren: »Okay, das überzeugt auch mich. Also sei's drum. Dann kommst du halt einmal erst um 23 Uhr nach Haus!« Lena triumphiert über den Etappensieg. Mutig legt sie tags darauf ein Schäuferl nach: »Du, Dad«, spricht sie ihn, versöhnlich wie schon lange nicht, an: »Du, Dad – ich könnte mit der Mama von Clarissa nach Hause fahren. Wär's nicht gescheit, wenn ich gleich mit ihr fahre? Aber bitte entscheide du selbst, ob du das willst.« Das Vaterherz antizipiert die nächtliche Marscherleichterung und gibt klein bei: »Ja super, da brauch ich dich nicht abzuholen. Ja, meinetwegen.« Daraufhin lässt Lena, ihren Sieg vor Augen, die Katze aus dem Sack: »Danke, Dad! Das ist super. Aber ich glaube, die Mama von Clarissa holt uns erst später, so gegen Mitternacht, ab.«
Ihr Dad spürt zwar, dass er jetzt in Toleranzzonen hineinschlittert, die jenseits davon liegen, was er für rechtens hält, will aber die soeben errungene friedliche Koexistenz nicht gleich wieder aufs Spiel setzen. Er willigt also ein. Zwei Tage später outet sich Lena: »Dad, Scheiße – Clarissas Mama ist verhindert und kann nicht fahren.« Darauf der kalt erwischte Papa: »Dann hol ich dich um 23 Uhr ab.« Lena dazu: »Das geht jetzt nicht mehr, denn ich hab allen schon gesagt, dass ich auch bis Mitternacht bleiben darf.« In einem Moment resignierter Selbstaufgabe kapituliert das Vater-

herz und gibt nur mehr ein grantig in sich hineingebrummtes: »Mach, was du halt glaubst!« von sich.
Im Herbst steht die Halloween-Party an. Mit der alten Tour kann Lena nicht mehr kommen. Diesmal setzt sie auf eine neue Taktik: »Dad, nächste Woche ist die Halloween-Party. Ich komm erst am Sonntag so gegen 22 Uhr nach Hause.« Wachsam stellt ihr Vater fest: »Sonntag! Das ist mir zwar nicht recht wegen der Schule, aber das geht okay.« Lena darauf empathisch: »Ja, das mit der Schule am Montag kann ich gut verstehen. Aber mach dir keine Sorgen. Das Fest beginnt schon Freitag um Mitternacht. Wahrscheinlich wird's Sonntag eh nicht so spät.« Dass diesem kecken Ansinnen eine forsche Absage erteilt wird, war Lena sonnenklar. Aber sie konnte darauf bauen, dass ihr besorgter Papa sein gewieftes Töchterchen freitagnachts um drei Uhr früh, leicht schlaftrunken, heimbringen wird.

Lena setzte clever und subtil ihre Interessen durch. Wie sie dabei vorging, wird in der Manipulationsforschung die *Fuß-in-die-Tür-Technik*, das *Ködern* und die *Aber-Sie-sind-frei-Technik* genannt. Zur Durchsetzung der Halloween-Party wandte sie die wirksame *Tür-vor-den-Kopf-Technik* an. Was steckt hinter diesen abstrus klingenden Methoden, und wie werden sie zum Einsatz gebracht?

Wir glauben zu wissen, andere Menschen seien in der Hauptsache durch Zureden, Einreden, Überreden, Überzeugen, ja bis hin zum Breitschlagen, also durch direkte Beeinflussung, dazu zu bringen, anders als bisher zu denken, zu fühlen oder zu handeln. Das ist jedoch weitgehend ein Irrtum. Als Beeinflusser sind Sie erfolgreicher, wenn der Beeinflusste sich selbst dazu verpflichtet, was Sie wollen. Um das ins Rollen zu bringen, sind gewisse Starthilfen notwendig.

Zunächst gilt es, die Fehlannahme über Bord zu werfen, hinter menschlichem Handeln stünden immer Absichten. Natürlich verfolgen Menschen Pläne, Ziele und Intentionen. Aber auch das Gegenteil trifft zu. Menschen wollen das, was sie tun! Daraus ergibt sich, den Fokus der Einflussnahme weniger auf Einstellungen, Werte oder Gefühle zu lenken, sondern auf das Handeln.

Handeln Menschen, wollen sie das Getane vor sich selbst und gegenüber anderen rechtfertigen. Vorheriges und Nachheriges sollen folgerichtig und sinnvoll aufeinander bezogen sein. Wir haben ein grundlegendes Bedürfnis nach Übereinstimmung, Durchgängigkeit und Konsistenz. Genau das ist der springende Punkt bei der *Beständigkeitsfalle.* Jedes Handeln engt Optionsräume ein. Haben wir einen Entschluss gefasst, uns auf eine Linie, ein Ziel eingeschworen, lassen wir davon schwerlich wieder ab. Der Knackpunkt ist: »Wer A sagt, muss auch B sagen!« Aber nicht nur das. Hartnäckig überzeugen wir uns selbst davon, das Richtige, Vernünftige, Gute und Sinnvolle zu tun beziehungsweise getan zu haben, bis hin zur starrsinnigen Irrationalität.

Das hört sich noch ziemlich allgemein und theoretisch an. Wie funktionieren also diese »selbst auferlegten Zwänge« im Detail?

Warum Sie trotz bester Absichten ichbefangen bleiben

Der gesunde Hausverstand lehrt, Menschen handeln gemäß ihrer Einstellungen. Gläubige gehen sonntags häufiger in die Kirche. Befürworter einer Aidsprävention verwenden mehr Präservative. Mit der Arbeit Unzufriedene wechseln ihren Job. Grün-Wähler sind keine Vielflieger. All das hat seine Richtigkeit, aber nur in einem bescheidenen Ausmaß. Der Zusammenhang zwischen Einstellung und Verhalten ist, das ist in vielen Studien gezeigt worden, unbedeutender als vermutet.[9]

Beispielsweise hatten Testpersonen die Alternative zwischen a) einer spannenden Aufgabe mit einer möglichen Belohnung von 30 Dollar und b) einer langweiligen Aufgabe ohne Belohnung. Sie hatten zu entscheiden, ob sie sich selbst oder einem Kameraden Aufgabe a) oder b) zuordnen. Zuvor wurde ihre Fairnesseinstellung gemessen. Nur einer von 20 (also fünf Prozent) war der Ansicht, es sei moralisch in Ordnung, sich die gute und dem Kollegen die schlechte Option zuzuteilen. Trotzdem handelten 80 Prozent gegen ihre Überzeugung und teilten sich selbst die interessantere, bezahlte Aufgabe zu.[10] Die Fairnesseinstellung hatte also kaum einen Einfluss auf die Entscheidung.

Wann beeinflussen Einstellungen unser Verhalten? In der Forschung werden bis zu 40 Faktoren diskutiert.[11] So viel ist gewiss, auf die Situation kommt es an. Versetzen Sie sich in Frank. Der hat gerade einen Finance-Master absolviert. Zudem ist er Mitglied der Jungen Union. Erst gestern hat er sich bei der Deutschen Bank beworben. Am Wochenende lernt er seine potenziellen Schwiegereltern kennen. Die entpuppen sich als eingefleischte Linke und Alt-68er. Schon nach dem ersten Zuprosten schimpfen sie über die Oligarchie des globalen Finanzkapitals und die kannibalische Profitmaximierung multinationaler Konzerne. Dummerweise hat sich Frank für Anzug und Krawatte entschieden. Innerlich geißelt er seine Künftige, ihn nicht vorgewarnt zu haben. Auch Selbstvorwürfe bleiben nicht aus, denn ihre Message »Meine Eltern finden Verlobungen nur etwas für Spießer« hätte er als Warnung deuten können. Zwischendurch flüchtet er auf die Toilette. Dort lockert er seinen Krawattenknopf und erspäht an der Klotür dutzende Anti-AKW-Sticker. Mit dem guten Vorsatz »Nur ja in kein Fettnäpfchen mehr treten« kehrt er zurück. Schließlich stimmt Frank, als Erbe von drei Eigentumswohnungen, der Einführung einer gepfefferten Erbschaftssteuer zu. Zum Schluss bekommt er eine Che Guevara-Biografie zum Lesen mit. Galant bedankt er sich und tut kund, er freue sich auf die Lektüre und sehe einer spannenden Diskussion entgegen. Das Setting, so viel ist jedem klar, hat sein Verhalten beeinflusst, mehr als seine Geisteshaltung.

Ein reichlich konstruiertes Beispiel, werden Sie sagen. Aber überlegen Sie, wer darüber bestimmt, wie rasch Sie auf einen Brief, eine E-Mail, eine SMS oder auf WhatsApp-Nachrichten reagieren? Mit hoher Wahrscheinlichkeit spielt das Medium für Ihre Reaktionsdauer eine größere Rolle als Ihre Einstellung zu zweckmäßigen Antwortfristen.

Hier liegt der Einspruch nahe: »Je wichtiger jemandem etwas ist, desto mehr beeinflusst das sein Verhalten!« Aber auch das stimmt nur teilweise. Im Gleichnis vom barmherzigen Samariter aus dem Neuen Testament wird ein Mann auf seinem Weg von Jerusalem nach Jericho von Räubern ausgeplündert. Schwer verletzt bleibt er liegen. Keiner, nicht einmal ein Priester, kümmert sich um ihn. Erst ein Samariter, eigentlich Feinde der Juden, erbarmt sich seiner, versorgt die Wunden und nimmt ihn zur Herberge mit. Diese biblische Botschaft sollte wohl vor allem für künftige Priester richtungsweisend sein. Ob sie es tatsächlich ist, ist überprüft worden. Angehende Theologen hatten entweder einen Vortrag über Karrierechancen oder eine Predigt über das Samaritergleichnis zu halten. Auf ihrem Weg zum Referat lag ein verwundeter, stöhnender Mann. Bloß 40 Prozent halfen, also nicht einmal die Hälfte! Diejenigen, die über Karriere sprechen sollten, halfen überhaupt nur in 29 Prozent der Fälle. Von denen, die eine Samariterpredigt vorzubereiten hatten, halfen immerhin 53 Prozent. Aber man bedenke, was das heißt: 47 Prozent derer, die vor der biblischen Verkündung selbstloser Hilfe standen, verweigerten den Beistand. Was für ein eklatanter Widerspruch. Auch weitere situative Einflüsse wurden untersucht. Personen unter Zeitdruck halfen nur in zehn Prozent, die mit mittlerem Zeitdruck in 45 Prozent und die ohne Zeitdruck in 63 Prozent der Fälle.[12]

Einstellungen scheinen also nur in bescheidenem Ausmaß das Verhalten zu bestimmen. Aber wie sieht der umgekehrte Zusammenhang aus?

Warum Sie wollen, was Sie eigentlich nicht wollen

In Abbildung 1 sind sechs Frauenpaare zu sehen. Vergleichen Sie die Paare. Welche Frau erscheint Ihnen attraktiver? Nehmen wir an, Sie entscheiden sich oben ganz links für die rechte Frau. Hinterher müssen Sie Ihre Bevorzugung begründen. Ihre Antwort: »Schönere, ovale Gesichtsform. Feiner geschnittene Augen. Sinnlichere Lippen.« Genau das hatten Testpersonen zu tun.[13]

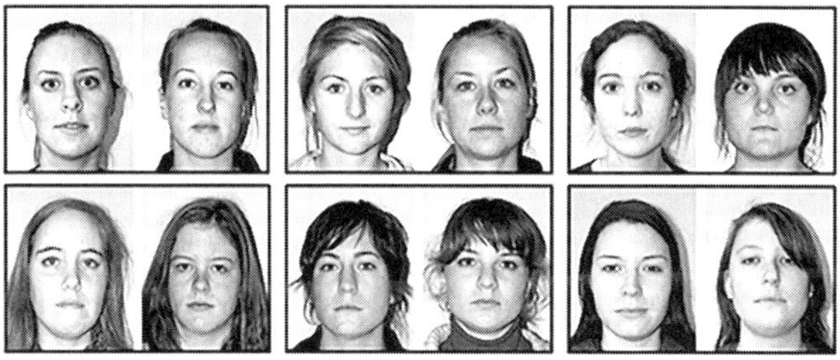

Abbildung 1: Welche Frau in den gezeigten Paaren ist attraktiver?

So weit, so unspektakulär. Aber die Forscher wandten einen Kartentrick an. In ihrer linken Hand hielten sie das erste und in ihrer rechten Hand das zweite Foto der Bilderpaare. Gleichzeitig hatten sie das andere Frauenbild hinter dem nach vorne gezeigten Bild versteckt. Entschied sich eine Person für eine Frau, wurde entweder das gewählte oder in einigen Fällen das nicht gewählte Bild ausgehändigt. Wie das gemacht wurde, kann auf YouTube verfolgt werden.[14]

Im Schwindelfall mussten also die Getesteten Entscheidungen begründen, die sie gar nicht trafen. Jetzt werden Sie sagen, niemand lasse sich ein A für ein B vormachen, jedem fielen derartige Fakes sofort auf und der Unwille sei groß, im Widerspruch zur eigenen Wahl zu argumentieren. 87 Prozent der Getesteten merkten bei spontaner Reaktion die Inkorrektheit nicht. All die Reingelegten erfanden mithin Gründe für eine Bevorzugung, die gar nicht die ihrige war.

Doch es kommt noch frappanter. In einer Nachfolgestudie wurde die Wirkung der ersonnenen Begründung für die höhere Attraktivität des nicht gewählten Fotos untersucht. Es zeigte sich, dass bei einer Folgeentscheidung mehrheitlich diejenigen Personen den Zuschlag bekamen, die zuvor eine Abfuhr erhielten. Die erzwungene Scheinargumentation führte also dazu, dass sich die bekundete Präferenz änderte.[15] Conclusio: Das Verhalten änderte die Einstellung.

Diese zwei Studien räumen Ihre Zweifel vielleicht nicht aus. Aber hinter den Befunden steht eines der wichtigsten Konzepte der Sozialpsychologie, nämlich die *Theorie der kognitiven Dissonanz*, die ein Pionier des Faches, der US-Amerikaner Leon Festinger (1919–1989), in den 1950er-Jahren entwickelt hat.[16] Seither wird ihre Grundannahme in unzähligen Studien bestätigt: Menschen wollen in Harmonie mit sich und ihren Überzeugungen leben. Lassen sich Wahrnehmungen, Gedanken, Meinungen, Einstellungen, Absichten oder Wünsche schwer vereinbaren, wird das als unangenehm erlebt. Wir setzen dann alles daran, daraus resultierende Spannungen beziehungsweise Dissonanzen zu tilgen, um wieder ins

Gleichgewicht zu geraten. Wird ein Raucher mit stark erhöhtem Lungenkrebsrisiko konfrontiert, sollte ihm angst und bange werden. Aber nur wenige lassen sich davon belehren. Entweder sie meiden und verdrängen derartige Fakten oder bringen sich mit fadenscheinigen Ausreden, wie »Ich lebe kürzer, aber intensiver«, »Wer lange raucht, wird auch alt«, wieder in eine Balance. Neueren Befunden zufolge drosseln zumindest die gruseligen Schockbilder auf den Zigarettenpackungen den Neueinstieg und in bescheidenen Maßen den Konsum.[17] Aber nicht nur das: Menschen wollen partout nicht wissen, was tatsächlich der Fall ist, sondern sie wollen recht behalten. Zu den größten Herausforderungen der Menschheit gehört zweifelsohne der Klimawandel. In einer Studie hat man Befürworter und Gegner des Pariser Klimaabkommens mit Daten von Experten konfrontiert, die bis 2100 entweder eine starke (3,8 bis 6,1 Grad) oder moderate Zunahme der Temperatur (0,5 bis 2,7 Grad) vorhergesagt haben. Daraufhin hat man die Verfechter und Opponenten des Abkommens eine eigene Abschätzung abgeben lassen. Es hat sich gezeigt, dass die Experten keinen Einfluss auf die vorgefassten Meinungen gehabt haben. Die Besorgten haben sich ausschließlich von den alarmierenden und die Gegner von den beruhigenden Informationen beeinflussen lassen.[18]

Zurück zur obigen Präferenzwahl und nachherigen Bevorzugung der ursprünglich nicht gewählten Frau. Hier wird man an Aesops Fabel erinnert, in der ein Fuchs liebend gern Trauben verzehrt hätte, aber sie nicht erreicht. Statt sich sein Versagen einzugestehen, wertet er den Leckerbissen als zu sauer, eigentlich ungenießbar und der Mühe nicht wert ab. Das oben geschilderte Experiment repräsentiert gewissermaßen die Umkehrung: Die Testpersonen bekamen saure Trauben untergeschoben, redeten sich diese schön und schlossen sie hernach in ihr Herz.

Im Leben bekommen wir oft nicht das, was wir wollen, sondern wollen das, was wir bekommen. Jedes Sagen, Handeln, Tun zieht allmählich auch das dazugehörige Glauben, Denken, Wissen nach sich, selbst wenn wir ursprünglich vom Gegenteil überzeugt gewesen sind. In Abbildung 2 werden verschiedene Sichtweisen über die angenommene Richtung der Beeinflussung veranschaulicht. Die Diskussion darüber, was zuerst kommt – Henne oder Ei –, ist allerdings müßig. Handlungen beeinflussen Einstellung und Wollen, Einstellung und Wollen beeinflussen Handlungen. Allerdings hocken Menschen auf ihren Einstellungen und Denkweisen wie brütende Hennen auf ihren Eiern. Wer sie dabei aufscheucht, erntet Abwehr und Aggression. Daher ist es ratsamer, sie mit Futter zu locken und so aus vermeintlich freien Stücken zum Sprinten, Flattern und Fliegen zu bringen.

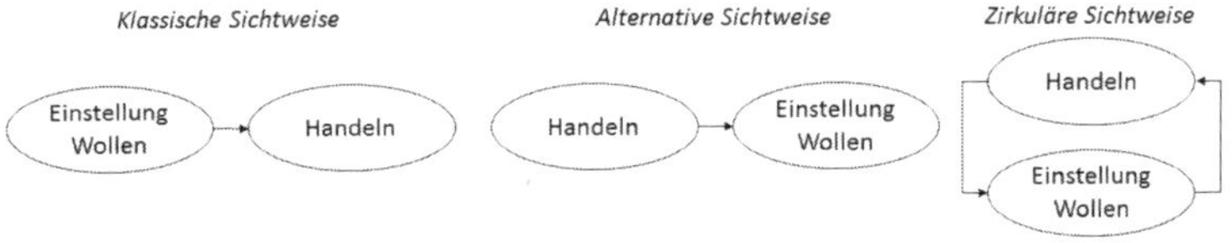

Abbildung 2: Wechselwirkung zwischen Einstellung und Handlung

Aber es kommt noch desillusionierender, weil es gar keiner untergeschobenen rationalen Begründung bedarf, um das zu mögen, wonach uns zunächst gar nicht war. Vielmehr genügt bereits die irrige Annahme, dass wir dafür etwas übrighaben.

In einer Studie ging es in einem Wahrnehmungsexperiment um Präferenzen für Urlaubsziele. Nur kurz sollten am Bildschirm zwei Ferienorte erscheinen. In Wirklichkeit war aber nichts zu erkennen. Dann hatten die Personen zu befinden, in welchem der beiden Urlaubsdomizile sie sich glücklicher fühlen würden (rein intuitiv, denn zu sehen war ja nichts).

In der Anschlussrunde waren die Alternativen tatsächlich zu sehen. Wiederum mussten die Präferenzen angegeben werden. Mit einem Sternchen war aber markiert, wofür man sich zuvor entschied. Auch in der Zweitrunde bekam mehrheitlich das erstgewählte Domizil den Zuschlag.[19] Was ist daraus zu folgern? Das Räderwerk der Beständigkeit funktioniert auch auf unbewusster Ebene. Ein vorheriges Schönreden ist gar nicht erforderlich. Haben wir uns einmal für etwas entschieden, selbst wenn wir dafür gar keine Entscheidungsgrundlagen gehabt haben, dann bleiben wir dabei! Wir folgen automatisch und gedankenlos dem Muster: »Neue Entscheidungen sollen alte Entscheidungen rechtfertigen.«

Eine Wahl zwischen zwei Urlaubszielen ist harmlos. Aber wie verändert aggressives Verhalten unsere Einstellung? Noch drastischer formuliert: Wie verändert Töten unsere Einstellung zum Töten? Sind wir danach eher bereit, (noch) willfähriger zu töten, und wie fühlen wir uns dabei? Gibt es also eine Eskalationsspirale des Tötens, wie sie in Kriegen beobachtbar ist?

In einem raffinierten Experiment hatten Personen Käfer zu töten, und zwar entweder einen oder fünf. Dann stand es ihnen frei, weitere Käfer in einer elektrischen Kaffeemahlmaschine zu zerkleinern. Die Zerkleinerungsprozedur dauerte pro Insekt 20 Sekunden. Bei jedem Käfer-Abmurksen war drei Sekunden lang der Einschaltknopf zu drücken. Diejenigen, die zuvor fünf Käfer umbrachten, töteten nachher signifikant mehr als diejenigen, die zuvor nur einen auf dem Gewissen hatten. Noch bedenklicher: Die Serienkiller erlebten bei ihrem Tun weniger negative Emotionen (zum Beispiel ängstlich, angespannt, schuldig) und mehr positive (zum Beispiel aktiv, wachsam, begeistert) als diejenigen, die nur einen Käfer kaltgemacht hatten.[20] Die Käfer waren übrigens, zu Ihrer Beruhigung, allesamt Attrappen.

All das illustriert das langsame Hineinschlittern in einen Zyklus der Selbstverstärkung, der umgangssprachlich durch die »Salamitaktik« ins Rollen kommt. Scheibchenweise wird uns nach und nach mehr und mehr abverlangt, bis wir uns – nichtsahnend – unversehens in der *Beständigkeitsfalle* befinden. Genau das läuft ab, wenn die *Fuß-in-die-Tür-Technik* zum Einsatz kommt.

2.1 Salamitaktik oder Fuß-in-die-Tür-Technik

Sie besitzen in einer bürgerlichen Wohngegend ein Haus. Würden Sie in Ihrem Garten eine Hinweistafel aufstellen, die die Sicht auf Ihr Haus verstellt, auf der steht: »Fahren Sie vorsichtig!«? Obwohl Sie vielleicht ein Tempolimit in Ihrer Straße begrüßen würden, wären Sie dafür wahrscheinlich nicht zu haben. In einer derartigen Studie waren auch nur 17 Prozent bereit, das zu tun. Zum Unterschied dazu wurden andere zuvor gebeten, auf ihrem Auto einen Sticker anzubringen, auf dem stand: »Sei ein sicherer Autolenker!« Fast jeder erfüllte die Bitte. Später gaben sich die Forscher als Mitglieder einer Bürgerbewegung aus, die sich um sicheres Autofahren kümmert. Die Personen mit dem Sticker stellten in über 50 Prozent der Fälle das Schild auf.[21] Warum ist das so? Eine kleine Einwilligung schafft die Rechtfertigung für die größere. Der Sticker löst eine Kaskade von Argumenten aus: »Ja«, sagen sie sich plötzlich, »gegen die Raserei muss etwas unternommen werden!« Das macht sie nachgiebig und willfährig für die nächsthöhere Stufe. Wie in einem Getriebe greifen die Zahnräder ineinander.

Welche anderen wünschenswerten Ziele konnten mit der Technik verfolgt werden? Die Spendenrate für Krebshilfe wurde durch das vorherige Tragen einer Anstecknadel fast verdoppelt.[22] Auch die Bereitschaft zu Vorsorgeuntersuchungen gegen Brustkrebs wurde gesteigert[23], und es meldeten sich mehr Menschen für potenzielle Organspenden an.[24] Bei Internetusern kam es sogar zu einer Verdreifachung der Spendenrate für Landminenopfer, nachdem zuvor eine Petition zu unterschreiben war.[25]

Man könnte meinen, die Salamitaktik wirke nur dann, wenn sozial allgemein anerkannte Ziele beziehungsweise verborgene Eigeninteressen angesprochen werden. Wer spräche sich gegen langsameres Autofahren in Wohngegenden aus, wer gegen Krebsvorsorge und Kriegsopferhilfe? Aber dem ist nicht so. Wenn ein Schnorrer Sie auf der Straße um Geld anpumpte, wären Sie spendabel? Immerhin gaben 28 Prozent der Angesprochenen einen kleinen Obolus. Fragte man sie zuvor nach der Uhrzeit, waren es 43 Prozent. Außerdem wurde um rund ein Drittel mehr gegeben.[26] Die *Beständigkeitsfalle* schnappt somit auch dann zu, wenn keine Ihrer Interessen auf dem Spiel stehen. Handeln erzeugt weiteres Handeln!

Love is in the Air: richtiges Anbaggern

Sicher, fremde Leute um Geld anzupumpen, ist nicht so Ihr Ding. Ihnen ist zu Recht nach mehr Real Life zumute. Dann übernehmen Sie die Rolle eines jungen, attraktiven Mannes, der gerade an der französischen Atlantikküste (dort wurde die nachfolgende Studie durchgeführt), sagen wir in Nantes oder Pornichet, unterwegs ist. Feiner Sand, wilde Küste, lauschige Straßencafés. Sie wollen, wer könnte es Ihnen verdenken, mit einer attraktiven Frau den Abend verbringen. Was ist das richtige Balzverhalten? Wie geht erfolgreiches Anbandeln?

Variante a) direktes Anbaggern: »Hallo, bist du heute Abend sehr beschäftigt? Wenn nicht, dann könnten wir ja gemeinsam auf einen Drink gehen.« Variante b): »Hättest du vielleicht Feuer für mich?« Nach einem Ja oder Nein wurde obige Einladung ausgesprochen. Variante c): »Entschuldige die Störung, aber ich suche den Place de Libération.« Dem folgte wiederum die Einladung. Die direkte Tour war eine Bauchlandung mit einer Erfolgsquote von bescheidenen drei Prozent. Variante b) erzielte hingegen eine erfolgreiche Flirtrate von 15 Prozent und c) eine von 16 Prozent.[27]

Welche Schlüsse sind daraus zu ziehen? Niemals gleich mit der Tür ins Haus fallen. Irgendwie ins Gespräch kommen. Worüber gesprochen wird, ist eher sekundär. Noch ein Tipp: Romantische Love-Hits sind zeitlose Burner! Weibliche Singles warteten auf eine Konsumentenbefragung. Im Hintergrund spielte entweder neutrale Musik oder »Je l'aime à mourir« (»Ich vergehe vor Liebe«) von Francis Cabrel, also ein gefühlvoll lyrisches Liebeslied. Bat sie in einer Pause ein junger, attraktiver Mann um ihre Telefonnummer, war er bei neutraler Musik in 28 Prozent der Fälle erfolgreich. Die romantische Musikuntermalung ließ den Erfolg in lichte Höhen schießen, und zwar auf 52 Prozent.[28] Daraus folgt: Willst du Kopf und Herz gewinnen, stets mit dem Herzen beginnen.

Parlieren lassen und zu Small Talk animieren

Vertiefen wir unsere Analyse. Damit die *Beständigkeitsfalle* zuschnappt, ist es essenziell, dem Gegenüber irgendeine aktive Handlung abzuverlangen – und sei es nur ein »Ja, danke!« oder aber auch ein »Nein, danke!«. Jedes aktive Tun verstärkt die Verkettung zwischen Handeln, Denken und Entscheiden. Erstaunlich ist dabei, dass eine Verbindung zwischen der Äußerung und der späteren Forderung unerheblich ist. In einer Telefonumfrage erklärten sich in der ersten Runde bescheidene zehn Prozent bereit, Keksplätzchen zugunsten der Welthungerhilfe zu kaufen. Nach der Frage »Wie geht es ihnen heute Abend?« und einer entsprechenden Antwort waren es 25 Prozent.[29] Diese Methode wird nach einer englischen Redewendung für unbedachte Äußerungen »Foot-in-the-mouth-Technik« *(Fuß-in-den-Mund-Technik)* genannt. Die »automatisierte« Antwort auf eine gebräuchliche, unverbindliche, aber amikale Floskel (»Wie geht's?«, »Darf ich Sie kurz stören?« oder Ähnliches) sorgt dafür, dass man selbst auf »Vertraulichkeitsmodus« schaltet und für Ansuchen empfänglicher wird.

Wer mag schon lästige Telefonumfragen? In einem solchen Fall ging es um Einstellungen zu einer Tageszeitung. In Variante a) wurde gefragt: »Hallo, ich bin ein Student vom technischen Collège in Vannes. Ich hoffe, ich störe Sie nicht?« Anschließend wurde Zeit gegeben, darauf zu antworten. In Variante b) wurde nach dieser quasi rhetorischen Frage gleich die direkte Bitte nachgeschossen: »Haben Sie ein wenig Zeit für eine Befragung (…)?« Eine Antwort auf die Frage wurde also bewusst vereitelt. In der dritten Variante c) wurde ohne Einleitung gleich direkt die Bitte formuliert, an der Umfrage teilzunehmen. Erster unerwarteter Befund: Nur zwei Prozent reagierten auf die Floskel »Ich hoffe, ich störe Sie nicht« negativ und antworteten zum Beispiel: »Ja doch, Sie stören!« Die weiteren Ergebnisse belegen die Wirksamkeit der Technik. In Variante a) (Frage plus Antwort) waren 25 Prozent bereit, das Interview zu machen. In Variante b) (Frage ohne Gelegenheit zur Antwort) waren es 19 Prozent. Die direkte Bitte – Variante c) – war in 17 Prozent der Fälle erfolgreich.[30]

Mit der gleichen Technik konnte in einer telefonischen Blutspendeaktion der Prozentsatz derjenigen, die tatsächlich zum Termin erschienen, von 62 Prozent auf 81 Prozent erhöht werden, indem man anmerkte: »Gut, wir rechnen mit Ihnen, okay?« und die Reaktion abwartete.[31]

Komplize für verbotenen Pornografiekonsum

Kann mit portionsweise ansteigender Etappentechnik auch ein Verhalten getriggert werden, das rechtliche Normen verletzt? Versetzen Sie sich gedanklich in folgende Situation: Ein Junge steht vor einem Zeitungsstand und fragt Sie (Stufe eins): »Entschuldigen Sie, würden Sie mir bitte behilflich sein, das Magazin von dort oben herunterzuholen. Ich bin nicht groß genug.« Dann zeigt er mit seiner Hand auf ein Pornoheft (Stufe zwei) und sagt: »Es ist das rote Heft, können Sie es sehen?« Als Nächstes flüstert er Ihnen zu (Stufe drei): »Können Sie mir bitte noch einmal helfen. Ich darf das Magazin nicht kaufen, weil ich noch nicht volljährig bin.« Anschließend reicht er Ihnen das Geld (Stufe vier) und teilt Ihnen mit: »Ich warte draußen, damit niemand sehen kann, was Sie da für mich tun.« Somit lag eine vierstufige Verführung vor. In der anderen Bedingung formulierte der Junge nur zwei Bitten (Stufe eins): »Entschuldigung, können Sie mir helfen? Ich kann das Magazin (wieder zeigt er auf das Pornoheft), das rote, nicht kaufen. Können Sie es sehen? Weil ich noch nicht volljährig bin, würde ich Sie bitten, es für mich zu kaufen.« Dann reicht er Ihnen das Geld, und es folgt der Hinweis, dass er vor der Tür auf Sie warte (Stufe zwei). Generell hatte das männliche Geschlecht mehr Einfühlungsvermögen für das Begehren des Jungen, denn unabhängig vom Setting assistierten 21 Prozent der Männer, aber nur sechs Prozent der Frauen. Aber wie wirkungsvoll war die vierstufige *Fuß-in-die-Tür-Technik* im Vergleich zur zweistufigen? Das Ergebnis bei den Männern: 33 Prozent Unterstützungsquote im Vergleich zu zehn Prozent. Das entspricht mehr als einer Verdreifachung.[32] Die Wirksamkeit dieser Technik wurde noch in zahlreichen weiteren Studien belegt; einen Überblick bieten zum Beispiel einschlägige Metaanalysen (Zusammenfassungen des bisherigen Forschungsstandes[33]).

2.2 Das Ködern der Menschenfischer

Angler kennen eine breite Palette Naturköder wie Fleischmaden, Tauwürmer oder Muscheln. Aber es gibt auch Kunstköder, die Wobbler oder Glider heißen, und Gummifrösche oder Insektenimitate in den schrillsten Farben. Als meinen kleinen Sohnemann die Anglermanie packte, war ich oft in entsprechenden Spezialgeschäften. Einmal fragte ich einen Berater leicht erstaunt: »Sagen Sie, stehen Fische überhaupt auf so was?« Er schmunzelte nur und meinte: »Wir verkaufen diese Dinger nicht an Fische!« Aber wie auch immer der Köder aussieht, er dient dazu, Fische mit wirklicher oder scheinbarer Kost anzulocken und den arglistigen Haken zu tarnen. Wer zugebissen hat, kommt nicht mehr los und liegt demnächst als Essen auf dem Teller.

Lassen sich auch Menschen ködern? Bei der *Fuß-in-die-Tür-Technik* wird ratenweise, Stück für Stück, mehr abverlangt. Es liegt ein stetiges Mehr in ein und dieselbe Richtung vor, und es ist ein roter Faden erkennbar. Zuerst Unterschrift und Anstecknadel für die Krebshilfe, dann Bitte um Spende. Hingegen werden beim *Ködern* (auch *Low-Ball-Technik* genannt) die wahren Kosten verschwiegen, die mit einem Verhalten verbunden sind. Auch Menschenfischer tarnen also ihr eigentliches Ziel. Im Unterschied zum Fisch verbeißen sich Menschen aber nicht in Haken, sondern in die subjektive Logik ihrer zuvor getroffenen Entscheidungen, selbst wenn sie dabei objektiv betrachtet Kopf und Kragen riskieren.

Wie bringt man Studierende dazu, um sieben Uhr früh an einem Experiment teilzunehmen? Legte man die Früh-am-

Morgen-Tortur offen auf den Tisch, erklärten sich 31 Prozent bereit zu kommen. Fragte man die Studis, ob sie an einem Experiment teilnehmen möchten, und klärte sie erst nach einem Ja über den Frühtermin auf, waren 56 Prozent willens, das zu tun. Aber das ist noch nicht alles. Denn von den geköderten Studis erschienen 53 Prozent. Diejenigen, die gleich mit der Wahrheit konfrontiert wurden, erschienen nur in 27 Prozent der Fälle.[34] Aber warum verhielten sich die Getäuschten besonders entscheidungskonform? Wahrscheinlich spielte sich in ihrem Kopf Folgendes ab: »Verdammt, um sieben Uhr früh. Das tut weh. Aber ich bin ein zuverlässiger Mensch. Wer A sagt, muss auch B sagen.« Schwuppdiwupp, und sie waren in der Beständigkeitsfalle gefangen, und zwar stärker als diejenigen, die gleich über die unmenschliche Zeit Bescheid wussten. Warum? Sie mussten vor sich und anderen deutlicher einbekennen, verlässlich zu sein.

Eine andere Studie bezog sich auf telefonisches Fundraising unter Studierenden: »Hallo! Wir sammeln Fünf-Dollar-Spenden, um Stipendien für arme Studierende zu finanzieren. Für deine Spende bekommst du einen Gutschein für einen Smoothie.« Nach der Zusage ergänzte der Anrufer: »Warte einen Moment, bitte. Ich sehe gerade, dass uns die Gutscheine ausgegangen sind.« Mit dem versprochenen und dann zurückgezogenen Gutschein waren 77 Prozent zu einer Spende bereit. Ohne Gutschein waren es bloß 42 Prozent.[35]

Hundebewachung und Cannabis-Beistand

Vielleicht wenden Sie jetzt ein: »Gut, die Studenten hatten Angst vor der nächsten Prüfung, daher nahmen sie, trotz Widerstand, den Termin wahr, und gegenüber der eigenen Peergroup ist die Hilfsbereitschaft halt groß.« Diesen Einwand widerlegt folgender Szenenwechsel: öffentliches Krankenhaus, Eingangshalle vorm Empfang. Ein junger, durchschnittlich gekleideter Mann kommt auf Sie zu. Er hält einen acht Kilo schweren Hund an der Leine. In Variante a) fragt er Sie: »Entschuldigen Sie, ich muss meine Großmutter im Krankenhaus besuchen. Da sind Hunde nicht erlaubt. Können Sie bitte *eine halbe Stunde* lang auf ihn aufpassen, damit ich zu ihr kann?« Der Hundebesitzer fiel also gleich mit der Tür ins Haus und formulierte sofort eine dreiste Forderung. In Variante b) bittet er Sie ohne Hinweis auf die Dauer und fügt erst nach Ihrer Zustimmung hinzu: »Das ist sehr nett von Ihnen. Ich bin rasch wieder da und werde nicht länger als eine halbe Stunde ausbleiben.« In Variante a) akzeptierten zwölf Prozent den harten Tobak. In Variante b) waren es mehr als 2,5-mal so viel, nämlich 30 Prozent.[36]

Können uns Menschenfischer auch zu rechtlich unerlaubtem Verhalten animieren? Das folgende Experiment fand auf Straßen in Rennes, der Hauptstadt der Bretagne, statt. In Frankreich wird Cannabis-Konsum mit einer Gefängnisstrafe bis zu einem Jahr oder einer Geldstrafe bis zu 3.500 Euro geahndet. Ziemlich hart also. Ein Joint ist, wer es nicht weiß, eine mit Marihuana gefüllte Zigarette. Trichterförmig gedreht, ist er am glimmenden Ende dicker. Nun wartete ein Eingeweihter auf 30- bis 50-jährige Raucher und fragte sie in Bedingung a): »Entschuldigen Sie, ich sehe gerade, dass Sie eine Zigarette rauchen. Wären Sie so freundlich und würden Sie mir Feuer geben?« Nach einem Ja kramte der Eingeweihte in seiner Tasche herum, zog einen großen Joint heraus, der in einem Test davor von allen als solcher erkannt wurde, sagte »Danke« und steckte sich die brennende Haschischzigarette in den Mund. In Bedingung b) wurde unmittelbar nach der Bitte der Joint in den Mund gesteckt. Ergebnis: 80 Prozent gaben das Feuer in

Bedingung a), nur 38 Prozent in Bedingung b).[37] Die Überrumpelungstour ist also, so viel ist sicher, erstaunlich wirkungsvoll.

Welche Taktik ist einen Tick besser?

Welche Taktik ist Erfolg versprechender: *Fuß-in-die-Tür* oder *Ködern?* Schicken wir beide in ein Wettrennen. Wer Zigaretten raucht, der inhaliert Nikotin, das sich an kleine Teerteilchen bindet und über die Lunge ins Blut kommt. Im Gehirn werden dann Botenstoffe wie Dopamin frei, die verantwortlich für Lust, Freude oder Begeisterung sind. Jeder, der einmal davon abhängig war, weiß, wie schwer es fällt, davon loszukommen. Sind Sie Raucher? Täglich brauchen Sie mindestens 15 Zigaretten? Trifft zu! Gut, dann stellen wir folgende Frage: »Würden Sie für eine Studie über den Zusammenhang zwischen Rauchen und Konzentration 18 Stunden auf den Zigarettenkonsum verzichten?« 13 Prozent der direkt Gefragten stimmten zu. Allerdings verhielten sich nur vier Prozent konform, hielten sich also ans Nichtrauchen. Nikotinentzug fällt schwer.

Schauen wir uns mehrere *Fuß-in-die-Tür*-Ausführungen an. Variante eins: Ausfüllen eines Fragebogens, danach die 18-Stunden-Bitte: 25 Prozent Zustimmung, zehn Prozent Konformität. Variante zwei: Konzentrationstest ohne Nikotinentzug, dann die Bitte: 50 Prozent Zustimmung, 17 Prozent Konformität. Variante drei: zwei Stunden Rauchverzicht, im Anschluss die Bitte: 50 Prozent Zustimmung, 44 Prozent Konformität.

Man beachte, je größer das Erstopfer, desto höher war die spätere Konformität. In der höchsten Entbehrungsstufe verelffachte sich die Konformität im Vergleich zur Ausgangsbedingung (von vier Prozent auf 44 Prozent). Was lernen wir daraus? Zunehmende Entbehrung macht uns erst einmal willfähriger und irgendwann vollkommen verbohrt. Warum? Je größer die selbst gewählte Schmälerung ist, desto mehr Rechtfertigungsdruck entsteht. Je mehr Selbstrechtfertigung, desto mehr Beharrungsbereitschaft wird an den Tag gelegt.

Wie wirksam ist das *Ködern*? Variante vier: »Wir suchen Raucher, die sich für ein psychologisches Experiment bewerben. Wir testen Verbrauchsgewohnheiten. Das dauert ungefähr eine Stunde.« Es wurde also kein Sterbenswörtchen über den 18-stündigen Tabakentzug gesagt. Dann wurden die Bewerber telefonisch kontaktiert: »Ihre Bewerbung wurde angenommen. Sie müssen zweimal ins Labor kommen, einmal am späten Nachmittag gegen 18 Uhr und dann am nächsten Tag zwischen zwölf und 14 Uhr.« Erst nach einem Ja kam die Info, dass in der Zwischenzeit nichts geraucht werden soll: 85 Prozent Zustimmung, 65 Prozent Konformität. In Variante fünf wurde ein konkreter Testtermin fixiert und erst im Anschluss daran um die 18-stündige Nikotinabstinenz gebeten: 91 Prozent Zustimmung, 70 Prozent Konformität. Variante sechs war die Hardcore-Bedingung. Die Testpersonen erschienen zum abgemachten Termin im Labor. Erst dort bat man sie um den Rauchverzicht: 95 Prozent Zustimmung und 91 Prozent Konformität. Das ist im Vergleich zu den Ausgangsbedingungen eine Steigerung um das 22-Fache.[38]

Dieses Wettrennen zwischen *Fuß-in-die-Tür-* und *Köder-Technik* ging also zugunsten der letzteren aus. Auch andere Studien belegen dieses Ergebnis.[39] Obendrein bestätigen neuere Befunde, was auch schon in der Raucherstudie zutage trat, nämlich wie vorteilhaft es ist, mit ehrlicher Offenheit zuzuwarten. Je länger wir also mit der Wahrheit hinterm Berg halten, desto mehr beißen sich andere fest, desto weniger kommen sie davon wieder los.[40] Um wieder aufs erfolgreiche Anbandeln zurückzukommen: Ihr Online-Dating-Profil ist reichlich frisiert. Ihr freundliches, fototechnisch optimiertes

Lächeln bezirzt. Mit Ihrem vorteilhaft retuschierten Profilfoto sind Sie ein echter Hingucker. Gut so! Noch was: Natürlich lassen Sie beim ersten Date Ihre zwei gescheiterten Ehen sowie Ihre aktuelle Arbeitsmarktschulung als Berufsumsteiger erst einmal außen vor. Das war Ihnen vermutlich zwar schon bisher sonnenklar. Jetzt wissen Sie aber zusätzlich, wie sehr es hilft und warum das so ist.

Wirkt der *Katze-im-Sack-Trick,* wie man die Methode auch nennen könnte, nur deshalb, weil man sich anderen gegenüber verpflichtet fühlt und sein Gesicht vor dem Gegenüber wahren will? Augenscheinlich nicht: In einer Studie wurde das Versprochene nicht eingehalten. Statt der angekündigten spannenden Aufgabe gab es nur Langweiliges zu tun. Zwischendurch wurde der Versuchsleiter gewechselt. Die meisten fanden sich mit dieser kalten Dusche ab und blieben trotzdem bei der Aufgabe. Für sie war der Personenwechsel irrelevant.[41] Die Menschen waren also eher sich selbst als anderen gegenüber verpflichtet, oder, was auch sein könnte, sie waren für einen Wechsel einfach zu faul.

Mithin lassen wir uns weniger von anderen einspannen, sondern vorrangig von uns selbst. Wer sich selbst das Pferdekummet um den Hals hängt, zieht um Gotteslohn und aus eigenem Antrieb die Ackerfurchen. Zu diesem Behufe muss aber das Hottehü von innen statt von außen kommen. Wir liefern uns nur aus freien Stücken einer Sache voll und ganz aus. Schauen wir uns das noch näher an.

2.3 Das Sesam-öffne-dich der Manipulation: Freiheit und indirekter Zwang

In den skizzierten Situationen wurde nie ein Befehl oder ein Zwang ausgesprochen. Menschen befolgten aus eigenem Antrieb, was verlangt wurde, und je mehr sie das taten, desto überzeugter waren sie von der Sinnhaftigkeit ihres Tuns. Für ihre Selbstverpflichtung war das Gefühl der Freiheit eine Conditio sine qua non. Nur der, der keinen externen Zwang verspürt, ist genötigt, sich selbst einen internen Grund zu definieren. Erinnern Sie sich noch einmal zurück an Franks potenzielle links-linke Schwiegereltern. Wird er seine Einstellung gegenüber der Erbschaftssteuer tatsächlich abändern? Eher nicht, denn er hatte für seine nur schwer abgerungene Zustimmung gute »externe« Gründe. Frank wollte nicht den Streit suchen, im Ton danebenliegen. So braucht er sich um die Konsistenz seines Denkens nicht zu sorgen. Ein bisschen Flunkern ist eine lässliche Sünde und reduziert den Druck, die Einstellung zu revidieren. So kann er nach wie vor eine positive Selbstsicht aufrechterhalten, ohne seine Einstellung ändern zu müssen. Das Beständigkeitsgetriebe kommt also primär durch indirekte statt direkte, mittelbare statt unmittelbare, verblümte statt frontal-offene Veranlassungen und Beweggründe ins Laufen. Die Quintessenz der Manipulation lautet daher:

Erkläre Menschen für frei, und zwinge sie indirekt!

Wir Menschen haben ein grundlegendes Bedürfnis nach Freiheit. Werden wir gezwungen, eingeengt, überredet, empfinden wir das, was uns entzogen wird, wertvoller und wichtiger als zuvor.[42] Wir mutierten zum Revoluzzer, legte uns ein Bauer offen und schonungslos das Pferdekummet um den Hals. Daraus leitet sich eine andere wirkungsvolle Technik ab, die einfacher nicht sein könnte. Sie fügen Ihrer Beeinflussung hinzu: »Aber selbstverständlich können Sie frei entscheiden, ob Sie das wollen oder nicht!« Mit dieser simplen Phrase nehmen Sie potenziellen Widerstand Wind aus den Segeln und umschiffen Blockaden. Die Beeinflussungsforschung nennt das die *Aber-Sie-sind-frei-Technik.*

Sie müssen dringend in die Stadt, warten ungeduldig auf den Bus. Endlich biegt er um die Ecke. Sie wollen das Ticket bezahlen. Verdammt, Sie haben das Portemonnaie zu Hause vergessen. Nach der Frustphase fassen Sie Mut und bitten andere Fahrgäste, Ihnen aus der Patsche zu helfen. In einer derartigen Studie sprangen magere 16 Prozent ein. Dann wurde bei 2150 Passanten die Zauberformel hinzugefügt: »Aber fühlen Sie sich nicht verpflichtet (…).« Das trieb die Erfolgsquote auf fabelhafte 41 Prozent. Ähnliche Effekte wurden fürs Zigarettenschnorren, Pfannkuchenverkaufen oder für Studienteilnahmen erzielt.[43]

Auch zu dieser Technik gibt es eine zusammenfassende Arbeit, die sich auf 42 Befunde stützt. Dabei kam heraus, dass diese Manipulationsmethode am besten in der Face-to-Face-Interaktion wirkt. Aber selbst im E-Mail-Verkehr, wo es keinerlei persönlichen Kontakt gab, zeigte die floskelhafte Binsenweisheit Wirkung. Wie Sie den Freiheitsappell im Detail formulieren, zum Beispiel: »Sie können frei entscheiden«, »Sie sind nicht verpflichtet«, »Sie können tun, was immer Sie wollen«, stellte sich als nebensächlich heraus.[44]

Gehen derartig banale Appelle nicht nach hinten los? Bei nüchterner Überlegung ist die gönnerhafte Feststellung, dass man nicht verpflichtet sei, Geld für ein Busticket oder eine Zigarette zu spenden, Pfannkuchen zu kaufen oder an einer Studie teilzunehmen, fast schon provokant offensichtlich. Demnach könnte ja ein expliziter Hinweis darauf womöglich Ärger und Widerstand hervorrufen. Das scheint jedoch nicht der Fall zu sein: Beim Bus-Portemonnaie-Bittgesuch erwies sich ein zweimaliges »Aber fühlen Sie sich nicht verpflichtet«, am Anfang und am Ende platziert, erfolgreicher als die Einmalvariante.[45] Mehrmalige Appelle erzeugten also nicht Trotz, sondern gesteigerte Folgewilligkeit.

Manipulationskanonaden und Kombinationswirkungen

Scharfsinnige Köpfe werden klarerweise fragen: »Wie wirksam ist die Kombination aus beiden Techniken?« Auch das wurde untersucht. Mülltrennung ist wichtig für die Wiederverwendung von Ressourcen. So können Abfälle umweltkonform behandelt, Schadstoffe reduziert und Deponievolumina verkleinert werden. Würden Sie ein Mülltagebuch führen, alle Ihre Abfälle fein säuberlich abwägen und dies schriftlich dokumentieren? Nicht nur einen Tag, sondern einen ganzen Monat lang? Erstaunlich, aber wahr: Spontan erklärten sich dazu 40 Prozent der Befragten bereit. Dann kam die *Fuß-in-die-Tür-Technik* zum Einsatz, indem man zuerst um die Beantwortung von vier Fragen bat und dann die Katze mit den Worten aus dem Sack ließ: »Wären Sie bereit, einen Monat lang Tagebuch zu führen?« Schon stieg die Einwilligungsquote auf 60 Prozent. Die geradewegs ausgesprochene Freiheitsproklamation: »Wären Sie bereit, einen Monat lang Tagebuch zu führen. Aber Sie können sich natürlich frei entscheiden, ob Sie das machen wollen oder nicht«, war fast ebenso effektiv: 56 Prozent Zustimmung. Aber so richtig gut funktionierte die Kombination beider Ansätze: Sie führte die Einverständnisrate in lichte Höhen von 78 Prozent. Das ist im Vergleich zur Basisrate fast eine Verdopplung.[46]

Aber die hohe Schule manipulativer Taktiken bespielt eine weitaus umfassendere Klaviatur. Da wird nicht nur die Beständigkeitstour zum Besten gegeben. Nein, hierbei kommen gleichzeitig mehrere, später in diesem Buch näher erörterte Tricksereien zum Einsatz. Sie werden sehen: Mit raffinierten Manipulationscollagen können Sie sukzessive so gut wie alles durchsetzen, wonach Ihnen ist.

2.4 Die Tür vor der Nase zuknallen oder die »Glühheiß-Handwarm-Manipulation«

Emma ist Ironman-Triathletin. Ohne Pausen hintereinander schwimmen, Rad fahren und laufen ist für sie Grenzerfahrung, Sinngebung und Wettkampf zugleich. Emma ist nicht der Typ für Mannschaftssportarten. Sich mit anderen zu messen, gibt ihr den Kick, den sie immer wieder braucht. Das liegt ihr im Blut. Würde Emma von diesem kostbaren Lebenssaft etwas spenden? »Eher nein«, sagt sie. Warum nicht? Ihre Antwort: »Den Flüssigkeitsverlust und eine Hepatitis- und HIV-Übertragung kann ich mir als Extremsportlerin nicht leisten.« In puncto prosozialem Verhalten ist Emma also eine harte Nuss. Wie bringen wir sie trotzdem zum Blutspenden? »Emma, wir suchen Menschen, die sich für andere hingebungsvoll reinhängen und drei Jahre lang alle zwei bis drei Monate Blut spenden.« Selbst bei weniger kompetitiven Gemütern würde diese astronomische Forderung im sozialen Über-Ich vermutlich den Überlastungsschutz auslösen. Emma schüttelt ob dieser schamlosen Zumutung nur verdattert den Kopf. Gefallsüchtig imaginiert sie, wie sie beim nächsten Wettkampf durch Nadelstiche und Blutergüsse wie eine Fixerin aussehe. Ein glasklares Nein kommt über ihre Lippen. Aber die überzogene Forderung ist nur ein Trick. Niemand würde das jemandem ernsthaft zumuten, und die Verweigerung ist antizipiert worden. Emma und andere werden damit nur weich gemacht für die kleinere Bitte, nur einmalig Blut zu spenden. Mit dieser Methode wird die Spenderrate nahezu verdoppelt.[47] In der Fachsprache wird sie *Tür-vor-den-Kopf-Technik* genannt.

Zahlreiche höchst lobenswerte Verhaltensweisen konnten mit dieser *Glühheiß-Handwarm-Manipulation* befeuert werden. Beispielsweise erhöhte sich die Einwilligungsrate, straffällig gewordene Jugendliche auf einem zweistündigen Zoobesuch zu begleiten, von 30 auf 60 Prozent, wenn man zuvor die Teilnahme an einem zweijährigen Programm, zweimal zwei Stunden pro Woche, für die Resozialisierung junger Delinquenten abverlangte.[48] Die Bereitschaft, Lebensmittelkörbe für bedürftige Menschen zu füllen, stieg von 29 auf 52 Prozent, nachdem man zuvor um die Teilnahme an einem einjährigen Programm jedes Wochenende bat. Wurde hinzugefügt: »Bedenken Sie, wie hilfreich diese Arbeit ist. Ich kann nicht verstehen, dass es Menschen gibt, die das ablehnen«, stieg die Einwilligungsrate sogar auf 74 Prozent.[49]

Was steht hinter diesem Vorgehen? Es ist die Kombination aus *Kontrasteffekt* und dem *Gegenseitigkeitsprinzip*, die die Taktik so wirksam macht. Wir werden auf beide Phänomene noch detailliert zu sprechen kommen. Aber das Grundmuster sei schon vorab erwähnt: Im Vergleich zum Erstanliegen erscheint das zweite als Lappalie. Wer selbst diese Petitesse noch ablehnt, präsentiert sich vor aller Welt als kaltschnäuzig. Zudem verstieße es gegen das eherne Prinzip der *Reziprozität*, wonach jede Konzession mit einer Gegen-Konzession zu beantworten ist. Einem schroffen Nein hat ein konziliantes Ja zu folgen.

Wirkt die Technik nur bei höheren altruistischen Motiven? Verweigerer erschienen in den bis jetzt genannten Fällen ja als schlechte Menschen. Wie sieht es mit ganz gewöhnlichen Alltagssituationen aus? Sie sitzen in einem Café, lesen die Tageszeitung und machen gemütlich Feierabend. Vis-à-vis von Ihnen unterhält sich ein miteinander befreundetes Paar (in diesem Fall die Lockvögel des Forscherteams). Sie können der ganzen Unterhaltung folgen, bis der Freund zur Freundin sagt: »Ich gehe jetzt das Bremskabel für mein Fahrrad kaufen. Ich treffe dich dann um sechs Uhr im Pascal's. Bis später.« Kurz darauf schickt sich die Frau an, auch zu gehen, stellt aber konsterniert fest, dass ihr Gefährte die Rechnung nicht beglichen hat. Schnurstracks kommt sie auf Sie zu und pumpt Sie in Variante a) folgendermaßen an: »Könnten Sie bitte für mich die gesamte Rechnung übernehmen?«, und erst dann folgt das Gesuch: »Oder könnten Sie wenigstens zwei bis drei Euro zur Rechnung beitragen?« In der Kontrollbedingung b) wird nur der kleine Geldwunsch formuliert. Die Wirkung von a) ist verblüffend, und zwar springen 75 Prozent im Vergleich zu zehn Prozent bei b) ein. Nicht nur das, es wird auch um 40 Prozent mehr gegeben.[50]

Sie zweifeln an der praktischen Relevanz der Methode? Verständlich, denn Sie arbeiten weder beim Roten Kreuz noch für Resozialisierungsprogramme, und niemals würden Sie wildfremde Menschen um Geld anpumpen. Vielleicht überzeugt Sie die Anwendung in der Pädagogik.

Däumchen drehende Kids auf Touren bringen

Schulversagen hat viele Gründe. Besonders katastrophal ist es, wenn Kinder nicht Erfolge suchen, sondern in erster Linie Misserfolgen aus dem Weg gehen wollen. Anstatt zu lernen, um Selbstwert zu gewinnen, verweigern sie das Lernen, um nicht an Selbstwert einzubüßen. Ohne Eigenantrieb – leidgeprüfte Eltern wissen davon ein Lied zu singen – geht aber nichts. Können diese Techniken auch hier Erfolg versprechend eingesetzt werden?

Ulla ist diplomierte Gesundheits- und Krankenpflegerin. Für andere da zu sein, ist für sie Beruf und Berufung zugleich. Als Alleinerzieherin hat sie es nicht leicht mit Raffael. Er ist Ullas männliches Überbleibsel in der Familie. Aufgrund dieses Alleinstellungsmerkmals bekommt er vielleicht ein Quäntchen zu viel an Verhätschelung und Betuttelung ab. Jedenfalls favorisiert Raffael das Chillen als Couch-Potato gegenüber schulischem Pauken und Büffeln. Jetzt geht es aber ans Eingemachte. Die alles entscheidende Mathematikarbeit steht bevor. Bringt Ulla ihn nicht halbwegs auf Trab, droht ein Fiasko. Daher legt sie ihm als Variante a) ein Arbeitsblatt mit 20 Aufgaben vor. Na ja, mit der in Aussicht gestellten Nintendo Switch-Konsole und einem neuen Multi-Touchscreen lässt selbst Raffael mit sich reden.

Was bewirkt hingegen Methode b)? Ulla motiviert ihn erst einmal zu fünf Aufgaben und sagt: »Raffael, das ist ein leichtes Arbeitsblatt. Könntest du das einmal probieren? Du wirst sehen, nachher kannst du die Aufgaben besser lösen. Das Blatt ist in ein paar Minuten ausgefüllt.« Nach dieser Vorrunde geht Ulla in die Hauptrunde mit 20 Aufgaben: »Dein Lehrer hat mir erzählt, dass du solche Arbeitsblätter rasch erledigen kannst. So wie du das eben auch getan hast. Da hast du ein Blatt, das ein bisschen länger dauert.« Pädagogik b) bedient sich also der *Fuß-in-die-Tür-Technik.*

Wie sähe c) die *Glühheiß-Handwarm-Prozedur* aus? »Raffael, das Arbeitsblatt hier besteht aus 100 Fragen. Könntest du das jetzt einmal probieren?« Raffael schnappt zu Recht nach Luft und protestiert lauthals. Dem lässt Ulla die tröstenden Worte folgen: »Wenn du glaubst, dass 100 Fragen zu viel sind, dann probiere einmal dieses Arbeitsblatt mit 20 Aufgaben.«

Alle drei Manipulationsmethoden wurden, so wie beschrieben, eingehend untersucht. Man bat die Kinder (sechs bis acht Jahre) während einer Freistunde zu arbeiten. Die Variante a) (allerdings ohne Konsolenversprechen!) führte in 35 Prozent zum Erfolg, b) in 60 Prozent und c) sogar in 90 Prozent (Nebenbemerkung: Fünf Kinder der Variante c) mussten aus der Berechnung genommen werden, denn sie wollten gleich die 100 Aufgaben lösen).[51] Zugegeben: In der Studie ging es nicht um europäische, sondern chinesische Sprösslinge. Aber auch hierzulande wäre ein solcher Zugang vielleicht einen Versuch wert.

Hüttenkäse im Rucksack – Wiener Melange statt Sachertorte

Sie sind in den Tiroler Alpen unterwegs. Wandern ist eine Ihrer Passionen. So erleben Sie die imposante Natur am unmittelbarsten. Nach strapaziösem vierstündigem Aufstieg haben Sie endlich, leicht malträtiert, die Berghütte erreicht. Tolles Panorama, grasende Kühe, duftende Heuwiesen, Glockengeläute, gemütliche Stimmung, und die füllige Sennerin heißt Filomena. Filomena stapft auf Sie mit den Worten zu: »Willscht du net *ein halbes* Kilo Alpenkäse um vier Euro kaufen?« Matte neun Prozent der Wanderer ließen sich in einem Experiment davon überzeugen. Aber Filomena hat es faustdick hinter den Ohren und weiß, wie man Touristen einkocht. »Willscht du net *einen Kilo* Alpenkäse um acht Euro kaufen?« Alle reagierten mit Desinteresse. Wer will schon einen Kilo Käse den Berg hinunterschleppen? Bot Filomena daraufhin das halbe Kilo feil, stieg die Nachfrage auf 24 Prozent. Das ist nicht ganz eine Verdreifachung! Trat sie aber zusätzlich im feschen Trachtendirndl auf und fügte mit Bauernschläue hinzu, dass das zweite Angebot doch ein guter Kompromiss sei, kauften 49 Prozent. Das ist mehr als das Fünffache![52]

Jetzt versetzen Sie sich in ein bodenständiges Wiener Restaurant. Nach der Frittatensuppe schmausen Sie den obligaten Tafelspitz mit Schnittlauchsoße und Rösti. Sie beginnen soeben den Hauptgang zu verdauen, da kommt der Ober mit der Frage auf Sie zu: »Wie wär's, gnädige Dame, gnädiger Herr, mit einer Sachertorte (vier Euro) oder mit Wachauer Marillenknödel (8,50 Euro)?« Verneinen Sie, dann wird ein Folgeoffert gemacht: »Oder wie wär's mit einer Tasse Wiener Melange oder Tee (1,20 bis 1,40 Euro)?« Wurde direkt Kaffee oder Tee angeboten, entschieden sich 18 Prozent dafür, als günstigere Alternative nach dem Dessertangebot stieg die Rate auf 50 Prozent.[53]

Also in Zukunft Vorsicht bei Offertalternativen! Sie suggerieren Wahlfreiheit, zwingen aber indirekt zur Entscheidung für eine vorgegebene Option. Jetzt wissen Sie, warum Sie beim Zahlen an der Tankstelle nicht mehr wie früher gefragt werden: »Hätten Sie sonst noch einen Wunsch?«, sondern: »Möchten Sie vielleicht noch einen Kaffee oder ein Sandwich zum Mitnehmen?«

Wir Menschen der Überflussgesellschaft kaufen nicht, was wir wollen, sondern, was uns gekonnt untergeschoben wird. Noch etwas ist wahrscheinlich: Daheim werden Sie Filomenas urigen Bergkas als lukullische Offenbarung verklären. Das ergibt eine echte Win-win-Situation. Oder?

Was aber macht das raffinierte Unterschieben einer Offertalternative so effektiv? Es ist die Kombinationen aus Freiheit und Zwang, nach der Devise: *»Willst Du, oder willst Du?«* Wie bringen Sie einen gehfaulen, müden Menschen in Bewegung? Fragen Sie ihn: »Gehen wir eine große oder eine kleine Runde?« Sie vergattern ihn also, indem Sie eine kontrastreiche »Schein«-Alternative vorgaukeln, die generös (k)eine Wahl lässt.

2.5 Beständigkeitsfalle: Anwendung und Selbstschutz

Fassen wir zusammen: Menschen beharren umso mehr auf ihren Entscheidungen, je mehr sie Zeit, Energie, Gedanken, Gefühle, Geld investiert haben. Wir tun das auch dann, wenn wir im Zuge dessen vorteilhaftere Alternativen ausblenden oder nicht umsetzen, weil das Verlangen nach Konsistenz zur Falle wird. Jede Befreiung aus einer Selbstverpflichtung hieße, sich am eigenen Schopf aus dem Sumpf zu ziehen.

In Summe und kurz gesagt sind es fünf Faktoren, die schnurstracks in die *Beständigkeitsfalle* führen. Erstens: Wir werden weniger durch Gedanken oder Gefühle als durch eigene Handlungen verpflichtet. Zweitens: Je größer das Publikum bei diesen Handlungen, umso stärker die innere Pflicht und Schuldigkeit. Drittens: Schrittweises, mehrmaliges Tun ergibt eine zunehmend solide und schwere Kette der Selbstverpflichtung. Viertens: Je mehr das Handeln aus freien Stücken erfolgt, desto eher bekräftigen wir es in uns selbst. Fünftens: Je kostspieliger eine Revision erscheint, desto mehr halten wir am Bisherigen fest.[54]

Für Jehovas Zeugen ist ihr Glauben untrennbar mit Predigtdiensten an Haustüren und öffentlichen Plätzen verbunden. Kaum jemand lässt sich gleich dazu verpflichten, mit der Bibel von Tür zu Tür zu gehen oder gar in fernen Ländern über Gott, Jesus und das Paradies zu reden. Nein, zunächst halten sie schweigend in U-Bahn-Stationen die Missionszeitschrift *Der Wachtturm* oder *Erwachet* in Händen. Dieser Felddienst ist öffentlich, freiwillig, erbringt ein kleines Opfer und ist nicht mehr rückgängig zu machen. Das bedarf einer Selbstrechtfertigung, die umso stärker ausfällt, je mehr man sich anfangs dafür geniert hat. Erst in Folgeschritten teilen sie das Missionsblatt aus, stellen Fragen nach dem Sinn des Lebens, verwickeln andere in ein Gespräch. Zuerst auf Straßen und Plätzen, dann in privaten Häusern, von Tür zu Tür.

Lena aus der Fallschilderung am Beginn dieses Kapitels wickelte ihren Vater um den Finger, indem sie es im ersten Schritt auf Small Talk anlegte und mit der Sommerzeit aufwartete. Das führte zum *Fuß-in-die-Tür*-Zwischenerfolg von 23 Uhr. Dann kam Clarissas Mutter mit der *Köder*-Abholung ins Spiel, und Lena erklärte ihren Herrn Papa weitherzig für völlig entscheidungsfrei. Ihr Vater ließ sich darauf ein, ohne zu ahnen, dass die Heimfahrt erst um 24 Uhr stattfände. Schlussendlich saß er in der Klemme, denn selbst nach der Auskunft, dass die Abholung nicht wie geplant stattfinden könne, blieb ihm ein Nein im Mund stecken (*Beständigkeitsfalle*). Sein Tochterherz hatte sich ja bereits öffentlich gegenüber ihren Freunden verpflichtet, bis Mitternacht bleiben zu dürfen. Wahrscheinlich fiel es ihrem Vater auch schwer – und zwar jenseits aller Manipulation – die schon besiegelte und antizipierte samstägliche Bettruhe preiszugeben.

Die rigorose 22 Uhr-Sonntagsvariante setzte die weder Tod noch Teufel scheuende *Tür-vor-den-Kopf-Technik* ein. Unweigerlich zieht sie, wie das Amen im Gebet, einen Mindestkompromiss nach sich. Sie halten sich für immun gegenüber diesen Manipulationskünsten? Vielleicht sind Sie das auch. Natürlich lassen sich keine zuverlässigen Aussagen oder Prognosen über den Einzelfall treffen. Aber übertragen wir das Geschehen einmal ins Berufsleben.

Warum Sie für Targu Mures Frau und Kind im Stich lassen

Ing. Kurt G. ist mit Amelie verheiratet. Sie haben eine zweijährige Tochter. Amelie schließt gerade unter Doppelbelastung ihr Lehramtsstudium ab. Kurt arbeitet als Techniker bei einem weltweit führenden Hersteller nahtloser Druckbehälter. Die Fabrik liegt in der Nähe des neu errichteten Eigenheims. Sein Unternehmen will expandieren. Es beabsichtigt in Targu Mures, einer Industriestadt in Rumänien, ein Werk zu kaufen. Der Chef macht ihm ein Angebot: »Kurt, du bist unser Mann für diesen Job. Das ist *die* Chance für dich, dort hinzugehen. Spätestens nach zwei Jahren kommst du zurück und machst hier Karriere. Besprich das einmal mit deiner Frau.« Das Paar berät sich und kommt unisono zum Schluss: Jetzt nicht, die Tochter ist klein, Amelies Studium nicht abgeschlossen, das Eigenheim neu, beide sind gut integriert. Daher erteilt Ing. G. seinem Boss eine freundliche Absage. Erfolg versprechender wäre die Köder-Technik gewesen. Wie sähe sie aus?

Der Vorgesetzte trifft den Ingenieur, wie zufällig, auf dem Flur und fragt: »Kurt, hast du eine Minute Zeit? Ich hätt da nämlich an dich gedacht: Stichwort Osteuropa! Wir haben dort in Zukunft einiges vor. Überlege dir einfach einmal, ganz unverbindlich, ob du dir zutrauen würdest, da eine größere Rolle zu übernehmen.« Das schmeichelt Kurt. Erhobenen Hauptes erzählt er seiner Amelie: »Du, stell dir vor, heute kommt mein Chef auf mich zu und fragt, ob ich mir vorstellen könnt', für die Firma stärker international was zu machen.« »Wirklich!«, ist Amelie überrascht und fragt: »Und was hieße das?« »Na ja«, meint Kurt, »ich schätze hin und wieder zwei, drei Tage in Warschau, Budapest oder Minsk, dort haben wir Niederlassungen.« »Schön für dich«, bemerkt Amelie wortkarg. »Gehaltsaufbesserung inklusive, versteht sich ja von selbst«, fügt ihr Ehemann treffsicher hinzu. Tags darauf sinnieren beide über Vor- und Nachteile. Schließlich kommt Amelie zu dem Schluss: »Hast ja recht. Immer Zusammensein ist inflationär. Wenn du manchmal weg bist, genießen wir dafür das Gemeinsame umso mehr. Dann haben wir mehr Quality Time!« Verstärkend fügt Kurt hinzu: »Der B. geht ja in zwei Jahren in Pension. Wenn ich den Job gut mache, werde ich noch Bereichsleiter.« Dem folgen Fantasien über raschere Kreditrückzahlung, größeres Auto, schickere Urlaube und so weiter – bis Amelie mit Bedacht anmerkt: »Aber frag zuerst einmal, was die genau von dir wollen! Versprochen?« »Verlass dich drauf«, beendet Kurt den Dialog.

Kurt G. teilt seinem Boss mannhaft mit: »So eine neue Herausforderung nehme ich gerne an. Aber bevor ich zusage, würde ich schon gern wissen, was genau meine Aufgabe wäre.« Sein Vorgesetzter ist kryptisch. Er weist nur darauf hin, dass es um größere Projekte gehe, Genaueres wisse man noch nicht, fügt aber hinzu: »Kurt, wer ins internationale Geschäft einsteigen will, der muss flexibel sein.« »Versteht sich von selbst«, versichert Ingenieur G. seinem Boss, vor sich und der Welt einbekennend, er sei ja nicht blauäugig. Amelie berichtet er, dass es wie erwartet um spannende internationale Projekte gehe.

Einige Zeit geht ins Land, bis der Vorgesetzte dem Ingenieur ein Projekt nennt: »Kurt, wir werden da in Rumänien, genauer gesagt in Targu Mures, ein Werk kaufen. Dort brauchen wir einen Mann, der nach dem Rechten schaut.« »Aha«, stellt Kurt verdutzt fest, »Targu Mures sagt mir nix«, er fügt aber hinzu: »Hört sich jedenfalls spannend an, danke.« Abends zieht das Paar Google Earth zurate. Leicht geknickt registriert Kurt: »Schaut mehr nach Industrieruine aus.« Amelie berichtet von Wikipedia-Infos, wonach die Arbeitslosigkeit mit 35 Prozent dort relativ hoch sei. Kurt mildert all das ab: »Am Anfang ist das *die* Lernchance! Außerdem kann ich nicht gleich beim ersten Projekt klein beigeben.« »Na ja, das sähe wirklich nicht gut aus«, stimmt ihm Amelie zu.

Kurt G. überlegt, ob Handgepäck für eine erste Begutachtung des Werks reicht, entscheidet sich dann aber doch für den großen Koffer, nicht ohne sich und Amelie mit einem Wochenendrückflug zu trösten. Am Donnerstag aber dann der Anruf: »Amelie, ich kann unmöglich dieses Wochenende heimfliegen. Du kannst dir nicht vorstellen, was da abgeht.« Amelie ist ziemlich enttäuscht: »Wir hätten uns so gefreut auf dich.« »Nächste Woche«, versichert Kurt, »komm ich heim, da fährt die Eisenbahn drüber.« Er kommt auch heim, um zerknirscht mit der ganzen Wahrheit rauszurücken. In Targu Mures ist viel mehr zu tun als ursprünglich erwartet. Aber: »Jetzt ein Rückzieher, das wäre beruflicher Selbstmord.« »Toll – und worauf soll ich mich jetzt einstellen?«, fragt Amelie argwöhnisch. »Amelie, wir stellen dort Druckbehälter für die Medizin her. Wenn da einer in die Luft geht, gibt's Tote. Du kannst dir nicht vorstellen, wie es dort mit Produktionsverfahren und Sicherheitsstandards aussieht!« »Nein, das will ich mir auch nicht vorstellen.« »Du könntest ja mit unserer Tochter mitkommen!«, bringt Kurt eine neue Variante ins Spiel, allerdings ohne realistische Hoffnung. Entsprechend fällt auch die Antwort aus: »Kurt, du spinnst! Soll unsere Tochter in einen rumänischen Kindergarten gehen und ich mein Studium an den Nagel hängen?«

So schlägt sich Ingenieur G. in Rumänien ein erstes Jahr ehrbar durch. Investiert Hirnschmalz, Energie, schluckt Frust hinunter, erzielt Achtungserfolge. Deshalb wäre es auch Unsinn, jetzt den ganzen Krempel hinzuschmeißen. Das leuchtet auch Amelie ein, aber ihren Frust kann sie trotzdem nicht verbergen, wenn Kurt gerade mal am Wochenende ein paar Stunden bei seiner Familie verbringt – und das oft abgespannt und mürrisch. Dennoch halten sowohl Amelie als auch Kurt bis dato unbeirrt an ihrer Beziehung fest, nicht zuletzt ihrer Tochter wegen. Aber dann übernimmt Bogdana aus Temeswar die Marketingabteilung. Sie und Kurt verbringen beruflich bedingt eine Menge Zeit miteinander, verstehen sich immer besser, und Bogdanas Energie und Ausstrahlung erscheinen Kurt zunehmend attraktiver. Umso mehr, als Amelie in den letzten Monaten irgendwie unfreundlich und distanziert wirkte und ihre Gespräche oft in mühsame Diskussionen und Streits mündeten. So übernimmt er zwei Jahre später auch privat hoch motiviert die Werksleitung in Targu Mures. Es ist eine gute Zeit. Bogdana erwartet ein Kind. Der anfängliche Rosenkrieg mit Amelie ist mittlerweile entschärft. Kurt und Bogdana sind auf der Suche nach einem gemeinsamen Nest. Sollen sie die Villa im Gründerzeitstil der Donaumonarchie oder doch das Jugendstilhaus mit typisch ungarischer Prägung erwerben? Die Entscheidung fällt schwer.

Abgesehen von der Demonstration, wie effektiv »Motivation« im Berufsleben sein kann, wirft dieses Beispiel von Ingenieur G. überhaupt die Frage auf, wer unser Leben schreibt: wir oder das Leben. Sitzen wir nicht oft auf einem Kinderkarussell – Lenkrad, Zügel oder Steuerknüppel vermeintlich souverän im Griff, aber in Wirklichkeit auf einem von außen vorgegebenen Weg? Erscheint uns das Erlebte nicht erst hinterher als intendiert und strategisch überlegt? Sind wir nicht mehr Geschichtenerzähler über unser irdisches Dasein als aktiv Lenkende? Wenn andere uns manipulieren, räumen sie dann bloß Stolpersteine beiseite, die uns typischerweise am Fortkommen hindern und andere Spielarten unserer Existenz verpassen lassen?

Glühheiße Forderung, aber handwarmer Modus Vivendi

Der Pensionskonflikt mit den Piloten eskaliert. Aber die Personalvorständin teilt den Medien mit: »Wir sind konsensbereit und suchen einen Kompromiss.« Im Schnitt gehen die Kapitäne in ihrem Unternehmen mit 57 Jahren in den Vorruhestand. Wegen der hohen Kosten soll das Pensionsalter sprunghaft auf das gesetzeskonforme Maximum von 65 Jahren angehoben werden. Das ist eine gewagte Forderung. Die Belegschaftsvertretung droht mit Streiks mitten in der Feriensaison. Hauen und Stechen, verhärtete Positionen, zwischendurch Feuerpausen. Wer hat den längeren Atem? Bis ein Kompromiss gesucht wird, der beide Seiten das Gesicht wahren lässt. Ja, die niedrigen Zinsen an den Kapitalmärkten und die längeren Rentenzeiten sind nicht mehr bezahlbar. Selbst dem stursten Gewerkschafter leuchtet das ein. Was kommt also im Endeffekt heraus? Das neue Arrangement sieht einen mehrjährigen Stufenplan und eine stärkere Beteiligung der Piloten an der Finanzierung der Unternehmenspension vor. Ohne die manipulative Maximalforderung wäre das Agreement so nie zustande gekommen.

Oft werden in Verhandlungen Positionen vertreten, um die es de facto gar nicht geht. Diese oder jene Forderung sei unabdingbar, lautet die Ansage. So wird dem Gegenüber von Anfang an der geringe Verhandlungsspielraum klargemacht. Um zu guter Letzt dann doch eine andere, viel bedeutendere Hidden Agenda durchzusetzen, wird schließlich mit viel Getöse dieser Erstanspruch aufgegeben. So ist es der Personalvorständin vielleicht sogar recht, dass die in Ehren ergrauten und bestens organisierten Altpiloten schleunigst ihre Airline in Richtung Vorruhestand verlassen. Damit bekommt sie die günstigeren Tarifverträge für die geplante Billigtochter vermutlich einfacher durch.

Sie sind ziemlich sicher nicht im Vorstand einer Fluglinie. Und wahrscheinlich auch kein leitender Technikangestellter, der fernab von Heimat und Familie einen rückständigen Produktionsstandort zu einer profitablen Niederlassung machen soll. Aber werden Sie sich der gravierenden Tragweite jedes

Neins bewusst. Versetzen Sie sich in die Lage von Kurt G. Hätte er die Reißleine ziehen können oder sollen? Falls ja, wann? Und welche Konsequenzen hätte das gehabt? Er stünde gegenüber Chef und Firma in der Schuld. Jedem Folgeanliegen wäre er vogelfrei ausgeliefert gewesen.

Wie wickelt man also jemanden um den Finger? Erstens: Man umgarnt ihn mit einer Option. Zweitens: Mühsam zieht er seinen Hals aus der Schlinge. Drittens: Der Folgeoption ist er wehrlos ausgeliefert. Wurde sein erstes Nein bewusst in Kauf genommen, lag eine perfide Manipulation vor.

Heiße Schlachten am kalten Buffet

Wie heißt es beim Liedermacher Reinhard Mey übers kalte Buffet? »Da spießt man, was aufzuspießen ist, die Faust um die Gabel geballt. Mit feurigem Blick und mit Schaum vor dem Mund kämpft jeder für sich allein und schiebt sich in seinen gefräßigen Schlund, was immer hineinpasst, hinein.« Wer kennt das nicht? Hab- und genusssüchtig fokussiert man eingangs die Schweinefilets im Speckmantel, sehr appetitlich, lädt entsprechend auf, um prompt vorm Lachstatar zu landen. Widerstand zwecklos, außerdem ist Fisch gesund. Zwischendurch ein paar Eier mit Mayonnaise, und obwohl kaum mehr Platz auf dem Teller ist, lockt alsdann das saftige Roastbeef, bis man als krönenden Abschluss noch drei Königsgarnelen auf der zum Delikatessenhügel angewachsenen Tellerbelegung drapiert. Voller Vorfreude und Appetit kehren Sie zu Ihrem Tisch zurück. Wie reagierten Sie aber, servierte man Ihnen all das als Gruß aus der Küche? Sie fühlten sich vermutlich pikiert und erlebten das Speisesammelsurium als plumpe Zumutung, fragwürdig ausgewählt und obendrein höchst lieblos angerichtet.

Was ist die Krux? Sie haben sich alles selbst aufgeladen. Sie haben sich alles selbst eingebrockt. Sie waren Täter und kein Opfer. Erinnern wir uns noch einmal an die Quintessenz der Manipulation: *Erkläre Menschen für frei und zwinge sie indirekt!* Übertragen auf das Buffetbeispiel heißt das, freie Wahl aus begrenzter Speiseauswahl. In puncto Manipulation sind das, zugegeben, Peanuts. Wen stören schon überfüllte Kuddelmuddel-Teller? Wen kümmert es, womit sich die Leute beim Essen selbst beglücken?

Also Schauplatzwechsel. Ihre Außendienst-Servicetechniker sind auf Vordermann zu bringen. Für einen Hersteller von Kopierern ist die rasche Reparatur im Schadensfall ein Muss. Ihre Techniker sind fix angestellt und führen pro Tag im Schnitt 2,8 Instandsetzungen durch. Das ist wenig. Alle motivationalen und monetären Anreizsysteme helfen nichts. Was ist die Lösung? Man macht die Servicetechniker zu freien Einpersonenunternehmern, die auf eigenes Risiko und als Selbstständige den Marktzwängen unterworfen sind. Schon steigt der Output auf erstaunliche 6,3 Reparaturen pro Tag – auf mehr als das Doppelte. Sowohl Szenario als auch Zahlen sind hierbei keineswegs rein fiktiv.[55]

So ziemlich alle Konzepte der Arbeitsoptimierung der letzten Jahrzehnte (Management by Objectives, modulare Fertigung, Lean Management, Prozess- und Projektmanagement, Empowerment, Profit- und Costcenter et cetera) vergrößern zumindest vordergründig die individuelle Entscheidungsfreiheit und delegieren Verantwortung. Sie bauen also die direkte, hierarchische Kontrolle ab und ersetzen sie durch indirekte, meist marktgetriebene Vorgaben und Diktate. So wird Macht entpersonalisiert, und statt ihr regiert der freie Markt als mysteriöser, unzugänglicher Strippenzieher. Fremd- wird durch Selbstverpflichtung ersetzt. Das zieht heiße Schlachten im kalten Berufsalltag nach sich.

Letzten Endes sollten Sie Partizipation, Delegation und Mitsprache im Berufsleben einmal aus einem anderen Blickwinkel betrachten, und zwar jenseits aller Autonomiediktionen. Auch wenn keine böse Ausbeutungsverschwörung hinter diesen Konzepten steht: Bedenken Sie, dass Sie summa summarum wohl in 99 von 100 Fällen freimütig und aus eigenem Antrieb dem zustimmen, was Ihr Arbeitgeber von Ihnen will. Lassen Sie sich keinen Sand in die Augen streuen: Einbindung und Teilnahme setzen das Beständigkeitsgetriebe in Gang.

Einer der bedeutendsten Psychologen des 20. Jahrhunderts, Kurt Lewin (1890–1947), sollte herausfinden, wie man amerikanische Hausfrauen dazu bringt, Innereien wie Herz, Hirn, Nieren oder Lungen zu verkochen. Nach dem Eintritt in den Zweiten Weltkrieg wollte man sich gegen drohende Nahrungsknappheit rüsten. Ein Ragout aus der Thymusdrüse junger Kälber galt aber in den USA, gelinde gesagt, nicht gerade als Delikatesse und erntete meist eher Ekel als Enthusiasmus. Lewin ließ eine Gruppe von Hausfrauen einschlägigen Vorträgen von Köchen und Diätologen lauschen. Die Experten sollten die Frauen von der Qualität und Schmackhaftigkeit der Innereien überzeugen. Der anderen Gruppe machte er es zur Aufgabe, gemeinsam mit den Experten ein Programm zu erarbeiten, wie man was kocht und wie Hausfrauen überzeugt werden könnten, Innereien zu verarbeiten. Die Entscheidungsteilnahme erwies sich als höchst wirksamer Hebel zum Abbau von Ekel und Widerstand. In der ersten Gruppe verkochten nämlich in der darauffolgenden Woche nur drei Prozent Innereien. In der Beteiligungsgruppe waren es 32 Prozent.[56] Wiederum liegt der entscheidende Unterschied in der Selbst- im Gegensatz zur Fremdüberzeugung.

Nun zu einem aktuelleren Schauplatz: In Großbritannien werden pro Jahr 6,5 Millionen Arzttermine nicht eingehalten.

Das zieht enorme Kosten nach sich.[57] Was dagegen tun? Eine Woche vorm Termin telefonisch nachhaken hat geholfen und die Rate der Wortbrüchigen von 23 Prozent auf sechs Prozent sinken lassen.[58] Das ist aber aufwendig und teuer. Hat man die Patienten bei der Terminbekanntgabe Datum und Uhrzeit mündlich laut wiederholen lassen – Verhalten festigt die Bindung –, hat das die Ausfallsrate immerhin um drei Prozent reduziert. Das ist zwar nicht viel, jedoch kostet diese Variante dafür nichts. Aber eine Alternativvariante erwies sich als erstaunlich effektiv. Normalerweise erhält man von der Arzthilfe ein Terminkärtchen ausgehändigt. So bleibt eine Selbstverpflichtung aus. Haben die Patienten das Kärtchen aber selbst ausgefüllt, hat das die Terminausfälle um 18 Prozent verringert.[59] Das kostet nichts, spart Zeit und ist fast so effektiv wie Nachtelefonieren.

Wenn Verhalten Bindung erzeugt und jedes Tun die Verkettung zwischen Handeln, Denken und Entscheiden verstärkt, heißt das auch, dass Sie Menschen stärker verpflichten, wenn Sie von Ihnen konkrete Absichtserklärungen einholen. »Du schaffst das doch bis Donnerstag?« ist daher falsch. Richtig wäre: »Was könntest du bis Donnerstag machen, damit unser Meeting produktiv wird?« Durchs öffentliche Bekunden kommt Öl ins Getriebe.

Zugegeben, mit dieser Methode wissen Sie nicht, welche Antwort Ihr Gegenüber liefert. Müssen Sie im Fall der Fälle die Netze enger ziehen, führt eher die »Willst-willst-Alternative« zum Ziel. Wie bringen Sie Menschen zur Grippeimpfung? Mit der direkten Frage: »Wollen Sie diesen Herbst an einer Grippeimpfung teilnehmen?«, fahren Sie mehrheitlich ein Nein ein. Geben Sie stattdessen zwei Optionen zur Wahl: a) »Ich werde mich diesen Herbst gegen Grippe impfen lassen« und b) »Ich werde mich diesen Herbst nicht gegen Grippe impfen lassen.«

Das hat die Impfbereitschaft von 42 auf 62 Prozent erhöht.[60] Warum? Im ersten Fall müssen sich Menschen aktiv für etwas entscheiden. Das engt ihren Freiheitsdrang ein und bedingt das Nein. Im anderen Fall müssen sie sich aktiv gegen etwas entscheiden – auch das wird einengend erlebt, was dazu führt, dass die zuvor verschmähte Option attraktiver wirkt.

Wie schützen Sie sich vor Beständigkeitsfallen?

Kommen wir zum Selbstschutz. Der beste Weg aus der *Beständigkeitsfalle* ist ein frühzeitiges und beharrliches Nein. Selbst am Arbeitsplatz ist ein abgrenzendes Nein meist nur kurzfristig eine Ungehörigkeit. Es wird schneller verziehen, als man glauben möchte. Warum ist das so? Wir alle neigen dazu, unsere Bedeutung zu überschätzen, und zwar sowohl im Positiven als auch im Negativen. Spätestens überübermorgen ist das Nein Schnee von vorvorgestern. Ja, in der Welt der Arbeit gibt es Abhängigkeiten, denen nur schwer zu entkommen ist. Aber häufig geraten wir ins Räderwerk der Konsistenz, wo ein Nein kein Tabubruch, sondern ein notwendiger Akt der Selbstbefreiung ist.

Einige Beispiele: Am Telefon teilt Ihnen eine charmante Dame mit, dass Sie zufällig ausgewählt wurden und für drei Monate gratis die *Hamburger Rundschau* zugeschickt bekommen. Nach dieser Zeit wird die charmante Dame erneut telefonisch vorstellig und will wissen, wie Ihnen die Zeitung gefiel. Als höflicher Mensch zeigen Sie sich für das Gratisabo selbstredend zumindest verbal erkenntlich: »Ja, ich habe beim Frühstück immer gern darin geblättert!« »Das höre ich gern«, erwidert die charmante Dame und macht ein unschlagbares Angebot, gültig nur noch diesen Monat, und zwar Gratiszustellung, halber Abopreis plus sechs Flaschen Riesling von einem Spitzenwinzer aus dem sonnigen Moselgebiet. Spätestens jetzt sollten Sie die Stopptaste drücken.

Benno war mit Ihnen auf dem Gymnasium. Kurz vor dem Abitur strauchelte er. Unter allen Umständen wollte er Schauspieler werden. Seit Jahren haben Sie ihn nicht gesehen. Zufällig treffen Sie ihn auf dem Weg zur Arbeit. »Benno, altes Haus, wie geht's?«, fragen Sie neugierig. »Prinzipiell ganz gut«, erwidert Ihr Schulfreund. »Immer wieder Ups and Downs. Ist ja normal, oder?« »Und momentan, eher oben oder unten?«, bohren Sie nach. »So in-between«, berichtet Benno. »Aber wie wär's, wenn wir uns mal treffen, dann plaudern wir, was jeder so macht.« Er streckt Ihnen seine Visitenkarte entgegen. Auf der steht die Berufsbezeichnung »Dramaturg«. »Die Adresse stimmt nicht mehr, ich suche gerade eine Wohnung«, fügt Benno hinzu. »Bei mir können wir uns also nicht treffen.« Folgsam geben Sie ihm Adresse und Handynummer. Tags darauf klingelt es. Benno ist dran: »Wie wär's schon diesen Sonntag mit unserem biografischen Small Talk, mir ist was ausgefallen?« Damit haben Sie nicht gerechnet, aber Sie ringen sich ein »Okay, passt gut!« ab. Freitagabends kontaktiert Benno Sie erneut. Seine Ex sei, wie das Leben halt so spiele, zufällig in der Stadt: »Hast du was dagegen, wenn sie mitkommt?« »Nicht die Bohne«, heucheln Sie, worauf sich Benno ganz besonders erkenntlich zeigt: »Dann nehme ich als Gastgeschenk ein paar Schaschliks mit. Das Wetter ist ja wie geschaffen für eine kleine Grillparty!« »Super Idee«, simulieren Sie widerwillig Begeisterung. Damit das Grillen nicht zur Last wird, erscheint Benno »für vorbereitende Maßnahmen«, wie er bekannt gibt, schon sonntagvormittags mit seiner Ex. Spätestens nach der ersten Überrumpelung hätten Sie die Stopptaste drücken müssen, denn nach der nostalgisch-freundschaftlichen Grillparty droht vermutlich die Bitte, ob er nicht zwischenzeitlich seine

Liegestatt, klarerweise ohne Ex, in Ihrer Wohnung aufschlagen könne, nur bis seine neue Wohnung beziehbar sei, die es, wie sich später herausstellen wird, noch gar nicht gibt.

Je länger Sie mit einem Nein zuwarten, desto höher werden die (psychologischen) Kosten und desto schwerer kommt es Ihnen über die Lippen. Sie müssten vor sich selbst und der Welt einbekennen, ein inkonsequenter Dummkopf zu sein, der nicht weiß, was er möchte. Daher lautet die Quintessenz des Selbstschutzes vor Manipulation:

Alle Räder stehen still, wenn ein starkes Nein das will!

Folgerichtig bekommt Verkaufs- und Vertriebspersonal eingepaukt, unter allen Umständen ein Nein des potenziellen Kunden zu vermeiden. Sie sind shoppen und kämpfen sich durchs Sortiment. Eine glücklose Verkäuferin kommt auf Sie mit der Frage zu: »Darf ich behilflich sein?«, und kriegt prompt ein »Nein, danke« serviert. Ende der Fahnenstange! Was wäre wirkungsvoller? »Gnädige Frau, ich sehe gerade, Sie suchen einen Rock. Ich hätte da was für Sie im Angebot, das hervorragend zu Ihnen passen könnte. Kommen Sie mit mir, ich zeig's ihnen!« Wer kann da schon Nein sagen? Wenn Sie alleine und ohne Beeinflussung weitersuchen möchten, sollten Sie es ab jetzt können, weil Sie nunmehr wissen, was dahintersteckt.

Je leichter Menschen Handeln gemacht wird, desto größer ist der damit verbundene Verführungsimpuls. Wir alle haben noch nicht wirklich begriffen, welche Auswirkungen Onlineshopping auf unser Konsumverhalten hat. Bankinsider berichten davon, dass man ursprünglich sehr skeptisch gegenüber Onlinekrediten war. Mittlerweile ist die Skepsis verflogen. Angeblich ist so der Umsatz für hochverzinste Kleinkredite um 20 Prozent nach oben geschnellt. Welche Empfehlung kann hier ausgesprochen werden? Sie sollten sich zumindest der Tatsache bewusst sein, zu welch teilweise haarsträubenden Impulskäufen Sie sich mit einfachen (und allesamt selbst gesetzten) Klicks verführen lassen.

Der *Tür-vor-den-Kopf-Technik* ist deshalb so schwer beizukommen, weil sie uns zu einem zweiten Nein zwingt. Ein Nein ist eine Bagatelle. Aber warum ist ein zweites Nein, nach einer Glühheiß-Handwarm-Forderung niemandem zumutbar? Das hängt, wie bereits angedeutet, mit dem *Prinzip der Gegenseitigkeit*, dem wir uns im nächsten Kapitel widmen, und dem *Kontrasteffekt* zusammen, den wir im Anschluss daran unter die Lupe nehmen.

3. Das eherne Prinzip der Gegenseitigkeit

Der Fall Pankraz und die gesalzene Erbschaft

Pankraz, der Erbhofbauer, wurde nach langem Leiden abberufen. Sein Neffe Gustl und dessen Bruder sind die alleinigen Hinterbliebenen. Ganz friktionslos war die Beziehung zwischen Gustl und dem Alten ja nie. Zum unumkehrbaren Zerwürfnis kam es, als der griesgrämige Pankraz das Ansinnen hegte, als malader Pflegefall zu Gustl und seiner Frau ziehen zu wollen. Das empfand das Paar als völlig irreale Forderung, und zwar nicht nur der Räumlichkeiten und beruflicher Verpflichtungen wegen, sondern man erinnerte sich nur allzu gut daran, wie Pankraz auf seinem Geld hockte und als knausriger Geizkragen nie was springen ließ. Selbst dann nicht, wenn Not in Verzug war, die Kinder ein Weihnachtsgeschenk erwarteten oder wenn man ganz pragmatisch eine Pelletheizung anschaffte.

So musste sich der Erbhofbauer mit einer häuslichen Privatpflege begnügen. Zwar beargwöhnte man den Pflegeansatz von Ilana aus Bulgarien stets mit Skepsis, die dem Empfinden des Paares nach den Alten zu viel hätschelte und tätschelte, aber dass es so weit kommen könnte, damit hatten beide nicht in ihren kühnsten Träumen gerechnet: Pankraz machte Ilana zur Alleinerbin. Aber nicht nur das, denn der für seine Schrullen und Tücken bekannte Oheim hatte testamentarisch noch einen zweiten Knalleffekt verfügt. Für Gustl gab es ein Sparbuch über 100.000 Euro, aber nur unter der verfügten Bedingung, dass er seinem Bruder davon einen Teil abtritt. Wie viel, das hat Gustl vorab zu entscheiden und ihm schriftlich mitzuteilen. Nimmt der Bruder an, wird das Erbe entsprechend der Abmachung aufgeteilt. Lehnt er ab, geht das gesamte Geld als Spende an die Caritas. Beide gingen dann leer aus.

Als Gustl das vernahm, kam nur ein »Dieses abgefeimte A***loch« über die Lippen, was seine Frau mit »Der Herrgott hab ihn selig« relativierte. Dem werten Herrn Bruder etwas abgeben zu müssen, der sich vor Jahren davonschlich, um frei von Sorgen die Welt zu bereisen, der dann in Australien hängen blieb, bis heute nicht den damals geborgten Tausender zurückzahlte und der nicht einmal zur Bestattung des Oheims erschien, das empfand Gustl als blanken Hohn. Fifty-fifty war undenkbar. Aber wie viel sollte es sein? Schließlich kam Gustl zu folgendem Kalkül: »Mein Herr Bruder braucht jeden Euro wie einen Bissen Brot. Wir bieten ihm zehn Tausender. Die streift er ein, und alles ist paletti.« Das hieß auch seine Frau gut: »Wer würde schon auf so einen Batzen Geld verzichten?« Zwei Wochen später lag ein eingeschriebener Brief im Postfach: Der Bruder lehnte dankend ab. Ihm sei lieber, wenn das Geld sozialen Zwecken zugutekäme.

Gustl und seine Frau unterlagen als psychologische Laien einem Trugschluss. Daher war ihr Schnitzer verständlich. Umso mehr als Forscher, die sich der Ökonomie widmeten, 200 Jahre von derselben Fehlannahme ausgingen. Sie beriefen sich auf ein Denken, das den Menschen als *Homo oeconomicus* ansah. Der Mensch folge, so die Mutmaßung, kompromisslos dem Credo »Minimaler Aufwand, maximaler Ertrag« und versuche stets das Bestmögliche für sich herauszuholen. Wir alle seien – nüchtern betrachtet und ohne Augenwischerei – geborene Opportunisten, rational agierend, bei der Zieldurchsetzung ab und zu skrupellos, jedenfalls aber auf den bestmöglichen Deal für uns selbst aus.

Begründet hat dieses Menschenbild Adam Smith (1723–1790). Er gilt als Urvater der Ökonomie. Für sein Hauptwerk braucht er zwölf Lenze, bis er es krank und erschöpft im Alter von 43 Jahren veröffentlicht. Sein Gedankengang lässt sich so zusammenfassen: Für die Produktivität eines Landes ist die Arbeitsteilung ausschlaggebend. Die hat wiederum ihre tiefere Ursache in der menschlichen Neigung zum Handeln und Tauschen. Menschen tauschen aber Leistungen nicht aus Nächstenliebe, sondern weil sie persönliche Vorteile verfolgen. Das klassische Zitat dazu lautet: »Nicht von dem Wohlwollen des Fleischers, Brauers oder Bäckers erwarten wir unsere Mahlzeit, sondern von ihrer Bedachtnahme auf ihr eigenes Interesse.«[61] Dieser Satz gilt als Geburtsstunde des *Homo oeconomicus*. Von da an wird der Mensch als Träger von Eigeninteressen gesehen, die er verfolgt, ja verfolgen muss, weil er sonst im Konkurrenzkampf unterliegt. Das eigentlich Geniale der Theorie von Adam Smith liegt aber darin, als Erster erkannt zu haben, dass damit für alle Vorteile verbunden sind. Warum? Der Markt zwingt Händler und Produzenten dazu, den Konsumenten Billiges und Wertvolles zu bieten.[62] Tun sie das nicht, gehen sie zugrunde. Daraus erwächst ein Wohlstandsgewinn für alle. Optimiert also der Einzelne seine Interessen, nützt er gleichzeitig auch der Allgemeinheit. Das war und ist für viele ungebrochen das Win-win-Modell der modernen Marktwirtschaft. Aber was sollte daran falsch sein?

3.1 Egoismus und Ichsucht auf dem Prüfstand

Erst 250 Jahre nach Adam Smith wird sein Menschenbild genauer hinterfragt und überprüft. Wie geht man dabei vor? Unter anderem wird dazu das sogenannte *Ultimatumspiel* entwickelt. In diesem Spiel erhält eine von zwei Personen zufällig zum Beispiel 100 Euro zugesprochen. Daraufhin hat sie die Aufgabe, der zweiten Person ein Angebot zu machen, wie dieser Gewinn aufgeteilt werden soll. Sie kann alles, einen größeren Teil davon oder fast gar nichts hergeben. Das Gegenüber entscheidet, ob es annimmt oder ablehnt. Verhandelt wird nicht. Bei Annahme wird das Geld, wie vorgeschlagen, aufgeteilt. Bei Ablehnung geht das Geld an den Spielleiter zurück, das heißt: Kommt es zu keiner Einigung, gehen beide leer aus.

Ein rational kalkulierender *Homo oeconomicus* müsste ein Angebot von 99 zu einem Euro machen. Und sein ökonomisch vernünftiges Gegenüber müsste dem zustimmen. Wieso? Für den Gewinner der 100 Euro, so seine egogetriebene Ratio, fast alles, für den anderen fast nichts – aber eben nur fast: Ein Euro ist immer noch ein höherer Gewinn als gar nichts.

Das Experiment wurde unzählige Male durchgeführt. Manchmal standen sogar ganze Jahresgehälter auf dem Spiel. Ergebnis: Mehr als die Hälfte (55 Prozent) lehnten Angebote unter 20 Prozent ab.[63] Das war weder rational noch ergebnisoptimierend. Wie viel vom Gewinn wurde im Schnitt abgegeben? In westlichen Kulturen waren es 45 Prozent. Als Halsabschneider stellten sich die Machiguenga heraus, die in der peruanischen Provinz Calca leben. Sie gaben schnöde 26 Prozent. Dort, so die Erklärung, kocht jeder Clan sein eigenes Süppchen. Die Kernfamilie ist alles. Die Gemeinschaft als Ganzes zählt nichts. Am anderen Ende des Kontinuums fanden sich die Lamelara-Walfänger aus Indonesien, die ihrem Gegenüber höchst altruistisch mehr als die Hälfte abgaben. Warum? Sie fingen und fangen mit kleinen Booten und Harpunen Wale. Ohne Kooperation geht da gar nichts. Nach dem Fang wird die Beute auf alle verteilt.[64]

Unter höchst prekären Bedingungen scheint das gemeinsame Überleben gegenüber dem Eigennutz in den Hintergrund zu treten. Plausiblerweise hängt auch die Annahmerate von Faktoren wie zum Beispiel dem eigenen Einkommen ab: Ärmere Menschen geben sich auch mit einem geringeren Anteil zufrieden.[65]

Aber warum triumphiert die Logik der *Gegenseitigkeit* (westliche Durchschnittsangebote: 45 Prozent) über die Logik des *Eigennutzens* (nur vier Prozent bieten weniger als 20 Prozent)? Hier trifft der *Homo oeconomicus* auf seinen Gegenspieler, den sogenannten *Homo reciprocans,* nach dessen Verständnis es klüger ist, dem Geizhals einen Denkzettel zu verpassen – so man es sich leisten kann –, statt sich mit einem Bettel von 20 Prozent zufriedenzugeben.

Der Begriff *Reziprozität* kommt aus dem Lateinischen und bedeutet »Wiederkehr auf demselben Weg«,[66] was bildlich der Flut beim Zurückkehren des Meeres nach der Ebbe entspricht. *Reziprozität* im Sinne fairer Gegenseitigkeit ist wahrscheinlich das fundamentalste Prinzip sozialen Verhaltens überhaupt, ausgedrückt in der lateinischen Rechtsformel *do ut des* (»Ich gebe, damit du gibst!«) oder im Sprichwort: »Eine Hand wäscht die andere.« Auch in der Natur finden sich bemerkenswerte Beispiele. Kehren beispielsweise blutsaugende Fledermäuse ins Nest zurück, teilen sie erbeutetes Blut mit Artgenossen, die leer ausgegangen sind. Selbstlos ist das allerdings nicht. Der Empfänger der Blutmahlzeit merkt sich den Spender und revanchiert sich bei nächster Gelegenheit.[67]

Leider hat *Reziprozität* auch eine dunkle Seite, denn tatsächliches oder vermeintliches Unrecht wird mit selber Münze vergolten. Im Fundus der Literaturgeschichte zieht sich reziproke Rache wie ein roter Faden durch die Werke: Achilles kämpft erst wieder gegen Troja, nachdem sein Liebhaber Patroklos gefallen ist. Kriemhild nimmt im Nibelungenlied Rache für die Ermordung ihres Gatten Siegfried. Weil ihm ein gesunder Ackergaul krank zurückgegeben wird, setzt der Pferdehändler Michael Kohlhaas ein ganzes Land aufs Spiel. Kohlhaas gilt zu Recht als die sprichwörtliche Personifizierung des Rachediktums: »Es soll Gerechtigkeit geschehen, und gehe auch die Welt daran zugrunde!« Die Titelfigur Claire Zachanassian in *Der Besuch der alten Dame* rächt sich für die erlittenen Demütigungen in ihrer Jugend.

Besonders irritierend ist die Rachsucht Gottes im Alten Testament. So heißt es im 3. Buch Mose: »Aber wenn ihr nicht auf mich hört und alle diese Gebote nicht befolgt, (...) so tue auch ich euch Folgendes an: Ich biete gegen euch Bestürzung auf, Schwindsucht und Fieber, die das Augenlicht zum Verlöschen bringen und den Atem ersticken. (...) Ich lasse über euch das Schwert kommen. (...) Zieht ihr euch in eure Städte zurück, so sende ich die Pest in eure Mitte (...). Ich vernichte eure Kulthöhen, zerstöre eure Räucheraltäre, häufe eure Leichen über die Leichen eurer Götzen und verabscheue euch.«[68] In der Bibel sind über 1000 Verse zu finden, in denen Jahwe als unmittelbarer Vollstrecker gewalttätiger Bestrafung auftritt.[69]

Was haben Don Corleone und Schimpansen gemeinsam?

Kinogänger älteren Semesters erinnern sich bestimmt an die Verfilmung des Bestsellers *Der Pate* von Mario Puzo, in der Don Corleone, ein gefürchteter Mafiaboss, zu sehen ist. Seine machterhaltende Maxime lautet: »Verpflichtungen durch gute Taten.« Der Mafiaboss verfügt nicht nur über Geld und Ressourcen, sondern auch über Informationen und Beziehungen. So kann er anderen Wohltaten, Sicherheitsdienste und Ratschläge zukommen lassen oder mit seinem Netzwerk unter die Arme greifen. Sein Beistand – davon kann er ausgehen – wird irgendwann mit Gegenleistungen aufgewogen. In diesem Punkt sind die sozialen Normen bei der Mafia klipp und klar: Nach erwiesenen Gefälligkeiten kommt, es ist nur eine Frage der Zeit, der Zahltag. Dieses Prinzip gilt wie gesagt nicht nur bei der Mafia – wenngleich anderswo üblicherweise mit weit weniger drastischen Durchsetzungsmethoden.

Überraschend ist indes, dass unsere nächsten Verwandten, die Schimpansen, mit denen wir nach neueren Befunden 99,4 Prozent genetisch identisch sind,[70] eher den Prinzipien des *Homo oeconomicus* folgen als wir. Zumindest weist eine Studie des Max-Planck-Instituts für Ökonomik darauf hin.[71] Schimpansen konnten in einem Experiment einem Artgenossen eine bestimmte Menge Rosinen anbieten. Affen können zwar nicht zählen, haben aber ein Gefühl für Quantitäten. Nur wenn der andere auf das Offert einging, waren sie imstande, den Leckerbissen zu teilen. Weigerte sich dieser, gingen beide, wie im *Ultimatumspiel*, leer aus. Schimpansen akzeptierten jedoch, im Gegensatz zu Menschen, auch höchst unfaire Angebote (zum Beispiel ein Aufteilungsverhältnis von acht zu zwei). Nur die Option zehn zu null akzeptierten sie nicht.

Unsere großen Verwandten allerdings in die Ecke der egoistischen Daseinsoptimierer zu stellen, greift zu kurz. Schimpansen geben einander Futter ab, beispielsweise Zweige, um sich für eine Fellpflege erkenntlich zu zeigen. Sie tun das nicht nur, wenn sie freundschaftliche Gefühle füreinander empfinden, sondern auch nach der Reziprozitätsnorm: »Bist du nett zu mir, bin ich auch nett zu dir!« Wer bei der Beschaffung von Futter hilft, bekommt davon etwas ab. Auch für gute Taten in der Vergangenheit revanchieren sie sich, und zwar nach dem Motto: »Du hast mich heute früh gelaust, jetzt bekommst du einen Happen Banane von mir.«[72] Reziproker Altruismus ist Schimpansen also nicht fremd.

Was unterscheidet uns also? Im *Ultimatumspiel* lassen sich Schimpansen im Gegensatz zu uns auch mit wenig abspeisen. Sind Affen also rationaler als wir? Nein, denn der Unterschied liegt in taktischen und strategischen Überlegungen, die nur der Homo sapiens anstellt. Nur uns beschäftigt die komplizierte Frage, wie sich ein bestimmtes Verhalten auf unsere Reputation und unseren Status in der Gruppe auswirkt.

Das Beste im Leben gibt's nicht für Geld

Um die Krux der menschlichen Reziprozitätsnorm ganz zu verstehen, muss zwischen ökonomischen und *sozialen Märkten* unterschieden werden.[73] Nehmen wir an, Sie speisen in einem Dreisternerestaurant. Als Amuse-Gueule gibt es Flusskrebse in Aspik, denen getrüffelte Gänseleber als Vorspeise folgt. Eine aus Hummerfleisch, Kaviar und Wachteleiern zusammengesetzte Whisky-Frittata bildet die Hauptspeise. Dazu gönnen Sie sich eine Flasche Chablis Premier Cru. Den krönenden Abschluss macht ein Frozen Haute Chocolate-Eiscocktail, stilvoll komponiert aus seltenem Kakao und essbarem Blattgold. Ob Sie dann noch einen Champagner der Marke Moët & Chandon trinken oder nicht, ist egal, weil Sie jedenfalls am Limit Ihrer Kreditkarte kratzen. Aber Sie werden keinen Gedanken darauf verschwenden, wie Sie sich für all diese Herrlichkeiten, außer mit Geld, erkenntlich zeigen. Das ist ein Beispiel für einen ökonomischen *Markt*. Durch das Mittel »Geld«, von allen anerkannt, erfolgt ein Tausch »Gut gegen Gut«.

Jetzt stellen Sie sich Ihren Arbeitskollegen Werner vor, bei dem Sie eingeladen sind. Er ist als Feinschmecker und Kampfkocher verschrien und setzt Ihnen und Ihrer Frau obige Menüfolge vor. Sie nehmen gerade den letzten Schluck Moët & Chandon zu sich, während Werner einen Digestif, und zwar einen 15 Jahre alten Armagnac, als finalen Höhepunkt des Schlemmermahls serviert. Mittlerweile sind Ihre Schuldgefühle ins Unermessliche gewachsen. Sie greifen zuerst zögerlich, aber dann doch mit einem beherzten Ruck in Ihr Portemonnaie, aus dem Sie fünf 100-Euro-Scheine herausziehen und mit den Worten auf den Tisch legen: »Werner, ich weiß, deine erlesene Kochkunst ist mit Geld nicht aufzuwiegen, aber es ist mir ein Anliegen, mich erkenntlich zu zeigen!« Werner ringt beim Anblick des grünen Banknotenquintetts sichtlich um Contenance, allerdings nicht aus Dankbarkeit, sondern aus Irritation. Denn das Festmahl spielt sich hier – anders als im Luxusrestaurant – im Rahmen eines *sozialen Markts* ab. Hierbei geht es um einen Austausch, dem Freiwilligkeit und Selbstlosigkeit zugrunde liegen und bei dem Geld den ideellen Wert der Guttat vernichtet. Zudem wird durch Geld die innere Motivation zerstört. Wir werden das später noch ausführlich erörtern.

Die meisten kritischen Aussagen über das Geld haben diese Demarkationslinie im Sinn, wenn sie dem Ökonomischen und Materiellen etwas gegenüberstellen, was als das eigentlich Wertvolle im Leben angesehen wird, nämlich das sozial Immaterielle. Dementsprechend heißt es: »Die besten Dinge im Leben sind nicht die, die man für Geld bekommt« (Albert Einstein); »Das Geld hat noch keinen reich gemacht« (Lucius Seneca); oder aber: »Wenn ein Mensch behauptet, mit Geld ließe sich alles erreichen, darf man sicher sein, dass er nie welches gehabt hat« (Aristoteles Onassis, der diesbezüglich Bescheid gewusst haben sollte).

Sie passen auf die Kinder Ihrer Nachbarin auf. Sie helfen Ihrer Freundin beim Umzug. Sie eliminieren den Computervirus eines Kollegen. Sie geben exklusive Informationen weiter. Sie lassen Ihre Kontakte spielen und verschaffen einem Bekannten einen Job, den er ohne Ihre reichlich übertriebenen Empfehlungen nie bekommen hätte. In keinem dieser Fälle würden Sie zum Zeitpunkt Ihrer Gabe verkünden, dass Sie mit einer Rückzahlung samt Zinsen rechnen. Sie wollen schließlich nicht als kaltherziger, berechnender, selbstsüchtiger, nur auf den eigenen Vorteil bedachter Gesinnungslump gelten.

Erst durch Selbstlosigkeit und Freiwilligkeit entsteht in *sozialen Märkten* ein Kapital, das letztlich darin besteht, einen engeren oder weiteren Kreis moralischer Schuldner um sich zu scharen, auf deren Dankbarkeit Sie im Bedarfsfall zurückgreifen können. Don Corleone hat als uneigennütziger, großzügiger Spender in Erscheinung zu treten. So hortet er gute Taten wie ein Bankier Wertpapiere. Der französische Soziologe Pierre Bourdieu (1930–2002) sprach in diesem Zusammenhang daher zu Recht vom »Sozial-Kapital«.[74]

Es gibt nur wenige Beziehungen, wo die Reziprozitätsnorm außer Kraft gesetzt wird. Etwa bei den eigenen Kindern. Ein Kind kostet laut Statistischem Bundesamt bis zum 18. Lebensjahr mindestens 130.000 Euro.[75] Ergo geben Sie sich, dieses Investment in Rechnung stellend, für den Fall der Fälle der stillen Hoffnung hin: »Wenn ich dereinst an Alzheimer erkranke, werden mich meine Sprösslinge liebevoll pflegen, ja, dann wird all das Investierte an Liebe, Energie, Geld und so weiter inklusive Zins und Zinseszins zurückerstattet.« Aber setzen Sie sich keinen Floh ins Ohr. Freunden Sie sich lieber mit dem Gedanken an, Ihren letzten Lebensabschnitt in der Seniorenresidenz *Goldener Abschied* zu verbringen und nicht im trauten Zuhause, geschweige denn umsorgt von Ihren Kindern.

Aber stellen Sie sich umgekehrt vor, Sie wollten sich vor diesen wenig rosigen Zukunftsaussichten schützen. So berichten Sie stolz Ihren Freunden, dass Sie jetzt endlich, nach der lange aufgeschobenen, aber schlussendlich finalisierten Adoptionsfreigabe Ihrer gerade dem Säuglingsalter entwachsenen Kinder, öfter denn je im Dreisternerestaurant speisten, sich nur noch die allerbesten Karten im Theater leisteten und für Leute, die Economyclass unterwegs seien, kein Verständnis mehr aufbrächten, weil man sich längere Interkontinentalflüge aufgrund der Strapazen dann gleich sparen könne. Was würde das für Ihr Ansehen bei diesen Freunden bedeuten? Die Liebe zu den eigenen Kindern hat selbstlos zu sein – und das trotz der skizzierten vorwegzunehmenden Frustszenarien.

Retourkutschen statt Vorteilsmehrung

Wird im *Ultimatumspiel* tatsächlich der interessengeleitete, rational agierende *Homo oeconomicus* zu Grabe getragen? Aus Sicht des Gebers ist das zu verneinen, auch wenn er fast die Hälfte seines Kapitals (im Schnitt ja immerhin 45 Prozent) hergibt. Ist er nämlich halbwegs gewieft, wird er die mögliche strafende Haltung seines Gegenübers einkalkulieren. Auch rein rational gesehen muss er ein Angebot machen, das dem Empfänger vermutlich als fair erscheint. Auch spielen Überlegungen der Selbstdarstellung eine Rolle.

Die Gattung des Homo sapiens lebte seit seinem Erscheinen in kleinen, überschaubaren Gruppen. Das altruistisch geteilte Fleisch im Bauch seines Nächsten war die längste Zeit das Äquivalent zum vollen Familienkühlschrank der Jetztzeit. Wer konnte sich da das Image eines Egoisten leisten?

Komplizierter zu erklären ist das Verhalten des Empfängers beziehungsweise des Verweigerers. Lässt sich auch hier ein rationales Kalkül feststellen, oder geht es ausschließlich um Vergeltung? Trittbrettfahrer sind potenziell ein Problem für ein funktionierendes Gemeinschaftsleben. Gemeinschaften können sich davor etwa durch Bestrafung schützen, die im Vorhinein angedroht und/oder im Nachhinein, mit künftig präventiver

Wirkung, erteilt wird. Retourkutschen, selbst wenn sie kostspielig sind, haben Signalwirkung: Eine Schädigung des Gemeinwohls durch hinterlistiges Übervorteilen anderer wird sanktioniert, selbst wenn das (kurzfristig) zulasten des eigenen Vorteils geht.

In sogenannten *Gemeinwohlspielen* ist das bereits eindrucksvoll bewiesen worden. In diesen Spielen erhält jeder von vier Spielern einen Geldbetrag von 20 Euro. Jeder kann daraufhin sein Kapital in einen »Gemeinwohltopf« einzahlen. Dann verdoppelt der Spielleiter das eingezahlte Kapital. Bei absoluter Fairness liegen 80 Euro im Pott (jeder gibt seine 20 Euro). Der Betrag wird dann vom Spielleiter auf 160 Euro verdoppelt. Anschließend wird das erhöhte Kapital auf alle aufgeteilt, sodass jeder in der zweiten Runde 40 Euro zur Verfügung hat. Legt ein Trittbrettfahrer aber nichts hinein, wären nur 60 Euro im Pott. Nach Verdopplung können also nur 120 Euro verteilt werden (jeder bekäme dann bloß 30 Euro). Da der Trittbrettfahrer aber nichts abgegeben hat, besitzt er danach 50 Euro (20 von zuvor plus 30 als Gemeinschaftsanteil), und die fairen Spieler werden mit 30 Euro abgespeist.

Befunde zeigen, dass die Mehrzahl der Spieler anfangs ihr gesamtes Kapitel in den Topf investiert und alle von den verdoppelten Gewinnausschüttungen profitieren.[76] Aber was tun mit Trittbrettfahrern? Da wiegt Wut schwerer als Profit. Können Spieler nämlich Strafpunkte vergeben, die vom eigenen Gewinn abgezogen werden, was logischerweise nicht in ihrem Interesse sein kann, machen sie davon trotzdem reichlich Gebrauch.

Etwa die Hälfte der Spieler investierte sogar dann in Strafpunkte, wenn nicht sie selbst ausgenutzt wurden, sondern fremde Mitspieler. Diese Hälfte war also mehr an kollektiver Heimzahlung als am eigenen wirtschaftlichen Erfolg interessiert.[77] Auch das ist ein Beleg dafür, dass uns reziproke Retourkutschen wichtiger sind als die egoistische Vorteilsmehrung. Noch wichtiger und für das soziale Zusammenleben einigermaßen beruhigend erschien die Tatsache, dass unter diesen Strafbedingungen fast alle in die Gemeinschaftskasse einzahlten.

Wie viel in den »Gemeinwohltopf« eingezahlt wird, hängt darüber hinaus stark von Normen und Werten ab: In einem Experiment zahlten im Durchschnitt nur 43 Prozent der Londoner in einen solchen Topf ein, während es 82 Prozent der Bonner taten. Informierte man allerdings die Bonner von dieser geizigen Haltung der Londoner, waren nur mehr 51 Prozent bereit, in den Pott einzuzahlen. Eine kleine Negativinformation reichte also aus, die Gemeinwohlhaltung der Deutschen einzudämmen. Leider funktionierte das in die andere Richtung nicht. Das Beispiel der freigiebigen Bonner brachte die Londoner also nicht dazu, selbst die Spendierhosen anzuziehen.[78]

Warum triumphiert die Gegenseitigkeit über die Ichsucht?

Nunmehr stellt sich die Frage: Warum ticken wir Menschen mehr nach den Prinzipien des *Homo reciprocans* als nach denjenigen des *Homo oeconomicus*? Um das zu verstehen, lassen Sie sich auf folgendes Gedankenexperiment zur Evolution ein.[79] Es geht um eine Population von Makakenaffen. Diese hüpft frohgemut von Ast zu Ast, hat genug Nahrung, wenig Feinde, paart sich fleißig und führt ein gutes Dasein. Leider wird sie irgendwann von einem Parasiten heimgesucht. Wenn dieser nicht frühzeitig entdeckt und entfernt wird, endet der Befall tödlich. Aber der raffinierte Parasit setzt sich an einer Stelle ab, die ein Makak allein nicht erreichen kann. Um zu überleben, sind erkrankte Affen also auf die Hilfe anderer angewiesen. Angenommen, es gibt drei Gruppen von Affen: die »Guten«, die »Bösen« und die »Nachtragenden«. Die »Guten« helfen allen anderen, wann immer sie krank sind. Die »Bösen« nehmen die Hilfe anderer in Anspruch, erwidern diese aber nicht. Die »Nachtragenden« sind prinzipiell gut, merken sich aber Trittbrettfahrer und kooperieren mit diesen nach schlechter Erfahrung nicht mehr.

Gibt es irgendwo nur ein bisschen mehr »Böse« als »Gute«, sind die »Guten« nach kurzer Zeit ausgestorben. In diesem Fall überleben aber auch die »Bösen« nicht viel länger, denn sie helfen sich auch gegenseitig nicht. Nur eine genügend große Anzahl von »Nachtragenden« garantiert ein Überleben. Ist ihre Anzahl zu klein, sind auch sie dem Untergang geweiht, weil es lange dauert herauszufinden, wo die »Guten« und wo die »Bösen« sind.

In diesem vereinfachten Evolutionsmodell sind unweigerlich die reziprok agierenden »Nachtragenden« der am häufigsten vorkommende Typ. Das Prinzip der »Nachtragenden« ist schlussendlich aber der Grund dafür, warum es in Populationen weiterhin naive »Gute« und somit in weiterer Folge auch immer einen Restbestand an »Bösen« geben wird: »Nachtragende« sichern den Bestand an »Guten« und dieser wiederum jenen der »Bösen«.

Alles in allem lässt sich aus diesem Gedankenexperiment ableiten, warum für uns Menschen Gegenseitigkeit wichtiger ist als die egoistische Ergebnisoptimierung. Wir scheinen von der Evolution auf solche Art herausselektiert worden zu sein.

3.2 Das Prinzip der Gegenseitigkeit: Anwendung und Selbstschutz

Die positive Moral von der Geschichte lautet: Schenke Vertrauen, damit andere dir vertrauen. Liebe selbst, damit du geliebt wirst. Kooperiere, um produktiv zusammenzuarbeiten. Lasse dir aber Vertrauensbrüche, Lieblosigkeit und ausbeuterisches Verhalten nicht gefallen; hierbei reichen in den allermeisten Fällen Sanktionsdrohungen, um reziprokes Verhalten zu gewährleisten.

Aber wie sieht das Erfolgspotenzial der »Bösen« aus, um noch einmal das Makaken-Beispiel von vorhin anzusprechen? Eindeutig schlecht! Vertrauensbrüche, die von ihnen als Erstschlag ausgehen, rechnen sich in einer Welt der Gegenseitigkeit nicht. Das zeigt eindrucksvoll die *Spieltheorie*, die seit vielen Jahrzehnten ein prominentes Element der Ökonomie und verwandter Disziplinen ist. Stellen Sie sich statt Affen zwei gefasste Bankräuber vor. Sie werden in getrennten Polizeiwachen verhört. Der Polizist verspricht demjenigen, der zuerst gesteht, Strafminderung. Beide Räuber wissen aber: Wenn sie schweigen, kann ihnen nur illegaler Waffenbesitz nachgewiesen werden. Jeder steht also vor folgendem Dilemma: Handle ich nach dem egoistischen Motto »Ich oder Du« (in diesem Fall: »Ich verrate den anderen«), was aber nur dann von Vorteil ist, wenn der andere auch schweigt; oder handele ich nach dem kooperativen Motto »Ich und Du« (in diesem Fall: »Ich schweige« und hoffe, dass auch der andere schweigt). Sind beide misstrauisch und egoistisch, verpfeifen sie sich gegenseitig, landen sie in der *Lose-lose-Falle* (beide verlieren, es gibt keinen Gewinner) und sitzen wegen Bankraubs sehr lange im Gefängnis (jeder zum Beispiel acht Jahre). Wenn beide kooperieren – also schweigen –, entsteht eine *Win-win-Situation,* und beide kommen aufgrund des vergleichsweise harmlosen Waffenbesitzes rasch frei (sie sitzen nur zwei Monate ein). Verpfeift einer den anderen, während der andere das nicht tut, hat Ersterer auf Kosten des Zweiten gewonnen und kommt frei. Der andere sitzt für acht Jahre im Gefängnis.

Der amerikanische Politikwissenschaftler Robert Axelrod hat in den 1980er-Jahren anhand von Computerturnieren überprüft, welches Vorgehen in derartigen Situationen und bei langfristigen, also nicht einmaligen Begegnungen am erfolgreichsten ist.[80] Es hat sich eine einfach gestrickte Erfolgsstrategie herauskristallisiert, die er *Tit for Tat* genannt hat. Nach dieser Strategie ist es wichtig, im ersten Schritt zu kooperieren, aber in weiterer Folge immer das zu tun, was das Gegenüber in der Vorrunde getan hat. Kooperation wird also mit Kooperation belohnt und Betrug mit Betrug bestraft. Das ist gelebte Reziprozität sowohl im Guten als auch im Bösen. Aus seinen Befunden ergeben sich folgende weitere Schlussfolgerungen: Betrüge nie als Erster, denn es ist schwer, sich aus der Spirale wechselseitiger Vergeltung zu befreien. Vergelte einen Betrug sofort, denn Altruismus veranlasst erfolgreiche Ergebnisoptimierer nicht zur Aufgabe ihrer ausbeutenden Haltung. Vergiss alles, was dein Gegner zuvor getan hat – bis auf den letzten Zug.

Axelrod empfiehlt also ausnahmslos konsequente Vergeltung bei Betrug. Erst wenn das Gegenüber von sich aus auf Kooperation umschwenkt, wird diese erwidert. Einen Vertrauensvorschuss muss also das Gegenüber erbringen, wenn es zuvor nicht kooperativ gewesen ist. Der Österreicher Martin Nowak ist Mathematiker und Biologe an der US-Eliteuniversität Harvard. Er stellt die Richtigkeit dieses Verhaltens in Zweifel. Seinen Simulationen zufolge wird in bestimmten Fällen das reziproke »Auge um Auge« durch »Gnade vor Recht« getoppt. Befinden sich nämlich beide Akteure in der *Lose-lose-Falle*, scheint es sich zu rechnen, auch als Erstbetrogener ein verzeihendes Angebot zu machen. Man wartet also nicht ab, bis der andere das tut.[81] Das ist intuitiv nachvollziehbar. In der *Lose-lose-Falle* kommt es bei Uneinsichtigkeit unweigerlich zur wechselseitigen Vergeltung. Egozentrisch wie Menschen im

Allgemeinen und in Konfliktsituationen im Besonderen nun einmal sind, ist es meistens müßig, darauf zu hoffen, dass die Schuldeinsicht vom Gegenüber ausgeht.

Begeisterungsfaktoren machen hörig

Unabhängig davon, wer wann nachgeben sollte, stellt sich nunmehr die Frage, ob die Reziprozitätsnorm – gekonnt eingesetzt – für den Geber einen Mehrwert hat. Kann sie also manipulativ genutzt werden? Beeinflusst zum Beispiel der warme Pflaumenwein beim Chinesen oder das Gläschen Ouzo beim Griechen die Höhe des Trinkgeldes?

Das wurde in einer Studie mit Pralinen getestet. Eine Praline vor dem Bezahlen erhöhte das Trinkgeld um matte 3,3 Prozent. Hingegen führten zwei Pralinen samt reziproker Schuldgefühle der Gäste zu einem Plus von 14 Prozent. Als noch effektiver erwies sich aber ein Vorgehen, bei dem nach einer Praline zwei weitere nachgereicht wurden. Das trieb das Bakschisch in lichte Höhen: Es kam zu einer Steigerung um 21 Prozent.[82]

Sie werden gebeten, für die Diplomarbeit eines Studenten einen Fragebogen auszufüllen. Wie kann ganz allgemein die Rücklaufquote gesteigert werden? Auch das wurde in einer Studie mit drei Alternativen getestet: a) ein normales, schriftliches Bittschreiben; b) ein gleichlautendes Schreiben mit der handschriftlichen Bitte, mitzumachen; c) ein gleichlautendes Schreiben plus Haftnotiz mit der handschriftlichen Bitte um Ausfüllung und Rücksendung. Alternative a) erzielte eine Rücklaufquote von 36 Prozent, b) eine von 48 Prozent und c) eine von 76 Prozent.[83] Aber damit nicht genug: Die gelben Haftnotizen samt Bitte signalisierten ein höheres Investment und führten deshalb zu einer rascheren

Retournierung sowie zu detaillierteren und aussagekräftigeren Antworten.

Was lernen wir daraus? Vorleistungen erhöhen den Schuldausgleich insbesondere dann, wenn die Eröffnungsgabe die Erwartungen übersteigt.

Die Dienstleistungsbranche ist sich dessen seit Langem bewusst. Das sogenannte *Kano-Modell* der Kundenzufriedenheit differenziert zwischen unterschiedlichen Qualitätsmerkmalen einer Leistung[84]: »Basismerkmale« erfüllen die impliziten Erwartungen. Dass eine Versicherung im Schadensfall die vertraglich festgelegten Bedingungen einhält, wird als selbstverständlich betrachtet. Die anstandslose Abwicklung der Reparatur eines Kotflügels bei Vollkaskoversicherung verhindert Unzufriedenheit, macht aber nicht zufrieden. Erst kompetente Beratung oder die rasche Überweisung der Schadenssumme stellen »Leistungsmerkmale« dar, die Zufriedenheit schaffen. Was Kunden aber wirklich vom Hocker reißt, sind »Begeisterungsfaktoren«. Sie liegen jenseits des Erwartungshorizonts. Wirklich begeistert sind sie erst dann, wenn ihr Versicherungsberater für sie als speziellen Service den Lohnsteuerausgleich macht.

Eine persönliche Erfahrung in puncto Begeisterungsfaktoren in einem Seminarhotel: Ich komme schlaff und ausgelaugt nach zwei Seminartagen zu meinem dort geparkten Auto und sehe einen Zettel unter dem Scheibenwischer. Was spontan an ein Strafmandat denken lässt, entpuppt sich als Notiz: »Lieber Gast! Damit Sie auch gut nach Hause kommen, hat Ewald für Sie die Scheiben gereinigt. Bis auf bald! Ihre Familie R.«

Spätestens jetzt verstehen Sie, warum die Gratiswerbefahrt zur Tulpenblüte auf die Insel Mainau ein raffiniertes Geschäftsmodell ist, um Kundenbindung zu erhöhen. So wird eine ökonomische in eine soziale Beziehung transformiert, selbst dann, wenn auch dem Leichtgläubigsten letztlich klar ist, dass es sich dabei um einen Marketingdreh handelt.

Allerdings haben Begeisterungsfaktoren zwei Nachteile beziehungsweise Beschränkungen. Einerseits werden allzu übertriebene »Gratisbeilagen« womöglich eher als Belästigung empfunden und wirken durchschaubar. Andererseits unterliegen sie bei angemessenem Ausmaß einem Gewöhnungseffekt und werden irgendwann als Teil des Standardpakets anstatt als begeisternder Bonus betrachtet.

Warum Ihnen Ihr Versicherungsberater beim Versicherungsbetrug hilft

Im Geschäftsleben ist das gegenseitige Geben und Nehmen meist rein ökonomischer Natur und daher »Part of the Game«. Mehr Umsatz – höherer Rabatt; gesteigerte Nachfrage – verlängerte Zahlungsfrist; Vertragsunterzeichnung heute – Lieferung gratis und so fort. Im täglichen Business liegt die Kunst also darin, eine ökonomische in eine soziale Beziehung zu transformieren. Dazu muss die Vorausleistung erstens selbstlos und nicht berechnend erscheinen, zweitens persönlich an eine bestimmte Person gerichtet sein und drittens aus Geberperspektive freiwillig erfolgen.

Beispielsweise melden Sie ein gestohlenes Fahrrad bei Ihrem Versicherungsberater. Der fragt Sie dann zweimal hintereinander, ob das Fahrrad aus Ihrer Garage oder vor Ihrem Haustor gestohlen wurde. Oder aber Sie melden einen zerbrochenen Schlafzimmerspiegel, und Ihr Berater gibt Ihnen einen dezenten Wink mit dem Zaunpfahl, indem er eindringlich die Frage stellt: »Wer hat ihn denn zerbrochen? Das Kind vom Nachbarn oder Ihr werter Herr Sohn?« Beide Male begreifen Sie, dass Ihnen Ihr Vertreter selbstlos, persönlich und freiwillig beim Versicherungsbetrug behilflich sein will, da offensichtlich nur Ersteres durch Ihre Haushaltsversicherung abgedeckt ist, was Ihre Einstellung gegenüber der privaten Pensionsvorsorge, zu der Sie sich schon längere Zeit nicht durchringen konnten, in ein neues Licht rückt. Auch hier eine persönliche Erinnerung aus meiner Kindheit auf dem Bauernhof: Einmal jährlich kam ein Makler von einer der großen Versicherungen zu den Bauern ins Dorf und fragte, ob sie nicht einen Schaden zu melden hätten. Dann zückte er das Scheckbuch.

In Geschäftsbeziehungen kaschieren Sie Ihre Eigeninteressen und die eigentlich rein ökonomische Natur der Beziehung am besten über den Faktor Zeit: Wie viel Zeit investieren Sie in ein Kundengespräch, in eine Kundenbeziehung? Wann und wo investieren Sie Zeit? Opferbereite Kundengespräche samstagnachmittags in den Räumlichkeiten Ihres Geschäftspartners zählen mehr als Termine an Wochentagen in Ihrem Büro. Wie oft haben Sie sich um ein Geschäft bemüht und sind abgeblitzt? Irgendwann fühlt sich Ihr Kunde – seien Sie sich dessen sicher – schuldig. Wie viel Interesse haben Sie für eine Person an den Tag gelegt? In den Augen Ihres Gegenübers ist es eher von geringer Relevanz, ob Sie all Ihr Wissen über seine/ihre Hobbys, Finanz- oder Erziehungsprobleme in Ihrem Outlook routinemäßig speichern und vor ihm/ihr dann huldvoll ausbreiten oder ob Ihr Wissen auf echtem Interesse beruht.

Schließlich geht es nicht nur um Ihr Zeitinvestment, sondern auch darum, wie viel Zeit Sie für jemanden sparen: Natürlich sind, so machen Sie Ihrem Gegenüber klar, aufgrund der aktuell großen Nachfrage alle Produktionsanlagen voll ausgelastet. Eine Lieferung wäre daher realistischerweise erst in drei Monaten möglich, aber Sie werden sich persönlich darum kümmern, auch wenn es schwer wird, eine frühere Lieferung durchzusetzen, weil zeitgleich ein Großauftrag mit hoher Vertragsstrafe bei Lieferverzug zu erledigen sei. Aber ein so verdienter Stammkunde verdient eben auch einen speziellen Kundenservice.

Moralisch grenzwertiger ist wohl folgender in der Praxis durchaus üblicher Trick, um Ihnen VIP-Status zu suggerieren: Ein Verkäufer lässt sich während eines Beratungsgesprächs mit Ihnen von seiner Assistenz anrufen, die ihn daran erinnert, dass er eigentlich schon beim nächsten Kunden sein sollte. Deutlich vernehmbar bedankt sich Ihr viel beschäftigtes Gegenüber und bittet um eine Verschiebung des Termins, denn schließlich und endlich wolle er seine ganze Kraft und Aufmerksamkeit dem jetzigen Kunden – also Ihnen – widmen.

Pralinen vor dem Bezahlen in der Gastronomie sind zwar eine nette Geste, aber so durchsichtig, dass ihre Wirkung vergleichsweise bescheiden ausfällt. Eine andere Taktik zieht potenziell um einiges besser: Das Servicepersonal schafft Vertrauen, indem es gegen die (scheinbar) eigenen Interessen argumentiert! Beispielsweise bestellt ein Gast einen Zwiebelrostbraten mit Bratkartoffeln. Da flüstert die Bedienung ihm dezent ins Ohr, man hätte gerade einen serviert und erfahren, dass das Fleisch zäh sei. Dabei wird aber keine Alternativempfehlung ausgesprochen, denn damit würde das Kriterium der Selbstlosigkeit verletzt, sondern man lässt dem Kunden die Illusion der freien Wahl. Erst nachdem er sich erneut entschieden hat und sich vertrauensvoll an die Bedienung wendet, ob die Rindsrouladen mit Bandnudeln und Blaukraut heute zu empfehlen seien, wird bedächtig genickt und zugestimmt. Damit hat der Service den Gast auf seiner Seite beziehungsweise ist dieser der Meinung, man stünde auf seiner.

Noch ein anderes Beispiel: Sie haben im Sommer Ihre Terrasse neu verfliest, zudem ist der Bonus schlechter ausgefallen als erwartet. Mit dem Osterurlaub scheint es dieses Jahr nichts zu werden. Da findet Ihre Frau ein Sonderangebot auf Gran Canaria, wo Kinder unter sechs Jahren gratis wohnen, das Hotel einen beheizten Swimmingpool und darüber hinaus einen betreuten Spielplatz hat. Auch ein idyllisches Fischerdorf liegt in der Nähe – und all das zu einem Preis, der das Daheimbleiben fast als Verschwendung erscheinen lässt. Vor Ihrem inneren Auge antizipieren Sie bereits genussvoll die neidischen Blicke Ihrer Kollegen, als Sie nach Ostern braun gebrannt lässig im Büro erscheinen. Dann gehen Sie, zugegebenermaßen etwas altmodisch, dorthin, wo Sie seit Jahren hingehen, nämlich in Ihr Reisebüro, um zu buchen. Leider ist dieses außerordentliche Sonderangebot aber nicht mehr verfügbar. Eine Alternative zum gleichen Preis stünde im Landesinneren zur Verfügung, aber, man wolle es nicht verschweigen, dort würde gerade eine Straße errichtet. Sie fühlen sich vom Leben betrogen wie schon seit Langem nicht mehr. Frustriert sitzen Sie mit Ihren Lieben zu Hause und finden nichts Vergleichbares. Plötzlich ruft Sie das Reisebüro an und teilt Ihnen erfreut mit, dass jemand vom Gran-Canaria-Urlaub zurückgetreten sei, und trotz der langen Warteliste würden Sie als langjähriger und geschätzter Stammkunde den Vortritt bekommen. Glückliche Fügung oder künstlich inszenierte Knappheit, um Ihnen die Gewissheit zu geben, Sie als Kunde seien wahrhaftig der König?

Halbwertszeiten von Gefälligkeiten und Gegenmittel

Wie schnell altert ein Gefallen? Auch das wurde untersucht.[85] Dabei zeigte sich, dass sich die diesbezügliche Ein- und Wertschätzung von Geber und Empfänger im Zeitverlauf gegenläufig entwickelt. Zunächst hat der Empfänger ein schlechtes Gewissen und überschätzt im Vergleich zum Geber den Gefallen. Der Geber suggeriert (auch sich selbst) hingegen in der

Regel, der Gefallen wäre der Rede nicht wert. Allerdings verschieben sich mit der Zeit die Einschätzungen in die entgegengesetzte Richtung. Der Geber fragt sich allmählich, wann der angemessene Gegengefallen eintrifft, während der Nehmer zunehmend zum Schluss kommt, dass das »War doch selbstverständlich!« des Gebers durchaus wörtlich genommen werden kann. Seien Sie sich also der Tatsache bewusst, dass die Halbwertszeit eines Gefallens sehr rasch eintritt, womit sich die Frage stellt, wie sie verlängert werden kann?

Stellen wir uns zu diesem Zweck eine kollegiale Arbeitsbeziehung vor. Es geht also um einen *sozialen Markt*. Bernhard, Ihr Kollege, hat bis morgen seinen Controlling-Bericht für die Geschäftsleitung fertigzustellen und steht unter besonderem Druck, weil diesmal auch die Konzernleitung anwesend ist. Er weiß Ihre exzellenten Excel-Fertigkeiten sehr zu schätzen. Schließlich haben Sie erst unlängst ein Seminar über die zwölf Kardinalfehler beim Reporting besucht. Da ereilt Sie via E-Mail ein Hilfeschrei von Bernhard. Es gehe um zwei Grafiken, anhand derer der Trend der Umsatzentwicklung abgebildet werden solle, aber die Daten aus dem SAP-Programm spielten verrückt. Ein Könner wie Sie brauche wahrscheinlich nur ein paar Menüpunkte und Mausklicks, und nach zwei, drei Minuten würden sich all seine Sorgen um die morgige Präsentation in Wohlgefallen auflösen.

Hilfsbereit, wie Sie nun einmal sind, erscheinen Sie umgehend, um ziemlich ernüchtert zu diagnostizieren, dass hier mehr im Argen ist als angekündigt. Nach drei Stunden mühseliger Kleinarbeit, einigen veritablen Abstürzen, zwei hektisch verschlungenen Nespressi und einer versäumten Mittagspause haben Sie das ärgerliche Gefühl im Bauch, jetzt ziemlich ausgenützt worden zu sein. Von Bernhards schlechtem Gewissen können Sie sich auch nichts kaufen und eine die Halbwertszeit verlängernde Drohung: »Bernhard, du weißt, irgendwann ist Zahltag!«, ließe Sie in den Augen Ihres Umfeldes als unsympathisches Kameradenschwein erscheinen, was sowohl Ihr Ansehen im Kollegenkreis als auch die Reziprozitätsneigung Bernhards schwinden ließe. Also was sollten Sie tun?

Ein subtileres Reziprozitätsmanagement könnte so aussehen: Sie sagen (vorzugsweise im Beisein zumindest eines anderen Kollegen): »Bernhard, ich bin mir sicher, dass du mir, wenn ich in deiner Lage gewesen wäre, genauso geholfen hättest!« Dem lassen Sie die rhetorische Frage folgen: »Stimmt's?« Bernhard muss dann der Reziprozitätsnorm folgend »freiwillig« öffentlich einbekennen: »Ja klar, das versteht sich wohl von selbst! Darauf kannst du dich hundertprozentig verlassen!« Damit ist der gute Bernhard in der *Beständigkeitsfalle* gefangen, und Ihre selbstlose Hilfsbereitschaft erstrahlt nach wie vor im makellosen Glorienschein.

Gegenseitigkeit und Dankbarkeit

Die genannten Beispiele haben zugegeben einen etwas bitteren Beigeschmack. Derartig berechnende, auf den eigenen Vorteil schielende Nutzungen der Reziprozitätsnorm mögen oft funktionieren, aber langfristig trüben sie das Bild einer aufrichtigen und integren Person, der man ohne Wenn und Aber vertrauen kann. Hier also ein versöhnlicher Kapitelabschluss:

Ein Dankeschön ist die zwischenmenschlich achtbarste Art, eine wechselseitige Win-win-Situation zu bekräftigen. Hat es aber auch Nachwirkungen? Ja, durchaus! Testpersonen formulierten für Verfasser von Bewerbungsschreiben ein Feedback. Dieselben Personen wurden später via E-Mail gebeten, das erneut zu tun. Bei einem bestimmten Anteil wurde die wiederholte Anfrage von ein paar Dankesworten begleitet

(»Haben Sie riesen Dank! Ich weiß das wirklich zu schätzen«). Das erhöhte die Erfolgsquote um mehr als das Doppelte. Ein Effekt geringerer Größe war in der Praxis in einem Fundraising-Callcenter einer Universität erzielbar, wo es um Spendensammlung ging. Bei einer Hälfte der Mitarbeiter machte der Direktor einen Besuch und bedankte sich mit den Worten: »Ich bin Ihnen für Ihre harte Arbeit sehr dankbar. Wir wissen es aufrichtig zu schätzen, was Sie für die Universität leisten.« Diese 21 Worte reichten aus, um die Anrufrate in der darauffolgenden Woche um 51 Prozent zu erhöhen.[86] Dieser Interventionsbefund sei allen Führungskräften besonders ans Herz gelegt.

Wie schützen Sie sich vor Gegenseitigkeitsfallen?

Wie bereits dargelegt, sind wir von der Evolution auf das *Prinzip der Gegenseitigkeit* hin selektiert. Diesen Autopiloten stillzulegen, ist weder sinnvoll noch wünschenswert. Nur Psychopathen beherrschen die Fähigkeit zur Ausnutzung und Ausbeutung anderer ohne Schuldgefühle. Zwischen einem »guaden Lotsch«, wie man in Österreich sagen würde, und einem skrupellosen Psychopathen liegt aber eine beträchtliche Bandbreite angemessener Ausprägungen in puncto Reziprozität. Wo sind Sie in diesem Spektrum positioniert? Das ist zwar kein wissenschaftlich validierter Test, aber zur groben Einschätzung hat sich folgende Frage bewährt: »Wie viele Paar Schuhe getrauen Sie sich von einer Verkäuferin aus dem Lager zum Probieren holen zu lassen, ohne dabei ein schlechtes Gewissen zu empfinden?« Mein bisheriger Schnitt in Seminarstichproben liegt bei 3,8 Paar. Haben Sie schon beim dritten Paar Schuhe Skrupel, dann können Sie davon ausgehen, dass Ihr Reziprozitätssensorium hochsensibel ist. Sie haben anderen gegenüber eine markante Leidens- und Rückzahlungsbereitschaft. Ihnen ist zu empfehlen, in Zukunft radikaler als bisher eine Demarkationslinie zwischen *sozialen* und *ökonomischen Märkten* zu ziehen. Sie unterliegen nämlich der Gefahr, selbst in ökonomischen Märkten edelmütig und selbstvergessen Ihre Interessen über Bord zu werfen, sich über den Tisch ziehen zu lassen. In *sozialen Märkten* wird man hingegen vor Ihrem solidarischen, hilfsbereiten Wesen den Hut ziehen. Trotzdem sollten Sie aufpassen: Ihr Risiko zur Selbstausbeutung ist überdurchschnittlich hoch.

Empfinden Sie selbst nach dem sechsten Paar Schuhe noch immer keine Gewissensbisse, dann müssen Sie sich dieser Abschätzmethode zufolge zumindest in Bezug auf eine etwaige Opferrolle keine Sorgen machen. Sie sind vor entbehrungsreichen Opferrollen gefeit. Ihr Risiko, zum billigen Werkzeug für andere zu werden, von anderen vor den Karren gespannt zu werden, ohne dass diese selbst schleppen, ist minimal.

Erinnern Sie sich an die *Glühheiß-Handwarm/Tür-vor-den-Kopf-Manipulation*? Ihre beeindruckende Wirkung ist nicht nur auf die Reziprozitätsnorm zurückzuführen, sondern zusätzlich auf den *Kontrasteffekt*. Dieser Effekt ist für viele Fehlurteile und Falschentscheidungen verantwortlich, und Sie werden sehen, welche liebe Not wir alle haben, seinem Bannkreis zu entkommen.

4. Der Kontrasteffekt und irrationale Entscheidungen

Der Fall Becky und Chantal, Vanille-Latte und die Saint-Michel-Tasche

Mittlerweile ist die spätsommerliche Shoppingtour für Becky und Chantal eine lieb gewonnene Obsession. Sie hat einen fixen Plot. Als erste Station werden die Luxusstores der Innenstadt angepeilt. Dort geben sich die Freundinnen mit ehrfürchtigem Schauder den Handtaschen und Accessoires von Louis Vuitton, der Haute Couture von Chanel und der Laufsteglinie von Versace hin.
Zwar fühlen sie sich angesichts all des First-Class-Prunks auf der Schattenseite des Lebens abgestellt – allein das spartanische Saint-Michel-Täschchen von LV verschlänge mindestens zwei Monatsgehälter –, aber das nagende Zaungast-Feeling wird kompensatorisch mit Station zwei niedergerungen. Man wechselt auf die Autobahn und fährt ins Factory-Outlet-Center in die Provinz. Denn dort gibt es die sündhaft teuren, aber todschicken Designer-Marken zum Schleuderpreis. Schweren Herzens verzichtet man auf die tolldreisten Stiefel mit den 16-Zentimeter-Absätzen von Prada, aber im Vergleich dazu erscheinen die sportlichen Skechers als echter Preisknüller und die dazu passenden Strümpfe von Calzedonia als ein Muss. Schließlich gilt es die Gunst der Stunde bei der Strickmode von Armani zu nutzen, denn die gibt es hier im Vergleich zur City für ein Butterbrot. Umsonst ist der Tod, und weil sie sich ja eigentlich nur wenig gönnen, wird im Beauty-Paradies bei L'Oréal noch einmal kräftig zugeschlagen.
Diesmal fällt aus Zeitgründen Station drei, Essen beim Griechen, aus. Aber ein kurzer Sprung ins McCafé sollte allemal drin sein. Be-

cky und Chantal ist nach einem aufmunternden Espresso zumute. Den gibt es dort um bescheidene 1,30 Euro. Wer eine Himbeer-Buttermilch-Schnitte will, legt zusätzliche 2,20 Euro hin. Danach ist ihnen aber nicht, bis sie den Kombipreis erspähen, denn beides zusammen gäbe es nur heute um 2,90 Euro. Aber sie bleiben der Linie wegen unbeugsam. Bis ihnen schließlich der süße Vanille-Latte entgegenlacht, der normalerweise für 2,70 Euro zu kaufen ist. Aber gerade ist Aktionswoche, und im Kombipack mit der Himbeerschnitte ist beides zusammen für unglaubliche drei Euro zu haben. Kalorien hin oder her: Das ist ein Angebot, das man nicht ausschlagen kann.

Letzten Endes sitzen Becky und Chantal vor ihrem Espresso mit geschäumter Milch plus Vanillesirup, stochern in der fast geschenkten Himbeerschnitte herum, und Chantal stellt als saturierte Konsumentin, in deren Taschen und Magen all das lagert, wovon sie frühmorgens noch nichts geahnt hat, die bange Frage: »Becky, mein Schatzi, müssen wir beide wirklich bis zum Sankt-Nimmerleins-Tag warten, bis wir uns so ein süßes Saint-Michel-Täschchen gönnen?« Becky bleibt eine Antwort schuldig, legt die Kuchengabel zur Seite und bringt keinen Bissen mehr hinunter.

Kurz zusammengefasst sind Becky und Chantal dem sogenannten *Kontrasteffekt* erlegen und sind im McCafé einem Bündelangebot auf den Leim gegangen. Um das detaillierter zu verstehen, muss etwas weiter ausgeholt werden. Jedes Urteil ist relativ. Ein Haar auf dem Kopf ist wenig, ein Haar in der Suppe viel. Eine Flasche im Keller ist wenig, eine Flasche in der Geschäftsführung eine Katastrophe. Zahlreiche Alltagsaphorismen bringen das so auf den Punkt: »Schon Einstein hat gesagt: Ob grad, ob schief, es ist halt alles relativ!«, oder: »Und es gibt absolut nichts Absolutes, aber relativ viel Relatives!«

Für Urteile brauchen Menschen Bezugspunkte. Sind diese kontrastreich, kommt es zu Verzerrungen in der Wahrnehmung. Vielleicht erinnern Sie sich an ein klassisches Experiment in der Grundschule: Zwei Schüler halten eine Minute lang ihre Hand entweder in kaltes oder warmes Wasser. Anschließend sollen sie beurteilen, wie sich im Vergleich dazu lauwarmes Wasser anfühlt. Das kalte Wasser lässt lauwarmes Wasser als warm und umgekehrt lässt das warme Wasser lauwarmes als kalt empfinden. Auch Gulliver bekommt im Roman von Jonathan Swift den *Kontrasteffekt* leibhaftig zu spüren, wenn er sich zuerst im Land der Zwerge Liliput und dann im Land Brobdingnag, dem Land der Riesen, aufhält. Er nimmt sich entweder als baumhoch groß oder klitzeklein wahr. Gleiches gilt für Charaktereigenschaften. Ob ein Mensch als feindselig wahrgenommen wird, hängt unter anderem davon ab, ob wir ihn mit Papst Johannes Paul II. oder mit Adolf Hitler vergleichen.[87]

Formulieren wir es allgemeiner: Ein *Kontrasteffekt* tritt dann auf, wenn zwei in ihrem Wert entgegengesetzte Informationen einen Vergleich erzwingen, also groß versus klein, teuer versus billig, schön versus hässlich. Die anschließenden Urteile fallen dann beträchtlich positiver oder negativer aus, als sie es ohne Vergleich mit der Bezugsgröße gewesen wären.

Der Mond und Beauty-Prinzessinnen

Wer kennt ihn nicht, den überwältigenden Anblick eines aufgehenden Mondes? Langsam taucht eine riesige, orangenfarbene Kugel hinter Häuser- und Baumsilhouetten auf, die am Nachthimmel allmählich kleiner und kleiner wird und schließlich, oben am Firmament angekommen, im Vergleich zur Anfangsgröße als Winzling erscheint. Das Phänomen ist bis heute nicht vollständig geklärt.[88] So viel ist allerdings sicher: Es handelt sich primär um eine optische Täuschung, für die der *Kontrasteffekt* verantwortlich ist. Das menschliche Auge braucht, um Größen einzuordnen, Informationen über die Entfernungen. Allerdings kann es beim besten Willen die rund 400 000 Kilometer Erde-Mond-Distanz nicht einschätzen. Das Auge verlässt sich daher auf Referenzentfernungen. Knapp über dem Horizont stehend wird der Mond in Bezug zu Häusern oder Bäumen gesetzt, die alle viel näher sind. Aufgrund dieser Informationen kalkuliert unser Gehirn eine besonders große Mondentfernung, was ihn dann in Relation zum nächstliegenden Objekt größer erscheinen lässt. Steht er am leeren, weiten Firmament, gibt es diese Bezugsgrößen nicht. Zudem ist der ganze Nachthimmel im Vergleich zum Mond endlos weit, sodass er paradoxerweise als näher und im Vergleich zum ganzen Himmel kleiner erfahren wird.[89]

Was kümmert es den Mond, wenn ihn der Hund anbellt, und was kümmert es den Hund, wenn der Kontrast dessen Größe entstellt? Uns sollte das kümmern, denn *Kontrasteffekte* können verheerende Auswirkungen auf das Ego haben. Zurück zu Becky und Chantal: Liebevoll, aber realitätsnah nennt Becky ihr Ein und Alles in der Koseform »Laptop« für »Lebensabschnittpartner, (derzeit) top«. Marcel ist kein Romantiker in Sachen Liebe, aber so zugeknöpft und maulfaul wie in letzter Zeit ist er noch nie gewesen. Irgendwann liegt sein vergessenes Handy auf dem Tisch. Becky kann sich nicht zurückhalten, tippt das unlängst ausspionierte Passwort ein und scrollt sich durch Marcels WhatsApp-Nachrichten. Was findet sie? Ein Dauer-Chat mit einer Viktoria. Becky ist geschockt. Trennung und Rausschmiss folgen. Nach einer Trauerphase probiert sie es mit Internetpartnersuche. Aber nach dem vierten Blind Date und frustrierenden Stelldicheins mit komplizierten Männerexistenzen gibt sie auf. Sie kehrt zu Altbewährtem zurück.

Mit Chantal und Luisa schließt sie sich, nicht ohne Selbstironie, zum Trio Infernal zusammen, um sich im City-Nightlife, bei Kulturevents oder After-Work-Drinks in In-Lokalen zu platzieren. Ihre Partnerinnen wählt sie nicht ohne Hintergedanken aus. Chantal und Luisa sind bildhübsche, jüngere, wahrscheinlich attraktivere Frauen als sie selbst. Becky glaubt an einen Windschatteneffekt. Zu dritt stünden sie im Rampenlicht. Alleine käme ihr weniger Aufmerksamkeit zu. Aber die Taktik wird zur schallenden Ohrfeige. Chantal und Luisa haben einen Lauf, während Becky, harsch ignoriert, depressiv ihre Limetten-Mojitos hinunterwürgt. Wo liegt hier der Hund begraben?

Darauf gibt eine Studie Antwort, die den bedeutungsvollen Untertitel trägt: *When Beauty Becomes a Social Problem*. Männer mussten das Foto einer durchschnittlich attraktiven Frau beurteilen, mit der Bitte: »Nächste Woche kommt ein Freund von uns in die Stadt, und wir wollen für ihn ein Date vereinbaren. Allerdings sind wir uns nicht sicher, ob er diese Frau treffen sollte oder nicht. Wir (…) bitten dich um ein Urteil, wie attraktiv du diese Frau (…) auf einer Skala von 1 bis 7 empfindest.« Damals lief zur selben Zeit eine Fernsehserie, die den Titel »Charlie's Angels« trug, in der drei äußerst attraktive Frauen schlagfertige Kriminalistinnen mimten. Diejenigen, die zuvor die Fernsehserie sahen, gaben der Frau im Schnitt 3,4 Punkte. Diejenigen, die sie nicht sahen, fünf Punkte.[90] Werden Männer mit einer lasziven Aktfotografie konfrontiert, die auf dem Ausfalter in der Mitte einer Zeitschrift zu sehen ist, empfinden sie nicht nur eine durchschnittlich attraktive Frau, sondern auch ihre Ehegattin als weniger anziehend.[91] Auch der Konsum pornografischer Videos befördert die sexuelle Attraktivität und Zufriedenheit mit der eigenen Partnerin in einen Sinkflug.[92]

Zudem bringen kontrastreiche Vergleiche den Selbstwert ins Schwanken: So bewerteten Frauen nach der Betrachtung einer extrem attraktiven Person die Aussage »Ich bin für gewöhnlich sehr zufrieden und erfreut über mein Aussehen« auf einer Skala von 1 (überhaupt nicht charakteristisch für mich) bis 5 (sehr charakteristisch für mich) mit dem Wert 2,56. Sahen sie zuvor eine weniger attraktive Vergleichsperson, schätzten sie sich mit 3,73 ein.[93]

Kontrast-Schönheiten ruinieren aber nicht nur den Selbstwert, sondern erzeugen Körperunzufriedenheit, soziale Ängste und krankhaftes Essverhalten.[94] Hätte sich also Becky im Trio mit der pyknischen und von Akne geplagten Henriette und der leptosomen »Bohnenstange« Klara auf Männersuche gemacht, wäre nicht nur der Fokus auf sie gerichtet gewesen, sondern auch ihr Selbstwert intakt geblieben.

Aber was ist eigentlich schön? Auch das hängt mit dem *Kontrasteffekt* zusammen. Schöne Gesichter sind zum Beispiel gut proportioniert. Sie haben nichts Exzentrisches. Man bezeichnet das als den »Goldenen Schnitt«. Beispielsweise sollte der Augenabstand 46 Prozent der Gesichtsbreite ausmachen, und der Abstand zwischen Augen und Mund sollte 36 Prozent der Gesichtslänge betragen.[95] Gesichter, denen wir begegnen, werden unbewusst mit diesen Idealmaßen kontrastiert, und das mit weitreichenden Folgen.

Stellenbewerber legten ihren Lebenslauf samt Foto vor. Wurden ihre Gesichter fototechnisch leicht verzerrt, bekamen ein und dieselben Bewerber um 36 Prozent weniger Einladungen zu einem Interview.[96] Besonders unfair schlägt dieser implizite Schönheitsvergleich aber beim Gehalt zu. Objektiv unterdurchschnittlich attraktive Frauen verdienen vier Prozent weniger als das Schönheitsmittelmaß. Die männlichen Pendants werden sogar mit 13 Prozent weniger abgespeist. Überdurchschnittlich attraktive Frauen machen um acht Prozent mehr »Gage« als der Schnitt. Bei den Männern liegt dieser Wert bei vier Prozent.[97]

Der Kontrasteffekt spielt also für Wahrnehmung und (Selbst-) Bewertung eine bedeutende Rolle. Wie und wo wird er aber manipulativ eingesetzt?

4.1 Kontrasteffekt: Anwendung und Selbstschutz

In dieser Hinsicht sind wir uns wohl einig: 100 Euro sind 100 Euro. Vom Betrag her ist das sicher, von der Bewertung her nicht unbedingt. Es hängt davon ab, was Sie womit vergleichen. Angenommen Ihr Autoradio wurde gestohlen oder gab den Geist auf. Ein neues muss her. Ihr Autohändler bietet Ihnen ein AEG 24026-Autoradio mit DVD- und CD-Player, LCD-Display und Touchscreen um 269 Euro an. Bei MediaMarkt, ungefähr 15 Minuten Fahrzeit entfernt, gibt es dasselbe AEG-Radio um schlanke 169 Euro. Wer nähme diese Wegstrecke nicht in Kauf, um 100 Euro zu sparen?

Nehmen wir nun andererseits an, es stünde der Kauf eines neuen Autos an. Sie entscheiden sich für einen Renault Megane »Grandtour«, 110 PS, Tempomat und LED-Leuchten. Bei Ihrem Renault-Händler in der Stadt beträgt der Listenpreis 18.990 Euro. 15 Minuten von Ihrem Wohnort entfernt gibt es dasselbe Auto für 18.890 Euro. Also gleichfalls um 100 Euro billiger. Wer schert sich in diesem Fall um 100 Euro? Fünf Euro weniger beim Müsli sind eine echte Ersparnis, fünf Euro weniger beim 7er-BMW komplett irrelevant. Das besagt auch das sogenannte »Webersche Gesetz«, wonach sich zwei Reize nicht um einen konstanten Betrag, sondern um einen konstanten Prozentsatz unterscheiden müssen, um einen relevanten

Unterschied zu erzeugen.[98] Eine Faustregel setzt diese Schwelle bei fünf Prozent an.

Bündelangebote, Cross-Selling und Scheinalternativen

Erinnern Sie sich zurück an das verlockende McCafé-Angebot, dem Chantal und Becky erlagen? Die Himbeerschnitte allein kostete 2,20 Euro. Der Vanille-Latte 2,70 Euro. Im Kombipack gab es beides um drei Euro. Das ist ein Rabatt von fast 40 Prozent. Der Trick ist, weniger nachgefragte Produkte, in diesem Fall die Schnitte, eher teuer auszuflaggen, damit der Kombipreis umso mehr überzeugt. Im Marketingslang heißt das *Bündelangebot.*[99] Solche *Bündelangebote* gibt es in vielen Varianten. Die Teilkasko-Autoversicherung bietet zusätzlich Insassen- und Rechtsschutz, zur Hardware bekommen Sie darüber hinaus Software zum Downloaden, Apps und E-Books, und Ihr neuer Handytarif wird gemeinsam mit Festnetz- und Internetanschluss feilgeboten.

Diesem Effekt zu entgehen, ist beinahe unmöglich. Wenn Sie die Himbeerschnitte nicht überzeugen konnte, stellen Sie sich folgendes Szenario vor: Sie kommen erschöpft nach einem Zwölfstundenflug in Ihrem Hotel an. Magisch werden Sie von der Flasche San Pellegrino Mineralwasser im Kühlschrank angezogen. Kurz bevor Sie den Drehverschluss öffnen, sehen Sie zum Glück, dass das erfrischende Nass um gepfefferte 15 Dollar feilgeboten wird. Unangemessen teuer für eine kleine Flasche Mineralwasser, da Sie im heimischen Supermarkt um gut einen Euro einen ganzen Liter des Edelwassers bekämen. Ergo bleibt die Flasche unangetastet, Sie haben ja nichts zu verschenken. Stellen Sie sich hingegen vor, die Nacht in Ihrem Viersternehotel kostet 450 Dollar, das Mineralwasser inklusive, oder aber die Nacht kostet 435 Dollar, das

Mineralwasser exklusive. Über den minimalen Preisunterschied zwischen 435 und 450 Dollar denken Sie keine Sekunde nach, während Sie beim Mineralwasser geizen und sogar eine Darminfektion riskieren, weil Sie den Wasserhahn bemühen. In Zukunft also Achtung vor jedem Bausch-und-Bogen-Offert.

Vom Prinzip her eng verwandt mit dem *Bündelangebot* ist das *Cross-Selling*.[100] Statt komplett geschnürten Paketen werden ergänzende Produkte oder Dienstleistungen verkauft, die Add-on-Charakter haben. In puncto Preis erscheint die Ergänzung aber im Vergleich zum eigentlichen Produkt als Lappalie. Sie bereichern Ihre Herbstgarderobe gerade mit einem anthrazitgrauen Business-Anzug von Bruno Banani. Reine Schurwolle »Super 100«. Um 490 Euro ist der Anzug bei diesem eleganten Schnitt und dieser überzeugenden Passform preiswert. Dann hält Ihre Stilexpertin eine Ars Mundi-Seidenkrawatte im angedeuteten Doppel-Windsor-Knoten und Vincent van Gogh-Sonnenblumen-Design gekonnt dazu. Die Seidenkrawatte verleiht dem Anthrazitgrau erst jenen Schick, der das Outfit zum echten Knüller macht. Allerdings müsse, so ihre Stilberaterin, die Krawatte für 98 Euro unbedingt mit einem mustersynchronen Stecktuch ergänzt werden. Früher sei das ein Mode-Accessoire ausschließlich für Gentlemen gewesen, heute sei das hingegen *die* Synthese aus Professional- und Casual-Look im Business. Beides gemeinsam, jetzt im Kombiangebot, für unschlagbare 119 Euro.

Oft wird beim *Cross-Selling* ein Teil des Sortiments zum Selbstkostenpreis oder niedrigen Gewinnspannen verramscht, um den Verkauf von Produkten mit höheren Margen zu beflügeln. Womöglich wird so mit der Krawatte und dem Stecktuch mehr verdient als mit dem Anzug. Auch Amazon betätigt sich beispielsweise ziemlich erfolgreich im Bereich *Cross-Selling*: Hardware wie beispielsweise die verschiedenen Generationen der *Kindle eReader* werden zu äußerst billigen Preisen auf der Plattform angeboten. Die Refinanzierung dieser Geräte erfolgt dann über den Verkauf von E-Books, die im passenden Format ausschließlich im Amazon-Ökosystem zu erwerben sind.

Besonders raffiniert eingesetzt wird der *Kontrasteffekt* samt Kompromisssuche, wenn *Scheinalternativen* vorgegaukelt werden. Sie sind ein weltoffener, interessierter Mensch und lesen wöchentlich das Wirtschafts- und Politikmagazin *The Economist*. Ihnen werden in einem ersten Fall zwei Abo-Alternativen angeboten: eine Internetversion um 59 Euro und eine Internet- plus Papierversion zu 125 Euro.

In einer Studie haben sich bei diesem Alternativangebot 68 Prozent für die Online- und 32 Prozent für die klassische Printvariante mit zusätzlicher Online-Ausgabe entschieden. Dann wurde eine Mogelalternative hinzugefügt, und zwar eine reine Papierversion um freche 125 Euro. Ausschließlich die Printversion zu erstehen, erschien jetzt jedem offenbar als verrückt, denn zum selben Preis kann man die Papier- plus Internetvariante haben. Im Dreierpack entschieden sich nur mehr 16 Prozent für das Online-Abo, aber 84 Prozent für die Papier- plus Internetversion.[101] Die No-go-Alternative machte also die Papier- plus Internetvariante um vieles verlockender. Zusätzliche Internetabrufe verursachen aber praktisch keine mengenabhängigen Mehrkosten. Durch die »Scheinalternative« wird die Rendite maßgeblich erhöht.

Das Fatale an der goldenen Mitte

Sie haben die Absicht, eine Digitalkamera zu erwerben. Nach längerem Hin und Her stehen Sie vor der Wahl zwischen einer Canon EOS 1000 mit LCD-Display und 18 Megapixel zum Preis von 393 Euro und einer Canon EOS 2000 mit LCD-Display, 20 Megapixel, Full-HD und APS-C CMOS-Sensor zum Preis von 569 Euro. Die meiste Zeit nutzen Sie den technischen Schnickschnack nicht. Wahrscheinlich werden Sie daher die billigere EOS 1000 kaufen. Legte man in einer Studie zwei derartige Kameraalternativen Käufern vor, entschieden sich 50 Prozent für die billige und 50 Prozent für die teure Variante.[102]

Ihre Frau hat Ihr Liebäugeln mit einer neuen Kamera mitbekommen. Ihr Geburtstag steht vor der Tür. Daher pilgert sie ins Fotogeschäft. Mittlerweile ist auch das Spitzenmodell von Canon, und zwar die EOS 3000, auf dem Markt. Sie bietet 26,2 Megapixel und Extra-Features wie High Speed Hybrid AF oder WLAN-Bluetooth mit GPS um 798 Euro. Ihre Frau entscheidet sich für die goldene Mitte und kauft für Sie die EOS 2000. Bot man in der besagten Studie alle drei Varianten an, entschieden sich 22 Prozent für die Mini-, 57 Prozent für die Midi- und 21 Prozent für die Maxivariante. Warum stinkt die Minivariante derart ab, wo doch zuvor das Votum noch halbe-halbe ausgegangen ist? Sie erscheint jetzt im Kontrast zum Premiumprodukt nicht mehr als die clevere Variante mit gutem Preis-Leistungs-Verhältnis, sondern nur mehr als die schnöde Billigversion.

Wir Menschen werden magisch von der Mitte angezogen.[103] Werden beispielsweise drei Kaugummis mit unterschiedlicher Geschmacksrichtung vorgelegt und nur deren Anordnung variiert, fällt die Wahl meistens auf den mittleren, was auch noch bei fünf Kaugummis zutrifft.[104] Ein Aphorismus lautet daher nicht zu Unrecht: »Das Gold auf dem goldenen Mittelweg wird dünn vom starken Verkehr.«[105]

Bei Kaufangeboten wird daher in aller Regel eine günstige, die dem ursprünglichen Anker des Interessenten entspricht, eine mittlere und eine teure Variante formuliert.

»List high – sell low« und Lockvogelangebote

Bei Brot, Zeitungen oder Toilettenpapier, also bei Verbrauchsgütern des täglichen Bedarfs, kann jeder Konsument leicht überblicken, was über- und unterbezahlt ist. Bei Gebrauchsgütern wie zum Beispiel Möbeln oder Wohnaccessoires ist das viel schwerer. Hier ist die Preisfestsetzung ziemlich beliebig. Möbelhäuser können deshalb ständig Super-Sonderpreis-Aktionen fahren. Finden sie dafür keinen Grund mehr (Saison, Jubiläum, Eröffnung et cetera), wird beispielsweise in Österreich ein »Zwickeltag« (= Brückentag) aus der Tasche gezogen. Das sind Fenstertage zwischen einem Feiertag und einem arbeitsfreien Tag.

An einem derartigen Brückentag fand ich einen bestechenden Bürostuhl im Möbelcenter. Er spielte alle nur denkbare Stücke. Hinzu kam, dass der Stuhl bereits stark preisreduziert war. Der alte Listenpreis betrug 1.990 Euro. Der neue Aktionspreis belief sich auf 1.490 Euro. Mit breiter Brust begann ich mit Preisverhandlungen, mich der Hoffnung hingebend, 20 Prozent würden allemal drin sein. Allerdings wies mein Berater rücksichtsvoll darauf hin, um wie viel der Stuhl schon verbilligt sei, weshalb jeder weitere Preisnachlass undenkbar wäre. Das leuchtete selbst mir ein, und ich schlug zu.

Ein altbewährter Verkaufstrick »List high – sell low!« tat das Seine – ein Sales-Kniff, auf den wir alle mehrmals jährlich beim Schluss-, Ab-, Aus- und Totalverkauf – »Geiz ist geil!« – wie Lemminge hineinfallen. Die Wirksamkeit der Methode wurde vielfach überprüft. Verscherbelte man etwa Kaffeetassen um drei Dollar, griffen nur 28 Prozent zu. Wies man andere Käufer darauf hin, dass der vorherige Preis 15 Dollar betrug, waren 46 Prozent zum Kauf entschlossen. Bei einem Erstpreis von sieben Dollar fanden sich 37 Prozent Käufer.[106]

Noch irrationaler agieren wir bei Lockvogelangeboten: Standhaft kämpfte ich gegen das Ansinnen meiner Frau, eine neue Küche anzuschaffen. Das gelang mir aber nur so lange, bis wir auf den einmaligen Jubiläumsrabatt von 50 Prozent bei einem Küchenhersteller stießen. Wer kann dagegen noch opponieren? Allerdings waren ausschließlich die Standard-Ober- und -Unterschränke rabattiert. Regaleinsätze, Ausziehfächer, Ecklösungen oder Sockelläden natürlich nicht. Auch Frontfarben gab es zum Sonderpreis nur im schlichten Weiß oder fadem Braun. Fliederweiß-Hochglanz, unsere erste Wahl, natürlich nicht. Ganz zu schweigen von den eloxierten Aluminiumgriffen, der Rosamar-Naturstein-Arbeitsplatte und der Ladeninnenausstattung aus ozeangrünem Glas. Eigentlich hatten wir auch nicht an eine Induktionsgrillplatte, einen integrierten WineSafe und eine Gefrierkombination mit Wasser- und Ice-Crush-Funktion gedacht. Was der neue H 2666 B Miele-Backofen alles kann, würde hier zu weit führen, nur das 7-Segment-Display mit Knebel-Steuerung, auf das ich schon mein Leben lang hinsparte, sei unbedingt noch erwähnt.

Wie schützen Sie sich vor Kontrastfallen?

Kann man sich vor Kontrastmanipulation schützen? Jein. Ohne Vergleiche gingen wir orientierungslos durchs Leben. Da gehören Verzerrungen unweigerlich dazu. Aber viele Ausverkäufe sind reine Dumpingpreisinszenierungen. Dafür kauft man Extrawaren ein, die zusätzlich billig verramscht werden. Betrachten Sie prinzipiell nicht den Lock-, sondern den Originalpreis. Dann fragen Sie sich: »Will ich das um diesen Preis haben?« Sagt Ihnen Ihre innere Stimme: »Um den Originalpreis sicher nicht!«, dann lassen Sie die Finger davon. Sie kaufen dann nur des spottbilligen Lockpreises wegen und nicht, weil Sie das Objekt wirklich haben möchten.

Die supergünstigen Preishammerkäufe, zu denen Sie sich im Alltag immer wieder verleiten lassen, sind meist Peanuts, was die finanziellen Auswirkungen betrifft. Womit Sie sich aber möglicherweise existenziell in den Ruin treiben, das sind Kaufräusche, die sich im Anschluss an Großinvestments, zum Beispiel bei Immobilien, einschleichen. Bei 400.000 Euro fürs Eigenheim kann man doch noch fünf Prozent dieses Betrags für diverse Anschaffungen ausgeben, damit es auch richtig wohnlich wird. Nur dass diese fünf Prozent den Preis eines Neuwagens darstellen. Auch hier gilt somit erneut: Der Wert der Sache selbst sollte Ihre Bezugsgröße für die eigene Preiskalkulation und (Nicht-)Kaufentscheidung sein, keine »externen« Anker.

Apropos Immobilien: Ein Maklertrick, der gern angewandt wird, nutzt den *Kontrasteffekt* folgendermaßen: Die erste Wohnung, die man Ihnen zum Kauf anbietet, ist nicht nur laut, hat eine schlechte Raumaufteilung, noch dazu im Parterre, und keine Anbindung ans öffentliche Verkehrsnetz, sondern verschlänge, nach Berücksichtigung von Finanzierungs- und Betriebskosten, nahezu die Hälfte Ihres Einkommens. All Ihre heimeligen Wohnträume scheinen sich in Luft aufzulösen. Plötzlich zaubert Ihr Makler eine Alternative aus dem Hut, die auf Sie nachgerade alternativlos attraktiv wirkt. Vermutlich ist diese Alternative einfach guter Durchschnitt, aber angesichts des miserablen Erstangebots als Bezugsrahmen erstrahlt auch eine Nullachtfünfzehn-Wohnung im hellen Glanz. Wiederum gilt, abwarten und Tee trinken und sich selbst einen Überblick zu verschaffen, selbst wenn Ihnen weisgemacht wird, dass andere schon Schlange stünden.

Wie schützen Sie sich vor Beauty-Kontrasten, die zu Beginn des Kapitels angerissen wurden? Glaubt man der Zählung der Autorin Susie Orbach, sehen wir im Schnitt pro Woche 2 000 bis 5 000 Bilder digital manipulierter Körper.[107] Dabei werden Topmodels stundenlang von Make-up-Visagisten bearbeitet. Im Anschluss daran halten hunderte Fotoshoots glamourös-narzisstische Posen fest. Aus denen werden die überzeugendsten selektiert und mithilfe von Retuschierprogrammen optimiert: Lippen verbreitert, Höcker auf Nasen entfernt, Augen vergrößert und insbesondere Körper zur Verschlankung gestreckt. Unter diesen Vorzeichen kann das Spieglein, Spieglein an der Wand selbst für tageslichttauglichste NormalbürgerInnen nur zum Fiasko werden.

Neben Facelift, Lidplastik und Fettabsaugung gibt es noch eine Alternativstrategie. Prinzipiell haben wir die Wahl zwischen aufwärts-, seitwärts- und abwärtsgerichteten Vergleichen.[108] Nach oben schauen ist tendenziell quälend, selbst von einem passablen Niveau aus. So wie in dem Witz, in dem ein Bauer jahrelang darunter leidet, dass sein Nachbar zwei Kühe besitzt und er nur eine. Eine gute Fee hat Erbarmen mit ihm, und er darf sich etwas wünschen. Sein Wunsch: »Nimm meinem Nachbar die zweite Kuh weg!« Schauen Sie daher für die Selbstwertregulierung eher seit- oder, noch besser, abwärts.[109] Es schmeichelt uns nicht, aber unser empfundenes Lebensglück geht sofort nach oben, wenn sich im Raum eine querschnittgelähmte Person im Rollstuhl befindet oder ein Dialysepatient von seinen Erfahrungen berichtet.[110] Und gerade in Sachen Schönheit haben Sie beim Seit- oder Abwärtsvergleich mehr Auswahl als ganz oben, denn die weibliche Idealgröße 90 (Brustumfang), 60 (Taille), 90 (Hüfte) weisen von 10 000 Frauen gerade einmal sechs Frauen auf. Das sind 0,06 Prozent.[111] Lisa Simpson stellt daher in der bekannten Zeichentrickserie zu Recht resignierend fest: »There's always going to be someone better than you!« So what?

Wenn es »ernst wird«, also bei der Partnerwahl selbst, scheint unser diesbezügliches Kalibrierungssystem gut zu funktionieren. Denn da zeigt sich, dass die äußere Attraktivität von Partnern ziemlich symmetrisch ist. Schön gesellt sich zu schön, weniger schön zu weniger schön.[112] Die Internetplattform HOTorNOT.com bietet Partnermatching für Dates auf Basis von Bildern und Profilen an. Eine Untersuchung von über zwei Millionen Entscheidungen zeigt, dass sich äußerlich Attraktive mit äußerlich Attraktiven und weniger Attraktive mit weniger Attraktiven treffen. Die weniger Schönen machen sich im Schnitt demnach auch nichts vor. Sie scheinen sich der Tatsache bewusst zu sein, in der Beauty-Hackordnung nicht auf den obersten Sprossen zu sitzen.[113] Das erhöht, evolutionsbiologisch gesprochen, ihre Chance, trotz Beauty-Minus auch zum Zug zu kommen.

5. Der Ankereffekt und irrationale Entscheidungen

Der Fall Boris, das geklaute Rad und das angedrehte Mountainbike

Boris wird in kurzer Zeit dreimal hintereinander das Fahrrad geklaut. Beim dritten Mal, besonders ärgerlich, direkt vor der Haustür. Da er für den Schulweg ein Fahrrad benötigt und demnächst das Moped-Alter anzubrechen droht, setzt sich sein Vater energisch für eine Billigversion ein, am besten gebraucht gekauft: »Boris, mehr als 400 Euro bekommst du von mir nicht. In drei Wochen ist das Rad eh wieder weg, so wie du drauf schaust.« Zwei Tage später klingelt das väterliche Telefon. Boris ist am Apparat. Er sei im Sportgeschäft, wo ein Vorführrad, stark preisreduziert, zu haben wäre. Der Herr Papa zweifelnd: »Und was kostet das Rad?« Mit der Überzeugungskraft eines Topverkäufers erklärt ihm Boris, dass es sich nicht um ein normales Rad, sondern um ein Trek Carbon-Mountainbike handle. »Trek, Papa, Trek baut die technologisch fortschrittlichsten MTBs der Welt. Außerdem hat das Rad eine 30-Gang-Shimano-XT-Schaltung, eine RockShox-Federgabel und hydraulische Shimano-Scheibenbremsen!«
Sein Vater gibt mit Skepsis ein »Aha« von sich und verbirgt dezent, dass ihm das alles reichlich spanisch vorkommt, stellt aber die zynische Frage: »Und was kostet der Dreck?« »Papa, das ist ein Trek-Rad, und diese Marke wird mit T und ohne CK geschrieben. Ein Vorführrad von T-R-E-K! So was gibt's nur alle zehn Jahre. Das ist so megageil!« Leicht genervt wiederholt sein Dad die Frage: »Und was kostet der Trek mit hartem T?« »Papa, das Rad gibt es jetzt um sagenhafte 1.990 Euro. Der alte Preis war knapp unter 3.000 Euro!« Der väterliche Geldgeber darauf erschrocken: »Du hast ja nicht alle

Tassen im Schrank! Wir haben von 400 Euro gesprochen!« »Ja, du hast schon recht, aber die Mitzi-Oma gibt 400 dazu, und die Herta-Oma überlegt noch. Den Rest zahle ich von meinem Taschengeld. You only live once, Daddy! Es ist mein Lebenstraum, ein Trek-Rad zu besitzen. Papa, Papa – bitte!«
Widerwillig schluckt Papa die bittere Pille, nachdem ihm Boris versprochen hat, schriftlich zu bestätigen, den Restbetrag via Taschengeld abzustottern. Allerdings rückt dann der Verkäufer mit der Wahrheit heraus, denn das ausgestellte Vorführrad ist leider schon verkauft. Beruhigend weist er darauf hin, dass es in einer anderen Filiale noch eins gäbe. Tags darauf ruft ein bitterlich enttäuschter, genickter Boris an: »Oh, Mann, Papa, stell dir vor, in der anderen Filiale ist das Vorführrad auch schon verkauft!« Daraufhin bekommt er die erleichterte Antwort serviert: »Das freut mich, dann kaufen wir ein Secondhandrad. So wie wir es vorhatten!« Boris: »Du kannst mich doch jetzt nicht mit irgendeinem Drahtesel abspeisen. Ich will, wenn schon kein Trek-Rad, dann ein vernünftiges Mountainbike!« Und so wird es dann kein Trek-Rad, sondern ein »normales« MTB um 2.500 Euro.

Die Radanschaffung wurde in der Story nicht nur vom *Kontrasteffekt,* sondern auch vom sogenannten *Ankereffekt* beeinflusst. Mit einem Anker wird ein suggestiver Ausgangspunkt festgelegt, der der anschließenden Entscheidung maßgeblich seinen Stempel aufdrückt. Der intendierte »Billigsdorfer-Fahrrad-Anker« wurde vom Sport-Expert-Lockvogelangebot hinweggefegt und ein neuer, viel höherer Anspruchslevel fixiert, von dem aus Boris jedweden schmerzlichen Abstrich als enorme Zumutung empfand. Gleichzeitig wurde das Vorführrad um etliches billiger angeboten als zum Originalpreis. Somit war auch der *Kontrasteffekt* im Spiel.

Werden beide Effekte kombiniert, führt das zu ganz besonders krassen Wahrnehmungsverzerrungen. Worin liegt der Unterschied zwischen den beiden Effekten? Beim *Kontrasteffekt* geht es immer um Diskrepanzen, etwa zwischen groß/klein, süß/sauer, teuer/billig, die sich aus Vergleichen ergeben. Beim *Ankereffekt* wird ein Referenzpunkt zum Maßstab, der dann die Urteilskraft vernunftswidrig beeinflusst. Diese Bezugspunkte, selbst wenn sie höchst willkürlicher Natur sind, zurren uns in unseren Sichtweisen fest und beeinträchtigen die Folgeentscheidungen.

Das klingt ziemlich kryptisch, aber *Ankereffekte* werden in den unterschiedlichsten Lebensbereichen seit vielen Jahren eindrucksvoll bestätigt.[114] Beispielsweise geht es in einer Studie um die Frage, wie sich Zahlen, an die wir – warum auch immer – gerade denken, auf unsere Einschätzungen auswirken. Sie drehen behände an einem Glücksrad. Es stoppt irgendwo zwischen 0 und 100. Dann sollen Sie schätzen, wie viele der afrikanischen Länder UNO-Mitglieder sind. Das Rad steht bei 65. In diesem Fall haben Testpersonen den Anteil im Schnitt auf 45 Prozent geschätzt. Bremste sich das Rad bei 10 ein, wurde der Anteil auf 25 Prozent vorhergesagt.[115]

Gut, das sind beliebige Schätzungen und ob der Kölner Dom oder das Brandenburger Tor niedriger als 25 oder 150 Meter sind und anschließend – ankerbedingt – unterschiedlich eingeschätzt werden, was sich bestätigen ließ,[116] lässt einen eigentlich ziemlich kalt. Aber was würden Sie zu Ankern sagen, die gar nicht bewusst wahrgenommen werden und trotzdem wirksam sind?

Es galt die Durchschnittstemperatur in Deutschland zu beziffern. Die Frage stand auf einem Bildschirm. Zusätzlich leuchtete für wenige Millisekunden, also unterhalb der Wahrnehmungsschwelle, die Zahl 5 oder 20 auf. Die Temperatur wurde im ersten Fall auf 12,8 Grad und im zweiten auf 14,9 Grad Celsius taxiert.[117]

Anker nehmen nicht nur Einfluss auf unser Schätz-, sondern auch auf unser Kaufverhalten. Das tangiert unsere Börsen gegebenenfalls ziemlich unerquicklich. Beispielsweise werden Sie nach den letzten beiden Zahlen Ihrer Sozialversicherungsnummer gefragt. Die schwankt zwischen 00 und 99. Dann nehmen Sie an einer Auktion teil, wo Weine, Brüsseler Konfekt oder ein drahtloses Keyboard zu ersteigern sind. Erstaunlich, aber wahr: Personen mit Nummern zwischen 80 und 99 sind bereit, für das Keyboard 56 Dollar zu zahlen, während diejenigen mit Nummern zwischen 00 und 20 dafür nur 16 Dollar hinblättern wollen.[118] Dieses aufschlussreiche Resultat ist zugegebenermaßen zu relativieren, denn der wahre Wert des Produkts hat bei 70 Dollar gelegen. So sind auch die Höchstbieter noch immer günstig ausgestiegen. Sind wir also doch teilimmun gegen Anker und lassen uns von ihnen nicht komplett die Köpfe vernebeln? Sorry – eher nicht.

Würfelnde Richter und Strafsanktionen

Bisher standen Versuchspersonen auf dem Prüfstand, und das in irgendwelchen psychologischen Labors. Nun versetzen Sie sich aber in einen ehrwürdigen Gerichtssaal. An dessen Kopfende sitzt ein amtswaltender Richter in festlich-gravitätischer Robe, der nach Überprüfung des Sachverhaltes, nach Einvernahme aller Parteien und Anhörung der Plädoyers von Staatsanwalt und Verteidiger getreu dem Gesetzestext und der bisherigen Rechtsprechung über Schuld und Unschuld eines Angeklagten und das Strafausmaß entscheidet. Diese Vorstellung suggeriert Rationalität und Objektivität. Dass Angeklagte ein Recht auf ein faires Verfahren haben, gehört bekanntermaßen zu den zentralen Grundsätzen unserer Rechtsstaatlichkeit. Was wäre aber, wenn der leicht angegraute, vom Alltag des ewigen Richten-Müssens längst gelangweilte und an seiner richterlichen Unbefangenheit mittlerweile zweifelnde Prozessvorsitzende vor seinem Spruch ins hintere Verhandlungszimmer ginge, dort sein Barett abnähme, sich über die angeschwitzte Haupthaarglatze striche und dann von einem kindlichen Machtzauber angestachelt einen Würfel zurate zöge. Als Delinquent säßen sie dann, je nach Augenzahl, drei, vier oder mehr Jahre hinter Gittern. Bei derartigen Gedanken läuft Ihr Rechtsempfinden Amok – und das zu Recht.

Nun gehen wir einmal in die Praxis der Rechtsprechung. Wie hoch wäre für Sie folgendes Delikt zu bestrafen? Peter F. lernt Sabine K. auf einer Party kennen. Beide flirten heftig miteinander und trinken einige Gläser Wein. Schlussendlich fährt Peter die neue Bekanntschaft mit dem Auto nach Hause. Jedoch lenkt er sein Auto in den Wald, wo er Sabine bedrängt und sie gegen ihren Willen zum Sex zwingt. Danach fährt Peter Sabine nach Hause.

Diese Fallgeschichte wurde Untersuchungsrichtern vorgelegt.[119] Ihnen allen wurden identische Informationen, wie sie in Gerichtsverhandlungen üblich sind, gegeben: psychologische und rechtsmedizinische Gutachten, Aussagen des Opfers, des Täters und von Zeugen. Danach wurden sie mit Strafanträgen von Staatsanwälten konfrontiert, die entweder zwei oder 34 Monate Haft forderten. Im ersten Fall bekam Peter im Durchschnitt 18 und im zweiten Fall 28 Monate Gefängnisstrafe. Aufgrund des höheren Ankers hatte er mehr als die Hälfte länger zu sitzen.

In weiteren Studien wurde Rechtsreferendaren der geschilderte Vergewaltigungsakt vorgelegt, und während der Verhandlung rief entweder ein Freund des Opfers »Geben Sie ihm doch einfach fünf Jahre!« oder ein Freund des Angeklagten: »Sprechen Sie ihn doch einfach frei!« Beim hohen Anker wurden im Schnitt zwei Jahre und neun Monate gegeben, beim Zuruf »Freispruch« knapp zwei Jahre.[120]

Aber damit noch immer nicht genug, denn es wurde auch untersucht, ob selbst die Augenzahl eines Würfels von Relevanz für das Strafausmaß sein könnte. Man konfrontierte Juristen mit dem Fall einer Frau, die zum zwölften Mal beim Diebstahl im Supermarkt erwischt wurde. Vor ihrem Rechtsspruch hatten die Juristen zwei gezinkte Würfel zu werfen, die in der einen Gruppe immer nur 1 oder 2 und in der anderen Gruppe 3 oder 6 zeigten. Ohne Würfel wurde gegenüber der Frau im Schnitt eine Haftstrafe von 6,6 Monaten ausgesprochen. Der hohe Würfel-Anker führte aber zu einer Strafe von 7,8 und der niedrige zu einer von 5,2 Monaten.[121]

5.1 Ankereffekt: Anwendung und Selbstschutz

Für nächsten Samstag haben Sie Werner, den passionierten Kampfkocher aus dem letzten Kapitel, zum Abendessen geladen. Die Delikatessenläden sind abgeklappert und Ihre Einkaufstaschen prall gefüllt mit Prosciutto di Parma, Balsamico aus Modena, Super-Tiger-Garnelen und Bio-Angus-Rind. Bereits vorige Woche haben Sie einen Filet-Wellington-Pretest mit Ihrer Schwiegermutter durchgeführt. Aber dieser Werner hat erst vor Kurzem einen Sommelierkurs absolviert. Sie haben heute noch im Ohr, wie er beim Nobelheurigen den Chardonnay souverän mit den Worten umschrieben hat: »Trocken, feiner Obstkorb in der Nase, Anklang von reifem Pfirsich, engmaschig und kräftig im Körper!« Ihr Banausengaumen hat hingegen von alldem überhaupt nichts rückgemeldet. Aber den Wein haben Sie trotzdem herausragend gefunden. Leichter Schauder überkommt Sie nun beim Gedanken, Werner Ihren leichtsüffigen Lieblingsrotwein vorzusetzen. Außerdem ist es längst an der Zeit, Ihre handgeblasenen Riedel-Gläser endlich einmal einzuweihen. Ob all dieser Faktoren stehen Sie jetzt einigermaßen hoffnungslos und verloren bei Wein & Co. vor elendslangen Regalen. Da ist guter Rat teuer. Plötzlich erspähen Sie einen Dom Pérignon Champagner. Über den absurden Preis von 498 Euro sind Sie gleichzeitig geschockt und amüsiert. Dagegen ist die Doppel-Magnum-Flasche eines französischen Rotweins von Château L'Enclos Reserve 2009 für 190 Euro geradezu ein Schnäppchen. Und erst recht die 0,7-Liter-Bouteille eines burgenländischen Cuvées um 89 Euro. Da greifen Sie zu und antizipieren, wie Ihr Freund Werner vom dunklen Granulat schwärmen und wie ihn das Bukett an Schwarze Johannisbeeren erinnern wird.

Spätestens jetzt wird klar, wofür der Champagner im Regal steht. Kaum ein Mensch leistet sich einen Champagner um 498 Euro. Aber dieser Preis setzt einen fatalen Anker für ihre weiteren Kaufentscheidungen beim Rotwein.

Antonio Carluccio hat in den 1970er-Jahren seine norditalienische Heimat verlassen und ist nach Großbritannien gezogen. Heute ist er Unternehmer, Autor und Koch mit über 100 italienischen Restaurants. Die hat er allerdings mittlerweile verkauft. Seine visionäre Idee: Essen mit dem Einkauf italienischer Spezialitäten kombinieren. Auf der Speisekarte von Carluccio sind aber nicht nur Pasta, Salate oder Eiscremes angeboten worden, sondern auch Vespa-Roller, die die Gäste in allen Varianten sofort bestellen konnten. Warum wohl?

Man muss es ja nicht bis zum Vespa-Roller treiben. Jedenfalls ist Ihnen jetzt klar, warum Vorspeisen meist so sündhaft teuer sind – und zwar der Hauptspeisen wegen, die dann umso günstiger erscheinen – und warum der Menüpreis in einer bestechenden Relation zu den Preisen der Einzelgerichte steht.

Verhandeln und Ankereffekt

Frau Dr. S. ist Satellitentechnikerin und Expertin für künstliche Erdtrabanten. Niedergelassen hat sie sich tief in der Provinz. Aber mittlerweile hat sie das tägliche Pendeln in die Stadt zu ihrem Arbeitsplatz satt. Sie überlegt, gemeinsam mit ihrem Lebenspartner, ihr nach Südwest ausgerichtetes 180 Quadratmeter-Eigenheim in charmanter und niveauvoller Umgebung zu verkaufen. Ihr Freund hat als kreativer Hobbybastler das Haus liebevoll saniert. Allerdings wird die Festlegung des Verkaufspreises zum veritablen Streitfall. Er, mit der Runderneuerung des Heims tatkräftig beschäftigt gewesen, rechnet optimistisch mit mindestens 900.000 Euro, wenn nicht sogar einer Million, während Frau Dr. S. maximal 800.000 Euro für möglich hält. Da eine Einigung partout nicht möglich scheint, beauftragen sie einen Makler, der den Wert des Hauses auf 830.000 Euro schätzt. Als in Kalkulationsfragen versierter Kaufmann will der Lebenspartner von Frau S. dem Makler den Immobilien-Leckerbissen aber keinesfalls so günstig in den Rachen werfen. Sendungsbewusst erklärt er seiner Gefährtin die hinterlistigen Finten des Immobiliengeschäfts: »Wer hat denn nicht von diesen niederträchtigen Maklern gehört!? Absichtlich ziehen sie den Vertragsabschluss in die Länge. Bis der Kunde davon überzeugt ist, dass sein Objekt nicht an den Mann zu bringen sei. Über einen Strohmann reißen sie sich dann das Haus für 'n Appel und 'n Ei unter den Nagel.«

Das leuchtet auch Frau Dr. S. ein. Also wollen sie eine Annonce aufgeben und zanken sich erneut darüber, ob sie das Haus nun um eine Million Euro (sein Anker) oder 830.000 Euro (Marktwert) annoncieren sollen. Was wäre besser?

Zunächst stellt sich die Frage, wer überhaupt in Verhandlungen zuerst einen Anker setzen sollte: Sie oder Ihr Gegenüber? Darauf gibt es eine klare Antwort. Sie müssen das tun! Das belegen zumindest 25 Studien.[122]

Schauen wir genauer hin: In simulierten Verkaufsgesprächen über eine Fabrik einigten sich Personen im Schnitt auf einen Preis von 19,7 Millionen Dollar. Nannte der Verkäufer als Erster einen Preis, erzielte er 24,8 Millionen Dollar.[123] Umgelegt auf Ihren erzieherischen Alltag heißt das, Sie und nicht Ihre Kinder leiten die Verhandlungen zur Bettgehzeit ein.

Aber zurück zum Immobilienmarkt: Experten und Laien hatten den Wert einer kleinen Immobilie in Tucson (Arizona) einzuschätzen. Sie bekamen eine zehnseitige Informationsbroschüre, die alle notwendigen Angaben für eine objektive Bewertung enthielt. Was sich in den Angaben unterschied, war der angebotene Listenpreis, der zwischen 65.900 Dollar (niedriger Anker) und 83.900 Dollar (hoher Anker) lag. Nach der Besichtigung sollte unter anderem angegeben werden, a) welchen Schätzwert das Objekt hat und b) welchen Preis man maximal bereit wäre, dafür zu zahlen. Bei den Laien ließ der höhere Anker den Schätzwert um mehr als 8.000 Dollar und bei den Experten um mehr als 7.000 Dollar nach oben schnellen. Genauso wurde die Zahlungsbereitschaft vom Anker beeinflusst. Beim höheren Anker griffen Laien um 5.929 Dollar und Experten um 7.379 Dollar tiefer in ihre Brieftaschen.[124]

Sowohl die Laien als auch die Experten ließen sich also vom Anker beeinflussen, sodass der Preiskonflikt des Paares zugunsten der optimistischeren Hochpreisvariante zu entscheiden wäre. Aber in welch lichte Höhen sollte der Listenpreis des Hauses nach oben getrieben werden? Wäre das höchst ambitionierte Ziel, eine Million kassieren zu wollen, überhaupt realistisch? Ein derartiger Anker läge schließlich um 20 Prozent über dem Schätzwert.

Um die Frage zu klären, gilt es zwischen drei Zielpunkten zu unterscheiden, die in jeder Verhandlung eine Rolle spielen: a) das »Idealziel«, b) das »Kernziel« und c) das »Rückzugsziel«.[125] Das Idealziel beschreibt die optimale Variante Ihrer Zieldefinition. Es zu erreichen, wäre »nice to have«. Das Kernziel stellt ein realistisches Ergebnis dar. Diese Zielkategorie definiert, was Sie erreichen möchten, und zwar im Sinne eines »Want-to-have«. Das Rückzugsziel bildet das absolute Mindestmaß ab. Mit ihm wird eine »Must-have-Stopplinie« definiert. Dieses Ziel müssen Sie erreichen. Alles, was darunter läge, brächte Sie zum Abbruch der Verhandlung.

Nehmen wir nun an, für Sie wäre das Idealziel 850.000 Euro, das Kernziel 830.000 Euro und das Rückzugsziel 820.000 Euro. Mit welchen Wert beginnen Sie? Menschen lassen sich durch Anker zwar beeinflussen, aber nicht komplett an der Nase herumführen. Das belegt eine Studie über Studierende, die auf Zimmersuche in London gewesen sind. Ist das Offert unverschämt hoch gewesen, haben 29 Prozent die Verhandlung sofort abgebrochen – und zwar im Vergleich zu 14 Prozent, wenn ein moderat teures Angebot unterbreitet worden ist.[126] Zu hoch pokern schlägt also fehl. Ein Listenpreis von einer Million für das Haus von Frau Dr. S. läge jenseits der optimalen Zone. Als Faustregel gilt, einen Wert zwischen acht bis 15 Prozent über dem Marktwert anzusetzen.[127] Demnach erschiene ein Ankerpreis von 930.000 Euro zwar als ambitioniert, aber durchaus realistisch.

Aus zwei Gründen sind gut gesetzte Ankerpreise wirkungsvoll: Erstens: Käufer erfahren Anker als Referenzpunkte für ihr Gegenangebot. Daraufhin geben Sie als Verkäufer etwas nach, bis Ihnen Ihr Gegenüber wiederum ein Stück entgegenkommt und so weiter.[128] Die besprochene Reziprozitätsnorm tut also das ihrige, damit sich beide Seiten irgendwo in der Mitte einigen. Zweitens: Durch den Anker werden beim Käufer Informationen selektiv zugänglich gemacht. Ein hoher Anker lässt Luxus, Exklusivität, Erlesenheit assoziieren, während ein niedriger gegenteilige Vorstellungen hervorruft.[129]

Die Rolle dieser Luxusassoziationen ist ebenfalls untersucht worden. Stellen Sie sich vor, Sie lägen an einem heißen Sommertag im Freibad. Ihnen ist nach kühlem, prickelndem Bier zumute. In just diesem Moment ruft Sie ein Freund an. Er komme gleich zu Ihnen ins Bad und wolle ein Bier mitbringen. Aber im ersten Fall befindet er sich gerade in einem piekfeinen Hotel und im anderen Fall im Supermarkt. Er fragt Sie, was Sie bereit seien, für das kühle Helle maximal zu berappen. Man beachte: gleiches Produkt, gleicher Nutzen, gleiche Lieferung, gleiches Kapital in den Taschen. Für das Bier aus dem Hotel sind Sie um wundersame 75 Prozent mehr zu zahlen bereit als für jenes aus dem Supermarkt.[130] Wiederum macht eher der Kontext die Musik und weniger Sie selbst!

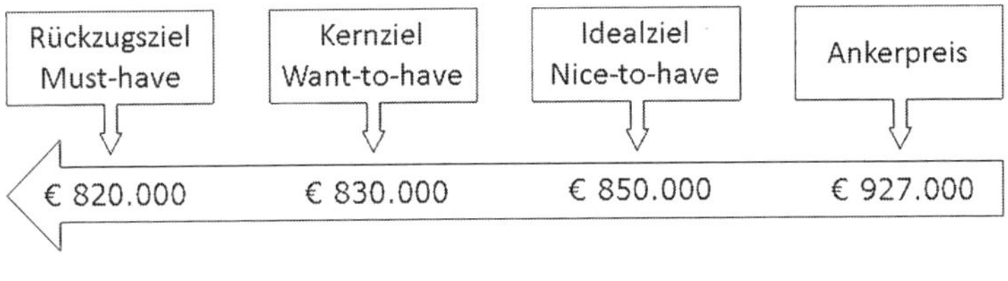

Abbildung 3: Ankerangebot und Etappenziele bei der Verhandlung

Zu welchem Betrag sollte also das Haus von Frau Dr. S. feilgeboten werden? Noch besser als 930.000 Euro wäre ein Anbot von 927.000 Euro. In Abbildung 3 werden dieser Anker und die Etappenziele veranschaulicht. Aber warum 927.000 Euro? Auch hierzu gibt es Forschungsbelege.

Stellen Sie sich vor, Ihre gute Tante Mizzi hat Ihnen ein Erbstück, und zwar eine Jugendstilkommode, hinterlassen, die Sie aufgrund von Finanznöten alsbaldig verhökern möchten. Im Internet preisen Sie das gute Stück einmal um 1.200 Euro und das andere Mal um 1.185 Euro an. Es klingt vielleicht unplausibel, aber in einer Studie hat das um 15 Euro niedrigere Angebot einen im Schnitt um mehr als 100 Euro höheren Einigungspreis erzielt.[131] Warum ist das so? Erstens: Die Zahl 1 185 suggeriert eine sorgfältige und knapp kalkulierte Preisfestlegung. Zweitens: Mit dem Angebot wird gleichzeitig die Größenordnung festgelegt, mit der sich die Kontrahenten in der Verhandlung wechselseitig über- beziehungsweise unterbieten. Bei einem Angebot von 1.200 Euro sind die Intervallschritte 100er. Im Falle von 1.185 Euro werden Fünfer-Intervalle möglich. Mit der Endziffer setzen Sie also gleichzeitig einen Subanker, der als zweiter Referenzpunkt für das reziproke Hin und Her fungiert.

Wie sollten Sie Ihr Gehalt verhandeln?

Was heißt das alles für Ihre nächste Gehaltsverhandlung, sollten Sie einen neuen Job suchen? Lassen Sie Ihren potenziellen Arbeitgeber keinen Anker setzen. Das könnte Sie teuer zu stehen kommen. Nennen Sie von sich aus selbstsicher eine ambitionierte, aber nicht unverschämte Gehaltsvorstellung (zum Beispiel zehn Prozent über Ihrem Idealziel). Wenn etwa Ihr Idealziel bei 60.000 Euro brutto pro Jahr liegt, dann beginnen Sie mit 67.000 Euro. Damit haben Sie gleichzeitig einen zweiten Subanker gesetzt, der Verhandlungsschritte in 1 000er-Intervallen ermöglicht. So haben Sie mehr Luft nach unten. Nennten Sie 70.000 Euro, unterläge der Gehaltspoker der Gefahr, dass Sie in 10 000er-Schritten nach unten rasseln, was klarerweise schmerzte.

Allerdings haben Sie, wie das Leben halt so spielt, einen gewieften, alten Hasen als Gegenüber, der Sie schnurstracks an ihre »Must-have-Stopplinie« bringt, die bei 50.000 Euro liegt. Ist das der Fall, dann gilt es Ihrem Gegenüber zu verdeutlichen, welche enormen Abstriche, neben der schmerzlichen Gehaltseinbuße, der neue Job noch mit sich brächte: längere Anfahrtszeit, ergo weniger Freizeit, Abstriche bei der Firmenpension et cetera. Im Gegenzug sollten Sie für all diese Entbehrungen entsprechende *Fringe Benefits* einfordern, also freiwillige Zusatzleistungen (Firmenauto, Essensmarken in der Kantine, Kindergarten und so weiter). Wohlgemerkt: Die Erfolgsaussichten all dieser Verfahren hängen entscheidend davon ab, inwieweit überhaupt Interesse an Ihrer Person besteht. Gibt es genug gleichwertige andere Bewerber, helfen die ausgeklügelten Verhandlungstaktiken nur wenig.

Wie schützen Sie sich vor Ankerfallen?

Perspektivenwechsel: Sie sind jetzt in der Käuferposition und wollen nicht auf den *Ankereffekt* hereinfallen. In diesem Fall sollten Sie nach Möglichkeit verhindern, dass Ihr Gegenüber ein Erstangebot machen kann. Vielmehr sollten Sie das Heft in die Hand nehmen und mit einem Erstanker beginnen, der um rund 15 Prozent unter Ihrer Ziellatte liegt. Hat allerdings Ihr Gegenüber das Sagen und nennt zuvor seinen Startpunkt, dann konterkarieren Sie diesen – verwundert Ihren Kopf schüttelnd – mit einem um rund 30 Prozent niedrigeren Gegenoffert im Vergleich zum Angebot Ihres Gegenübers.

Minutiös kalkulierten Subankern nehmen Sie den Wind aus den Segeln, indem Sie Ihr Gegenüber mit großen Augen ungläubig anschauen und konstatieren, dass Sie sich bei einer derartigen Größenordnung nicht mit pseudogenauer Erbsenzählerei beschäftigen möchten.

Zum guten Schluss sabotieren Sie suggestive Ausgangspunkte, wer immer sie vorgibt, indem Sie den »Anker-Teufel« mit dem Beelzebub *Kontrasteffekt* austreiben. Der sich daraus ergebende Folgevergleich muss naturgemäß immer zu Ihren Gunsten ausgehen. Den Dom Pérignon Champagner hebeln Sie also mit einem drittklassigen Prosecco und die völlig überzogenen Gehaltsforderungen Ihres Gegenübers mit dem gesetzlichen Mindestlohn aus. Das macht Ihr Denken und (Ver-)Handeln frei und widerstandsfähiger.

6. Verlustabneigung und Lust-/Frustbilanzen

Der Fall Evi und warum das Leben Sirtaki tanzt

Fürs erste Treffen wählte die Familie Althammer einen gediegenen Gasthof mit Sonnenterasse und Panoramablick aufs Donautal. Der Wirt war Kunde der Installationsfirma Althammer, und das Lokal servierte legendäre Zigeunerschnitzel. Unten im Tal floss die Donau geruhsam vor sich hin, und die herbstliche Nachmittagssonne ließ die Farbenpracht der Natur voll zur Geltung kommen. Die Welt schien rundum in Ordnung. Doch da bereitete Tochter Evi der Seelenruhe ein jähes Ende. Schmallippig stellte sie fest: »Alexandros und ich werden heiraten!« Gingen ihre Eltern bisher von einem harmlosen Mykonos-Mitbringsel aus, einem liebestollen Techtelmechtel, war ihr schwarzhaariger Begleiter mit einem Schlag mit anderen Augen zu sehen. Vater Althammer kam gleich zur Sache: »Was machen Sie beruflich?« Evi erklärte, er sei Kunstmaler. Das bewog ihn zu der Frage, wo Alexandros denn sein Atelier habe. Dieser spürte intuitiv, Wogen glätten zu müssen, und gab in gebrochenem Deutsch zu verstehen, er arbeite als Straßenkünstler und stelle bisher in der Fußgängerpromenade in der Chora aus. Vorauseilend nahm Evi die Frage vorweg, was er in Zukunft zu machen gedenke, und merkte besänftigend an, Alexandros werde sich in Wien mehr der abstrakten Kunst widmen. Auf der Heimfahrt ließ sich Herr Althammer nichts anmerken. Er stellte nur nüchtern fest: »So ein brotloser Luftwurzler«, während seine Frau sich über den Doppelnamen-Zungenbrecher Papadakis-Althammer mokierte.

Sämtliche Gewissens- und Vernunftappelle waren vergebens. So richtete sich der Fokus auf das bevorstehende Großereignis. Als Brauteltern hatten die Althammers das Festbankett auszurichten.

Für die entsprechende Tafel rechnete man mit Ausgaben von 10.000 Euro. Zusätzlich wurden als Aussteuer für die Existenzgründung des Paares weitere 10.000 Euro veranschlagt. Man diskutierte darüber, ob beides gleich auf einmal geschenkt oder in zwei Tranchen unterteilt werden solle. Eine Salamitaktik erschien den Althammers unangebracht und knausrig, daher wurde beschlossen, alles auf einmal zu überreichen.
Andererseits sollte auch ein Zeichen gesetzt werden, dass Eva für diese Entscheidung – auch finanziell – konsequent einstehen müsse. Die Brauteltern entschieden sich für ein faires Remis. Die Ausgaben von 20.000 Euro sollten durch zukünftige Einsparungen bei den finanziellen Unterstützungsleistungen von 20.000 Euro ausbalanciert werden.
Evas Studium wurde bisher mit einem Tausender pro Monat finanziert. Das war noch für zehn Monate vereinbart. Dieses »Stipendium« sollte gleich nach der Hochzeit gestrichen werden. Die noch fehlenden 10.000 Euro wollte man durch den Entzug des elternfinanzierten Autos hereinbekommen. Bezüglich dieser Maßnahmen waren sich die Althammers bald einig. Blieb die Frage nach dem Timing. Herr Althammer plädierte für einen »Cold Turkey« und ein einmaliges Sparpaket. Für Frau Althammer war das zu viel Realitätsschock auf einmal. Sie setzte den Autoentzug erst drei Monate nach der Trauung durch.
Verarbeitete Eva den Stipendienausfall noch mit Fassung, kam es nach dem Wegfall des Autos zum Eklat. Eigenhändig entfernte sie Alexandros Ölbild mit den weißen Häusern und Windmühlen von der Wohnzimmerwand ihrer Eltern und hatte ernsthaft vor, ihrer Familie für immer den Rücken zu kehren.

Wie ist die tödlich beleidigte Reaktion von Eva zu erklären, wo doch Geben und Nehmen ausbalanciert gewesen sind? Was hätte die Idee, beide Geschenke in zwei Tranchen zu verabreichen, bewirkt? Hätte das die Lustbilanz verbessert oder verschlechtert? Und warum geriet Eva erst nach dem Autoentzug in Rage?

Ich schlage Ihnen folgende Wette vor: Es wird eine Münze geworfen. Bei Zahl haben Sie verloren und müssen 100 Euro zahlen. Wie hoch müsste umgekehrt der Gewinn bei Kopf für Sie ausfallen, damit Sie sich auf diese Wette einließen? Die meisten Menschen verlangen in diesem Fall einen Mindestgewinn von 200 bis 300 Euro. Der Gewinn muss also – bei gleicher Eintrittswahrscheinlichkeit – nicht nur ein wenig höher, sondern gleich zwei- bis dreimal größer als der mögliche Verlust sein. Warum ist das so?

Gewinn erzeugt Lust und Verlust Frust. Frust wird aber von Menschen anders bewertet als Lust. Sie freuen sich über einen Brieflosgewinn von 50 Euro weniger, als Sie sich über ein Strafmandat von 50 Euro ärgern. Reaktionen auf Verluste fallen stärker aus als Reaktionen auf Gewinne. Dieses Phänomen wird *Verlustaversion* genannt. Wie ausgeprägt ist sie? Mehrere Experimente zeigen, dass sie irgendwo zwischen 1,5 und 2,5 liegt.[132] Verluste werden also emotional bis zum 2,5-Fachen stärker negativ erlebt, als gleich hohe Gewinne positive Empfindungen hervorrufen. Machen wir die Probe aufs Exempel:

1. Sie werden aufgefordert, zwischen folgenden zwei Alternativen zu wählen: a) zwischen einem sicheren Gewinn von 50 Euro oder b) einer 50-Prozent-Chance auf 100 Euro Gewinn. Den meisten Menschen ist der Spatz in der Hand lieber als die Taube auf dem Dach. Sie tüten die sicheren 50 Euro ein.
2. Jetzt werden Sie aufgefordert zwischen zwei anderslautenden Alternativen zu wählen: a) ein sicherer Verlust

von 50 Euro oder b) eine 50-Prozent-Chance auf 100 Euro Verlust. Vor die Wahl gestellt, mit Sicherheit 50 Euro zu verlieren, beginnen Sie wahrscheinlich zu gambeln und riskieren unter Umständen einen noch tieferen Griff in die Tasche, wenn der mögliche Verlust damit vielleicht doch abgewendet werden kann.

Bei ähnlich gelagerten Größenordnungen von Alternativen entschieden sich im ersten Fall über 80 Prozent für Alternative a) – also für den geringeren, aber dafür sicheren Gewinn. Im zweiten Fall entschieden sich etwa 70 Prozent für Alternative b) – also für den größeren, aber dafür nicht zwingend eintretenden Verlust.[133]

6.1 Der irrationale Widerwille gegen Verluste

Wahrscheinlich haben auch Sie bei den obigen Alternativen eine Bauchentscheidung getroffen, die eigentlich irrational war. Warum? Eine Antwort darauf gibt uns der Schweizer Naturwissenschaftler und Mathematiker Daniel Bernoulli (1700–1782). Er stellte sich die Frage, wann Menschen rational agieren. Sein Grundgedanke ist leicht nachvollziehbar. Menschen sind rational, wenn sie unterschiedliche Optionen in puncto Eintrittswahrscheinlichkeit und Nutzen bewerten. Das Produkt aus Wahrscheinlichkeit und Nutzen führt zum *Erwartungswert*.[134] Eine Entscheidung ist gut, wenn der *Erwartungswert* hoch, dagegen schlecht, wenn er niedrig ist. Dazu ein kurzes Beispiel: Ihr Wetteinsatz beträgt vier Euro. Ich werfe eine Münze. Kommt Zahl, dann haben Sie zehn Euro gewonnen. Kommt Kopf, dann haben Sie Ihren Einsatz verloren. Ist das eine vernünftige Wette? Ja, sagt Bernoulli, weil die Wahrscheinlichkeit, dass Zahl kommt 50 Prozent beträgt. Das Produkt aus Wahrscheinlichkeit (50 Prozent) mal Nutzen (zehn Euro) ist höher; es stehen fünf Euro (= 0,5 × 10) im Vergleich zum Einsatz von vier Euro.

Betrachten wir aber obige Alternativen. Fall eins: Alternative a) tritt mit 100-prozentiger Sicherheit ein und zieht einen Gewinn von 50 Euro nach sich. 100 Prozent (= 1,0) × 50 ergibt 50. Alternative b) tritt mit 50-prozentiger Wahrscheinlichkeit ein und zieht einen Gewinn von 100 Euro nach sich. 50 Prozent (= 0,5) × 100 ergibt 50. Es ist also, was den *Erwartungswert* betrifft, völlig egal, ob Sie sich für a) oder b) entscheiden. Die Majorität entscheidet sich trotzdem für a). Auch in Fall zwei kommen dieselben Resultate heraus. Der *Erwartungswert* beträgt 50 für a) und 50 für b). Trotzdem entscheidet sich die große Mehrheit für b), weil wir eher dazu neigen, um Verluste einen Bogen zu machen, als einen Haken in Richtung Gewinn zu schlagen.

Was ist an alldem neu? Im Sinne von Bernoulli ist man in der Ökonomie bis in die 1980er-Jahre davon ausgegangen, dass 50 Euro Gewinn und 50 Euro Verlust wertmäßig dasselbe sind.[135] Das stimmt zwar in puncto Zahlenlogik, aber nicht in puncto Psychologik. Entdeckt und erforscht wurde die menschliche *Verlustaversion* von den aus Israel stammenden Psychologen Daniel Kahneman und Amos Tversky (1937–1996). Beide begründeten die sogenannte *Neue Erwartungstheorie,* wofür Kahneman 2002 den Nobelpreis für Ökonomie bekam. Amos Tversky war zu diesem Zeitpunkt bereits verstorben. Eine ihrer bahnbrechenden Arbeiten zählt heute zu den am häufigsten zitierten in den Sozial- und Wirtschaftswissenschaften.[136] Mit ihrem Aufsatz haben Sie eine neue Forschungsdisziplin etabliert, die Verhaltensökonomie genannt wird.[137] Ihr Ziel ist es, den Mythos der Rationalität menschlicher Entscheidungen zu hinterfragen beziehungsweise zu widerlegen.

Die irrationale *Verlustaversion* hat aber durchaus ihre Meriten, denn im Licht einer weiteren historischen Betrachtung erscheint sie durchaus rational.[138] Schauen wir uns das am Beispiel einer sehr frühen Zivilisationsstufe der Menschheit an. Die !Kung San sind eine der letzten heute noch existierenden Jäger- und Sammlerkulturen auf unserem Planeten.[139] Sie leben im Grenzgebiet zwischen Botswana, Namibia und Südafrika. Da sie keine unmittelbare Tötungstechnik kennen, betreiben sie »Erschöpfungsjagd«. Dazu tragen sie auf ihren Pfeilen das lähmende Gift der Diamphidia-Larven auf. Das verlangsamt die getroffene Beute, bis sie, oft nach vielen Kilometern Verfolgungsjagd, zusammenbricht und leicht mit einem Speer erlegt werden kann. Erstaunlich an den !Kung San ist nicht nur ihre Fähigkeit, Tiere und ihre Bewegungen, auch ohne Sichtkontakt, über viele Kilometer hinweg wahrnehmen zu können, sondern ihr Umgang mit Besitz: »Sie sind regelrecht davon besessen, Fleisch loszuwerden, schon deshalb, weil man es nicht konservieren kann. ›Nur der unerfolgreiche Jäger hat noch Fleisch!‹ lautet eine !Kung-Weisheit.«[140]

In Jäger- und Sammlerkulturen, die bis vor 8000 Jahren vor unserer Zeitrechnung verbreitet waren, gab es kein Verrechnungskonto für Gewinne und Verluste, also kein Sowohl-als-auch, sondern nur ein erbarmungsloses Entweder-oder. Überflüssige Nahrung verdarb rasch. »Gewinnanhäufung« auf dem Konto war also sinnlos. Indes: Keine Nahrung, also nichts auf dem Konto zu haben, bedeutete den sicheren Tod. Eine starke *Verlustaversion* war solcherart eine rationale und sinnvolle Überlebensstrategie.

Vom Jäger- und Sammlerdasein haben wir uns schon ziemlich weit entfernt, und die oben diskutierten Wettalternativen sind irgendwie an den theoretischen Haaren herbeigezogen. Lassen sich aber auch Experten auf ihrem jeweiligen Gebiet durch die *Verlustaversion* zu irrationalen Entscheidungen verleiten? Auch das wurde untersucht: Ärzte hatten ein neues Operationsverfahren zu bewerten (im Vergleich zu einem Standardverfahren). Die relative Günstigkeit war immer gleich, aber die Überlebensraten des neuen Verfahrens wurden auf zwei unterschiedliche Arten angegeben. Beispielsweise lautete sie im Fall a): »Die Ein-Monats-Überlebensrate des neuen Verfahrens liegt bei 90 Prozent.« Im Fall b) lautete sie: »Im ersten Monat beträgt die Sterblichkeitsrate des neuen Verfahrens zehn Prozent.« Beide Male lag also mit zehn Prozent dieselbe Todesrate vor. Dennoch entschieden sich 84 Prozent der Ärzte, die a) lasen, für das neue Verfahren, aber nur 50 Prozent der Ärzte, die b) lasen.[141] Fall a) definierte, sinnbildlich gesprochen, das Glas halb voll (90 Prozent überleben), Fall b) hingegen halb leer (zehn Prozent sterben).

Die *Verlustaversion* beeinflusst also auch »sachliche« Expertenurteile. Wie universell ist sie sonst? Je älter wir werden, desto ausgeprägter wird sie. Ein weiterer Befund zeigt, dass sie mit dem Bildungsgrad zunimmt. Unterschiede zwischen Frauen und Männern gibt es hingegen keine.[142]

Dreifach-Jackpots und Zockerlogiken

Diese Asymmetrie bei der Bewertung von potenziellen Gewinnen und Verlusten kann mit einer Grafik veranschaulicht werden. Daniel Kahneman schreibt dazu: »Wenn die Neue Erwartungstheorie eine Flagge hätte, wäre sie mit diesem Bild bemalt.«[143] Schauen wir uns Abbildung 4 genauer an. Auf der horizontalen x-Achse werden im Plusbereich »Gewinne« und im Minusbereich »Verluste« eingetragen. Die positive beziehungsweise negative psychologische Bewertung wird auf der vertikalen y-Achse abgebildet. Nehmen wir an, über einen Gewinn von 1.000 Euro freuen Sie sich zwei positive Werteinheiten auf der vertikalen y-Achse. Wie bewerteten Sie einen Verlust von 1.000 Euro? Mindestens doppelt so schwerwiegend. Also werden vier negative Werteinheiten auf der Vertikalen eingetragen. Was bedeuten in der Grafik die Kurve und ihr s-förmiger Verlauf? Damit wird die abnehmende Empfindlichkeit gegenüber einer Steigerung der Gewinne beziehungsweise Verluste ausgedrückt. Ein Phänomen, das unter dem sperrigen Begriff *abnehmender Grenzertrag* firmiert und fast zeitgleich Mitte des 19. Jahrhunderts in England, der Schweiz, Österreich und Deutschland entdeckt worden ist.

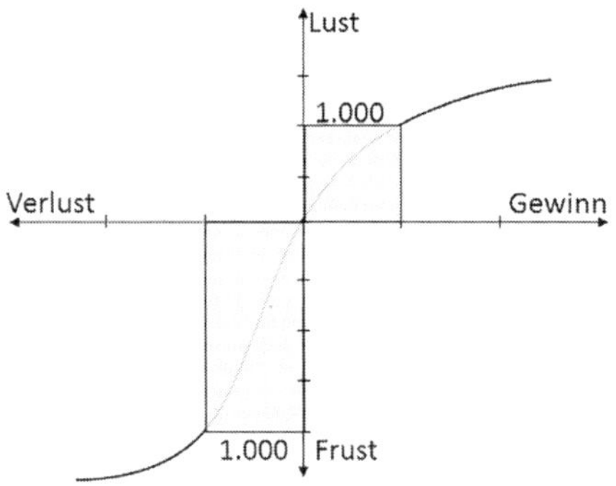

Abbildung 4: Subjektive Bewertung von Gewinnen und Verlusten

Hermann Heinrich Gossen (1810–1858), ein preußisch-königlicher Jurist und Mitbegründer dieser Schule, bringt den Grundgedanken folgendermaßen auf den Punkt: »Die Größe eines und desselben Genusses nimmt, wenn wir mit Bereitung des Genusses ununterbrochen fortfahren, fortwährend ab, bis zuletzt Sättigung eintritt.«[144] Wer kennt das nicht? Sie sind hungrig und entscheiden sich für das große McDonald's-Menü. Der erste Bissen vom Big Mac, dazu krosse Pommes mit einem Schluck eiskalter Cola im Gaumen zermahlen, dann hinuntergeschluckt. Bei entsprechendem Appetit kann das ein Genuss sein. Aber je voller der Magen wird, desto weniger Freude bereitet der nächste Bissen, und am Ende des »Festmahls« möchte man die letzten, mittlerweile kalt gewordenen Rest-Pommes nicht einmal mehr in den Mund stecken. Ab in den Mülleimer damit.

Spinnen wir diesen Gedanken weiter. Sie hatten durch Fügungen des Schicksals Fortüne. Es wurde zwar kein Lotto-Sechser, aber mit Ihrem 700.000-Euro-Joker-Gewinn kaufen Sie eine komfortable Wohnung, ein schickes Auto, machen einen Südseeurlaub und legen noch einiges beiseite. Es geht Ihnen weitaus besser als zuvor, und Sie sind mit sich und der Welt zufrieden. Nehmen wir nun an, Sie haben nicht drauflosgeraten beim Ausfüllen Ihres Lottoscheins, sondern haben zuvor Frau Tamara aufgesucht, die für Sie Tarotkarten gelegt hat. Ihr Medium ist auf eine spezielle Konstellation aus Narr, Magier, Hierophant und anderen schicksalsträchtigen Kartenfiguren gestoßen und hat den Dreifach-Jackpot vorausgesagt. Ob Sie dann 40, 41, 55 oder 56 Millionen auf Ihrem Konto haben, ist für Ihr Glücksgefühl völlig belanglos. Lustkurven verflachen, so viel ist klar, und steigen nicht linear mit den Werten auf der horizontalen x-Achse. Zusätzlich ist die s-Kurve nicht symmetrisch. Links geht es steiler abwärts, als es rechts aufwärtsgeht. Das ist auf die beschriebene *Verlustaversion* zurückzuführen.

Deutlich dramatischer als ein paar weggeworfene Pommes frites wegen des abnehmenden Grenzertrags können die Auswirkungen desselben Effekts in der Verlustzone sein (= *abnehmende Grenzverluste*). Bildlich gesprochen: Ob es regnet oder schüttet, macht für das romantische Picknick im Freien keinen großen Unterschied mehr. Dieser Effekt kann aber eine eskalierende Pleite-Psychologie zur Folge haben, die Menschen, ja ganze Unternehmen finanziell ausbluten lässt. Angenommen

Sie haben gerade im Casino 1.000 Euro verloren. Das tut weh. Jetzt setzen Sie alles auf eine Karte und Ihre letzten 100 Euro auf ihre Lieblingszahl. Käme diese Zahl, gingen Sie als strahlender Sieger und mit einem Gewinn von 2.600 Euro vom Platz (3.600 minus 1.000 Euro). Aber ob Sie den Heimweg mit einem Minus von 1.100 oder 1.000 Euro antreten, ist ziemlich egal. Mit dem relativ kleinen Zusatzrisiko können Sie in puncto Psychologik Ihre Verlustpein aus der Welt räumen. In Bezug auf Zahlenlogik ist das allerdings Selbstmord auf Raten.

Nicht nur Spieler zocken. Auch Unternehmen schlittern auf diese Art in Riesenpleiten hinein.[145] Stellen wir uns eine Überflieger-Bank vor, die rasch expandiert. Zu leichtfertig finanziert sie, sagen wir in Crikvenica in Kroatien, luxuriöse Ferienvillen, Wohnungen und Hotels. Das Ganze wird ein Flop. Mehrere Hundert Millionen stehen auf dem Spiel. Ein zusätzlicher Jachthafen und ein Golfplatz würden die erhofften Touristen anlocken. Der neue Finanzbedarf im Vergleich zum bisherigen: ein Pappenstiel, zumindest in puncto Psychologik. Aber wieder wird nichts draus. Jetzt geht es um Sein oder Nichtsein. Eine Autobahn wäre die Rettung. Der neue Finanzbedarf im Vergleich zum bisherigen: in puncto Zahlenlogik zwar kein Pappenstiel, aber in puncto Psychologik eine Frage des Alles-oder-Nichts-Überlebens. Das kann man munter fortspinnen.

Weitaus weniger dramatisch wirkt sich das in Ihrem Alltagsleben wie folgt aus: Sie haben ein Ticket für ein Fußballmatch und dafür 40 Euro hingelegt. Der Verkehrsfunk meldet umfangreiche Staus. Hätten Sie das Ticket geschenkt bekommen, wären Sie zu Hause geblieben. So schlucken Sie heroisch die Stauunpässlichkeit, um die 40 Euro nicht einzubüßen.[146]

Dramatisch wird es für Ihre Geldbörse wiederum dann, wenn Ihr Vermögen auf dem Spiel steht. Wann werfen Sie einen Blick auf die Kurse Ihrer Aktien? Studien zeigen, dass

Ihr Verlangen, Informationen über die eigenen Wertpapiere einzuholen, davon bestimmt wird, sich gute Gefühle zu verschaffen. Entwickelt sich der Markt positiv, schauen Sie nach und führen sich eine Portion guter Nachrichten zu. Zeigen die Werte nach unten, stecken Sie Ihren Kopf in den Sand. Eigentlich sollten Sie genau das Gegenteil tun.[147]

Die Lust-/Frustbilanz des Brautpaares

Jetzt sind wir in der Lage, die Lust- / Frustbilanz des Brautpaares unter die Lupe zu nehmen (Abbildung 5). Den Geschenken von 10.000 Euro für die Hochzeitstafel plus den 10.000 Euro für die Hausstandsgründung, steht ein Verlust von 20.000 Euro gegenüber (Stipendienentzug 10.000 Euro und Autowegnahme 10.000 Euro). Obwohl sich Geben und Nehmen also wertmäßig die Waage halten, erlebt das Paar aufgrund der *Verlustaversion* die Entbehrungen mindestens doppelt so schmerzhaft wie die Freude durch die elterlichen Hochzeitsgaben.

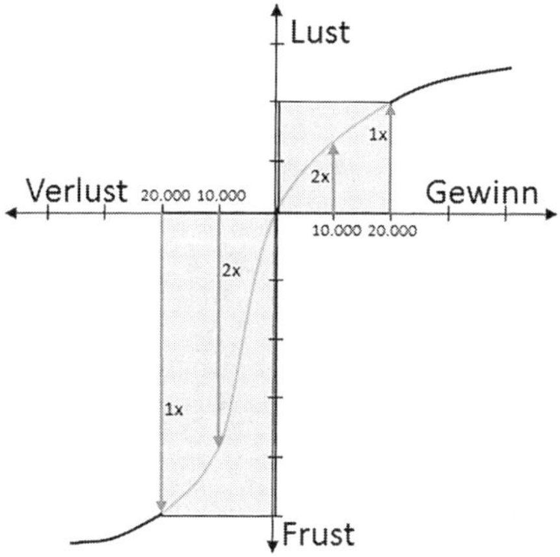

Abbildung 5: Lust-/Frustbilanz des Brautpaares

Aber nicht nur das. Das einmalige Geschenkpaket von 20.000 Euro (für die Hochzeitstafel 10.000 Euro plus der Aussteuer von 10.000 Euro) wird aufgrund der *abnehmenden Grenzerträge* als weniger attraktiv empfunden als ein getrenntes Geschenk von a) Hochzeitstafel heute und b) der Aussteuer morgen. Schauen Sie sich dazu die unterschiedlich langen Luststrecken an, und zwar 1 × 20.000 oder 2 × 10.000. Natürlich müssen Sie den Lustpfeil für 10.000 Euro zweimal rechnen beziehungsweise längenmäßig verdoppeln.

In der Verlustzone wäre das Gegenteil der Fall gewesen. Der einmalige Verlust von Stipendienentzug plus Autowegnahme in der Höhe von 20.000 Euro wäre zwar ein harter Realitätsschock gewesen, aber hätte im Endeffekt weniger wehgetan als ein Stipendienverlust von 10.000 Euro im ersten Schritt plus dem späteren Autoentzug im Wert von 10.000 Euro. Schauen Sie sich dazu wiederum die unterschiedlichen langen Fruststrecken an, und zwar 1 × 20.000 oder 2 × 10.000. Erneut müssen Sie den Frustpfeil für 10.000 Euro zweimal rechnen beziehungsweise längenmäßig verdoppeln.

Da, kurz gesagt, der Frust beim Minus größer ist als die Lust beim Plus und eine Vervielfachung sowohl von Plus als auch Minus nicht im selben Ausmaß zur Steigerung von Lust beziehungsweise Frust führt, gilt Folgendes:

1. Wegnehmen: Alles auf einmal! Auch wenn unangenehme Wider- und Aufstände zu erwarten sind.
2. Geben, Wohltaten, Streicheleinheiten hingegen in homöopathischen Dosen seriell verabreichen!

Diese Weisheit hat übrigens schon circa 500 Jahre vor den empirisch fundierten Erkenntnissen der *Neuen Erwartungstheorie* der florentinische Philosoph und Diplomat Niccolò Machiavelli

(1469–1527) in seinem Traktat *Der Fürst* (*Il Principe*) erwähnt. Darin analysiert er haarscharf und skrupellos, wie ein Herrscher Macht erwirbt, erhält und steigert. Dort heißt es im achten Kapitel: »Gewalttaten muss man alle auf einmal begehen, damit sie weniger empfunden werden und dadurch weniger erbittern. Wohltaten dagegen muss man nach und nach erweisen, damit sie nachhaltiger wirken.«[148]

Angenommen die rasch expandierende Überflieger-Bank aus unserem Beispiel ist in wirtschaftliche Schwierigkeiten geraten. Das Filialnetz ist zu dicht, das Zinsniveau lässt Margen schmelzen und die Internetkonkurrenz nimmt zu. Kernkapitalquote und Liquidität sind prekär. Sie sind als Sanierungsexperte geheuert und haben ein hartes Cost-Cutting-Programm umzusetzen. Möglichst schonend und Step-by-Step, so Ihr Aufsichtsrat, sollen Sie in den nächsten drei Jahren die Personalkosten um ein Drittel kürzen. Jedes Jahr minus zehn Prozent, das müsste sich ohne allzu großen Aufruhr umsetzen lassen. Jahr eins: Schließung wenig rentabler Filialen, Abbau älterer Mitarbeiter, Freizeitausgleich bei Überstunden. Jahr zwei: Bonuskürzungen, Zurücknahme freiwilliger Sozialleistungen, Performance-based Pay statt Fixlöhne. Jahr drei: Personalabbau in der Kundenberatung und im Backoffice, Kompensation durch Leih- und Zeitarbeit, Outsourcing.

Dieser Dreijahresplan wird zum Rohrkrepierer: innere und faktische Kündigungen, Absentismus, Grabenkämpfe allerorten. Frustorgien, wohin man schaut. Im ersten Jahr schluckt die Belegschaftsvertretung noch widerwillig die Maßnahmen. Ab dann legt sie sich quer. Permanente Kampfsitzungen mit Streikdrohungen. Jede Maßnahme, die Sie setzen, nichts weiter als Verschlimmbesserungen.

Niccolò Machiavelli und der *Neuen Erwartungstheorie* zufolge wäre stattdessen im ersten Jahr ein großer, äußerst schmerzhafter Paukenschlag sinnvoller gewesen. Für alle, die das noch nicht ganz nachvollziehen können, hier zum Abschluss ein finanziell überschaubareres Szenario: Sie erhalten einen Brief vom Finanzamt: a) Eine Nachzahlung von 3.500 Euro steht an. Zwei Wochen später kommt ein zweiter Brief. Berechnungsfehler: Die Nachzahlung beträgt 5.500 Euro. b) Sie erhalten direkt das Schreiben über die Nachzahlung von 5.500 Euro. Was wäre emotional insgesamt leichter zu verdauen?

6.2 Verlustabneigung: Anwendung und Selbstschutz

Sie haben sich vor über zwei Jahren eine noble Finca-Rustica-Kommode für Ihr Wohnzimmer geleistet. Erstanden in einem piekfeinen Design-Shop in der City. Schon damals war klar, Ihr IKEA Solsta-Zweier-Bettsofa mit karibikblauer Riffeloptik passt dazu weder farblich noch stilistisch. Wenn Besuch gekommen ist, haben Sie sich daher stets mit einem honiggelben Sofaüberwurf beholfen. Mit Ihrem Mann sind Sie sich einig, dass ein honiggelbes Ledersofa die perfekte harmonische Ergänzung ergäbe. Gemeinsam werden Sie auch fündig. Ein im gehobenen Preissegment angesiedeltes Sofa von Machalke, ja, das wär's! Allerdings steht eine Kinderparty ins Haus. Daher machen Sie noch einen Kurzeinkauf bei IKEA. Dort sticht Ihnen das Vallentuna-Dreier-Leder-Ecksitzelement mit ähnlichen Features ins Auge. Ausgestellt ist es in Olivgrau, aber die Muster zeigen, dass es auch in Honiggelb zu haben ist. Doch leider haben Sie Pech: Honiggelb wird zurzeit nicht produziert. Eigentlich sind Sie froh. Jetzt ist der geplante Kauf eines Machalke-Sofas fast schon alternativlos. Allerdings gibt die feinfühlige IKEA-Design-Beraterin noch nicht auf: »Probieren Sie es doch mit Ockerbraun. Farblich ist da fast kein

Unterschied. Und vor allem: Sie haben ein unbegrenztes Rückgaberecht. Sollte es wirklich nicht passen, nehmen wir das Sofa jederzeit problemlos zurück!«

Seit drei Monaten steht nun das ockerbraune Vallentuna-Sofa in Ihrem Wohnzimmer. Zunächst waren Sie von Ihrem Kauf wenig überzeugt. Aber in letzter Zeit legen Sie immer seltener den honiggelben Sofaüberwurf darüber. Zudem rechnen Sie sich innerlich immer wieder vor, um wie viel die Machalke-Alternative teurer gewesen wäre. Um das ersparte Geld leisten Sie sich stattdessen einen Beistelltisch mit Kupferplatte, der perfekt zur Finca-Rustica-Kommode passt. Irgendwann wundern Sie sich selbst, warum Sie Ockerbraun nicht von vornherein im Sinn gehabt haben, ergibt doch der neue, handgeknüpfte IKEA Hamadan-Wollteppich wegen seiner satten Rottöne mit der restlichen Inneneinrichtung einen echten Interieur-Knaller.

Viel besser, nie zu besitzen, als zu verlieren

IKEA Deutschland hat 2016 das unbegrenzte Rückgaberecht zurückgenommen, und zwar von grenzenlos zu einer Einjahresfrist.[149] Als Grund ist angegeben worden, dass kein Bedarf für eine derartig lange Frist gegeben sei, weil in 90 Prozent aller Fälle die Waren innerhalb von zwei bis drei Monaten zurückgebracht werden. Wie konnten die Schweden je so mutig sein und ein grenzenloses Rückgaberecht anbieten? Das hängt mit dem sogenannten *Besitzeffekt* zusammen, der wiederum seine Ursache in der *Verlustaversion* hat.[150] Wenn wir ein Gut besitzen, wird das Leben mit diesem Besitzstück zur »Baseline«. Müssen wir das Gut abgeben, erleben wir das somit als schmerzlichen Verlust. Sobald das Sofa in den eigenen vier Wänden steht, können wir uns immer schwerer von ihm trennen, selbst dann nicht, wenn wir Zweifel haben, ob es wirklich gut in die Wohnung passt. Für IKEA wiegt das Umsatzplus aufgrund der Sicherheit des Rückgaberechtes weitaus mehr als die Kosten, die es verursacht.

Wie wirkmächtig ist der *Besitzeffekt?* Eine einschlägige Studie ging folgendermaßen vor: Studierende hatten einen langweiligen Fragebogen auszufüllen und bekamen dafür eine Kaffeetasse. Kurz danach bot man ihnen eine Alternative an, und zwar gleichwertige Schokoriegel. 90 Prozent behielten die Kaffeetasse. Eine andere Gruppe bekam zuerst die Schokoriegel und dann als Alternative die Kaffeetasse angeboten. 90 Prozent behielten die Schokoriegel. Kommilitonen, denen die Wahl zwischen beiden gelassen wurde, entschieden sich zu 56 Prozent für die Tasse und zu 44 Prozent für die Süßigkeit. Daraus lässt sich ableiten, dass Präferenz und Wertschätzung für Schokolade oder Kaffeetassen sehr davon abhängen, ob einem das jeweilige Objekt schon gehört oder nicht.[151]

Lieber die bekannte Hölle als der unbekannte Himmel

Dieser Effekt führt unter anderem dazu, dass Verkäufer – ganz ohne bewusste Raffgier – den Wert ihrer Immobilien überschätzen. Sie erleben schlichtweg den Verkauf als Verlust. Immobilien kaufen Sie daher aus psychologischer Sicht am günstigsten von einer Bank, beispielsweise aus einer Konkursmasse, und nicht vom Vorbesitzer. Die Wertvorstellungen von Verkäufern und Käufern liegen für gewöhnlich weit auseinander. Wie weit, das zeigt folgende Studie: Testpersonen bekamen für ihre Dienste eine Kaffeetasse im Wert von sechs Dollar. Als man sie fragte, was sie bei einem Verkauf dafür verlangen würden, betrug der genannte Durchschnittspreis 7,12 Dollar (= *Besitzeffekt*). Andere Versuchspersonen konnten zwischen verschiedenen Geldmengen oder einer Kaffeetasse im Wert von sechs Dollar wählen. Bis zu 3,12 Dollar entschieden sie sich für die Kaffeetasse. Ab diesem Wert war ihnen das Geld lieber. Für sich genommen war ihnen also die Kaffeetasse nicht viel wert. Aber sobald Versuchspersonen die Tasse besaßen, waren sie nicht einmal mit sechs Dollar zufrieden. Fragte man hingegen Käufer, was sie für die Tasse zu zahlen bereit wären, gaben sie 2,87 Dollar an. Die Preisdifferenz zwischen Verkäufer und Käufer war also enorm und betrug 4,25 Dollar. Verkäufer wollten also fast das 2,5-Fache dessen (denken Sie an die Stärke der Verlustaversion!), was Käufer zu zahlen bereit waren.[152]

Hier noch ein Befund zum *Besitzeffekt*, der auf einen besonders kreativen Kopf der *Verhaltensökonomie*, den US-amerikanisch-israelischen Psychologen Dan Ariely, zurückgeht. Wegen eines Unfalls hat er in seiner Jugend Hautverbrennungen dritten Grades erlitten. Diese traumatische Erfahrung hat seine spätere Forschung maßgeblich beeinflusst,[153] denn er denkt sich immer wieder außerordentliche, jenseits des Mainstreams angesiedelte Experimente aus. Den *Besitzeffekt* hat er bei Basketballfans in den USA getestet. Tickets sind häufig rar. Regelmäßig gehen Anstehende leer aus. Typisch für Ariely: Er und sein Team haben sich vor einem Match als Schwarzhändler ausgegeben. Ticketbesitzer haben für ihre Karten im Schnitt 2.411 Dollar verlangt, während potenzielle Käufer dafür nicht mehr als 166 Dollar zu zahlen bereit gewesen sind.[154] Das ist ein eklatanter Unterschied. Offensichtlich bewegen sich beide Gruppen in unterschiedlichen Referenzsystemen. Inhaber haben die Bedeutung des Spiels und das damit verbundene Erlebnis überschätzt. Hingegen haben Nachfrager den Preis mit Ausgaben für andere Freizeitvergnügen verglichen.

Jetzt wird klar, warum die Deutschen ihre 24 Tage Urlaubsanspruch niemals gegen nur 14 Tage Urlaubsanspruch der

US-Amerikaner bei entsprechendem Lohnausgleich beziehungsweise, vice versa, die US-Amerikaner das entsprechende Mehr an Einkommen niemals gegen zwei Wochen Mehrurlaub eintauschen würden.

Das ist auch in der Diskussion um soziale Gerechtigkeit einer der Gründe, weshalb Umverteilung von oben nach unten politisch nicht durchsetzbar scheint. Thomas Piketty, ein Professor an der Pariser School of Economics, hat ein viel beachtetes Buch veröffentlicht. Sein Befund: In den vergangenen 300 Jahren wuchs die Wirtschaft, inflationsbereinigt, um 1 bis 1,5 Prozent pro Jahr. Hingegen wuchs das Vermögen, also zum Beispiel Geldkapital, Wohnungen, Grundstücke, Wertpapiere, im Schnitt um vier bis fünf Prozent per anno. Die Reichen wurden also schneller reich, als die Armen vom allgemeinen Wachstum profitierten. Zwar stieg der allgemeine Wohlstand durch das Wachstum, aber die Schere zwischen oben und unten ging und geht wegen der Diskrepanz in den Zuwächsen unweigerlich immer weiter auseinander.[155]

Die zehn Prozent der Wohlhabendsten besitzen in den USA 70 Prozent des Vermögens. Die unteren 50 Prozent der Ärmsten nur fünf Prozent. In Europa ist das nicht viel anders. Hier freuen sich die oberen zehn Prozent über 60 Prozent des Vermögens. Für die 50 Prozent der weniger Saturierten sind auch in Europa nur fünf Prozent drin. Da wie dort besitzt also die halbe Bevölkerung außer einem geleasten Auto, einem IKEA-Regal, einem Fernsehapparat und einem Kühlschrank praktisch nichts.[156]

Nicht wenige empfinden diese Ungleichheit als höchst problematisch. Andererseits ist die Aufteilung von Vermögen, zumindest in Demokratien, sakrosankt: Wer ein bestimmtes Konsumniveau, Einkommen, Vermögen erreicht hat, betrachtet das als unumstößlichen Besitzstand. Umverteilung von oben nach unten mag einem grundsätzlich durchaus sinnvoll erscheinen. Aber spätestens wenn man als (noch) nicht ganz unten Rangierender das Gefühl hat, man könnte auch selbst betroffen sein, sorgen *Verlustaversion* und *Besitzeffekt* dafür, dass man sich doch lieber mit dem reichsten Prozent der Weltbevölkerung solidarisiert und für die Fortschreibung des Status quo votiert. Die allermeisten von uns gehören finanziell zu den Donald Ducks dieser Welt. Die Donalds sind Verlierer in einem System, das sie gleichzeitig selber am Laufen halten. Gleichzeitig identifizieren sie sich lieber mit den wenigen Dagoberts dieser Welt – auch wenn diese ironischerweise mit Taufnamen Donald heißen – und wählen einen solchen noch dazu zu ihrem Präsidenten. Polemisch und überspitzt formuliert ist das so, als kürten die ihres Bauern überdrüssigen Mastschweine einen Metzger zum Chef – ein Chef, der aber lieber auserwählt als bloß gewählt hätte werden wollen.

Haben Deutsche im Vergleich zu Österreichern weniger Mitgefühl?

Deutsche sind im Vergleich zu Österreichern egoistisch und asozial, zumindest nach ihrem Tod. Worauf beruht diese scheinbar ebenso verwegene wie sinnlose Behauptung? Herr und Frau Österreicher spenden nach ihrem irreversiblen Hirntod in 99,9 Prozent der Fälle ihr Herz und retten damit das Leben anderer. Bei den Deutschen sind es nur zwölf Prozent. Nicht anders ist es bei Lungen, Bauchspeicheldrüsen oder Dünndärmen.[157] Wie ist dieser Altruismus der Österreicher im Vergleich zum »Post-mortem-Egoismus« der Deutschen zu erklären?

Das hängt mit einer Spielart des *Besitzeffekts* zusammen, dem sogenannten *Status-quo-Bias*.[158] Wir Menschen hängen nicht nur in puncto persönlicher Besitz am Status quo, sondern generell.

Das österreichische Recht geht von einer automatischen Zustimmung einer Organspende aus, solange Betroffene nicht explizit widersprechen. Statt dieser Widerspruchsregel (»Opt-out«) gibt es in Deutschland die Zustimmungsregel (»Opt-in«). Deutsche müssen sich ausdrücklich zu einer Organspende bekennen. Dänen, Niederländer oder Briten verhalten sich so wie die Deutschen. Auch dort gilt die »Opt-in-Regel«. Franzosen, Polen oder Ungarn verhalten sich so wie die Österreicher. Kleine Ursachen haben also unter Umständen eine große Wirkung.

Ein anderes Beispiel für das Status-quo-Bias ist Markentreue, sofern sie nicht auf echter Überzeugung oder Identifikation mit dem Produkt beruht. Den Energie- oder Mobilfunkanbieter zu wechseln, ist heute zumeist ohne nennenswerten Aufwand möglich, aber vergleichsweise wenige Personen machen davon Gebrauch. Auch die Entscheidung, das schnelle Abendessen nach dem langen Bürotag beim selben Lieferdienst zu bestellen wie immer, den Urlaub am selben Ort wie in den letzten fünf Jahren zu verbringen oder beim neuen Kühlschrank wieder der gleichen Marke den Vorzug zu geben, fußt vermutlich nicht auf einer umfassenden Recherche, Analyse und Bewertung aller verfügbaren Optionen. Vielmehr manifestiert sich hier wohl ein mittlerweile beinahe 50 Jahre alter Werbeslogan, der das Status-quo-Bias in sechs Worten beschreibt: »Da weiß man, was man hat.«

Plastikgeld macht verschwenderisch und spendabel

In der Diskussion um den Fortbestand oder die etwaige Abschaffung des Bargelds geht es meist um Privatsphäre, das Ausmaß der Abhängigkeit von (Noten-)Banken, die Bekämpfung von Schattenwirtschaft oder die Durchsetzung von Negativzinsen. Eine andere Konsequenz von bargeldlosen Zahlungsformen wird dabei allerdings ausgeblendet. Sie »schützen« uns vor einem Phänomen, das *Pain of Paying* oder *Zahlungsschmerz* genannt wird[159] – und verführen uns damit unter Umständen zu höheren Ausgaben.

Es tut weh, an der Tankstelle in die Börse zu greifen und fürs Volltanken sechs Zehneuroscheine hinzublättern. Lauter kleine Nadelstiche! Deutlich leichter fällt uns da der Griff zur Bankomat- oder Kreditkarte. Am Ende des Monats wird alles zusammengerechnet und dann schlägt die Stunde der *abnehmenden Grenzverluste:* Kumuliert haben Sie im letzten Monat via Kreditkarte 1.500 Euro ausgegeben. Tut weh. Aber eben nur einmal. Wie viel mehr Überwindung würde es kosten, 150-mal in die Tasche zu greifen und jedes Mal zehn Euro auf den Tisch zu legen?

Die Digitalanzeige an der Zapfsäule lässt Sie wenigstens mitverfolgen, wie Ihre sauer verdienten Euros nur so in den Tank hineinrinnen. Beim Strom können Sie das nicht, da gibt es eine Jahresabrechnung. Wie viel sparsamer gingen Sie mit Energie um, gäbe es in Ihrer Wohnung viele kleine Geldeinwurfschlitze, die bei jedem Verbrauch mit Euromünzen gefüttert werden müssten?

Wie groß ist dieser Effekt? Forscher simulierten eine Ticketversteigerung für ein Spiel der Boston Celtics, einer der erfolgreichsten US-amerikanischen Profi-Basketballmannschaften. Kreditkartenzahler gaben hierbei fast doppelt so viel aus wie Barzahler. Die Autoren betitelten ihren Beitrag daher unter Anspielung auf einen bekannten Werbeslogan einer Kreditkartenfirma mit der Empfehlung: »Always leave home without it.«[160] In einer anderen Studie wurden Personen, die gerade Bücher kauften, bezüglich ihrer Ausgaben interviewt. Zwei Drittel der Barzahler erinnert sich an die Ausgabensumme. Bei den Kreditkartenzahlern war es bloß ein Drittel. Dazu kommt: Die restlichen zwei Drittel unterschätzten ihre Ausgaben beziehungsweise konnten sich an sie überhaupt nicht mehr erinnern.[161]

Weitere Befunde gefällig? Interviews mit über 2000 Konsumenten haben gezeigt, dass Kreditkartenzahler weitaus mehr zu ungeplanten Ausgaben neigen als Barzahler.[162] Aber nicht nur das: Alleine die Wahrnehmung eines Kreditkartenlogos verändert unser Verhalten. Sehen wir beispielsweise im Restaurant ein *American Express*-Logo, geben wir um fast fünf Prozent mehr Trinkgeld, als wenn wir ein derartiges Logo nicht zu Gesicht bekommen.[163] Kauf- und Spendenentscheidungen dauern nur etwas mehr als halb so lang, wenn wir ein Kreditkartenlogo wahrnehmen, nämlich 6,7 statt zwölf Sekunden.[164]

Zahlungsschmerzen veranlassen uns aber noch zu weitaus absurderen Handlungen, denn wenn wir mit Münzen zahlen, sind wir bereit, für ein und dasselbe Gut mehr auszugeben als mit Banknoten. Beispielsweise für ein Angebot an Kugelschreibern und Bleistiften um 55 Prozent mehr (11,33 statt 7,27 Dollar) oder für Kaffeetassen um rund 30 Prozent mehr (8,27 statt 5,87 Dollar).[165] Warum ist das so? Münzen stehen für kleine Ausgaben, Papiergeld für große. Münzen bauen also im Vergleich zu Papiergeld die *Verlustaversion* und den *Zahlungsschmerz* ab.

Versicherungen und Lotto

Versuchen Sie sich in folgende Lage zu versetzen: Sie sind in einer Fernsehshow. Der Moderator stellt Sie vor folgende Alternativen: a) Sie gewinnen mit einer Wahrscheinlichkeit von einem Prozent 10.000 Euro, oder b) Sie bekommen sofort 110 Euro bar auf die Hand. Viele würden in diesem Fall gambeln. Zehn Tausender, auch wenn die Gewinnwahrscheinlichkeit sehr klein ist, erscheinen weitaus verlockender als schnöde 110 Euro. Auch die Forschung zeigt, dass in diesem Fall den meisten die Taube auf dem Dach lieber ist als der Spatz in der Hand.[166] Der Riesenkontrast und die Unfähigkeit, Wahrscheinlichkeiten einzuschätzen, macht uns zu Hasardeuren.

Jetzt drehen wir den Spieß um – und zwar von Gewinn auf Verlust. Sie wohnen in einer Hochwassergegend. Wer fürchtet sich nicht vor Klimaerwärmung und Wetterkapriolen. Ihr Versicherungsberater rechnet Ihnen vor, dass das jährliche Überschwemmungsrisiko in Ihrer Gegend ein Prozent beträgt. Im Falle eines Hochwassers kommt er, nach Begutachtung Ihres Kellers, zu einer potenziellen Schadenssumme von 10.000 Euro. Ihr Blutdruck steigt. Aber dann legt er Ihnen ein beruhigendes Angebot vor: Um nur 110 Euro pro Jahr wären alle Wasserschäden abgedeckt. Sind Sie zuvor ein Hasardeur gewesen, agieren Sie jetzt als Hasenpfote. Zumindest ist das bei den meisten Menschen so der Fall.[167] Auch diejenigen, denen zuvor die Ein-Prozent-Chance viel zu gering gewesen ist, werden ziemlich sicher die Versicherung abschließen, denn was sind schon 110 Euro gegen das Risiko einer Überschwemmung. *Verlustaversion, Besitzeffekt* und das menschliche Unvermögen, Wahrscheinlichkeiten richtig einzuschätzen, machen das Versicherungsbusiness zu einer höchst profitablen Angelegenheit.

Wir erinnern uns: Daniel Bernoulli hat proklamiert, dass Menschen rational entscheiden, wenn sie Eintrittswahrscheinlichkeit und Nutzen multiplizieren (= *Erwartungswert*). Der Homo sapiens ist allerdings im Umgang mit Wahrscheinlichkeiten ziemlich doof. Machen wir die Probe aufs Exempel: 2010 sind auf der Welt insgesamt 52,77 Millionen Menschen (144 500 Menschen pro Tag) gestorben. Schätzen Sie die Summe der täglichen Toten, die erstens durch Krieg, zweitens durch Hunger und drittens durch Naturkatastrophen verursacht werden. Nun stellen Sie sich folgende Frage: Um wie viele

Menschen sterben jährlich mehr durch Krieg, Hunger und Naturkatastrophen als im Straßenverkehr?

Die Majorität von uns nimmt an, dass mehr Menschen durch Krieg, Hunger und Naturkatastrophen sterben, und zwar viel mehr (bis zum 100-Fachen). In Wahrheit ist es umgekehrt. Täglich sterben im Durchschnitt 3643 Personen im Straßenverkehr. Das sind um 1185 Personen oder fast die Hälfte mehr, als durch Krieg, Hunger und Naturkatastrophen pro Tag umkommen.[168]

Dieses Fehlurteil, dem wahrscheinlich auch Sie unterlegen sind, hat zwei Ursachen. Zum einen den sogenannten »Alarmismus«. Der liegt nach dem Zukunftsforscher Matthias Horx dann vor, wenn »Zukunftsängste epidemieartig in weiten Bevölkerungskreisen grassieren« und Gefahren »symbolisch überhöht und auf ein vereinfachtes, eben katastrophisches Modell reduziert« werden.[169] Auch dabei ist die *Verlustaversion* im Spiel, denn in einer Welt, wo Medien millionenfach um unsere Aufmerksamkeit buhlen, gilt die alte Redaktionsweisheit: »Only bad news are good news!« Negatives zieht mehr Aufmerksamkeit auf sich als Positives. Katastrophen beziehungsweise Negativereignisse jedweder Art aktivieren Verlustängste. Daher wird insbesondere von der Boulevardpresse jede harmlose Schweinegrippe zur Pandemie hochstilisiert und jeder Platz, an dem sich mehr als zwei Menschen aufhalten, zur Terrorfalle. Matthias Horx bringt das mit den Worten auf den Punkt: »Wir lassen am Ende nur noch die wirklich ›starken Signale‹ durch. Unterhalb des Weltuntergangs schalten wir den medialen Apparat erst gar nicht mehr ein.«[170]

Die andere Ursache dafür liegt in der sogenannten *Neglect of Probability*, also in der *Wahrscheinlichkeitsmissachtung*.[171] Menschen überschätzen sehr Unwahrscheinliches und unterschätzen sehr Wahrscheinliches. Die Befunde zeigen, dass wir Risiken eines Unfalls pro 100 000 Einwohner, eines Unfalls pro einer Million Einwohner oder eines Unfalls pro zehn Millionen Einwohner sowohl gedanklich als auch emotional vollkommen gleich einstufen. Genauso machen wir keinen Unterschied, ob die Eintrittswahrscheinlichkeit eines Risikos eins zu 650, eins zu 6300 oder eins zu 68000 beträgt.[172]

Wäre dem nicht so, würde niemand Lotto spielen. Beispielsweise beträgt die Gewinnwahrscheinlichkeit bei »6 aus 45« in Österreich eins zu acht Millionen (genau: 8145060). Auch das ist weder gedanklich noch emotional fassbar. Genauso könnte man sagen: eins zu 80000, eins zu 800000 oder eins zu 80 Millionen. Menschen genügt die Gewissheit, dass alle zwei, drei Wochen beispielsweise eine Wienerin oder ein Oberösterreicher gewinnt. Unser Denken und Fühlen funktioniert diesbezüglich binär, und zwar in einem Ja-/Nein-Modus: Gewinnen oder nicht gewinnen! Dazwischen liegt ein großes kognitiv-emotionales Niemandsland.

Sollten Sie wieder einmal einen Lottotipp riskieren, dann füllen Sie dieses Niemandsland mit konkreten Räumen. Stellen Sie sich zu diesem Zweck vor, Sie seien im Auto von Wien nach Salzburg unterwegs. Für die 300 Kilometer brauchen Sie nicht ganz vier Stunden. Irgendwo auf der Strecke geben Sie mit einem Jagdgewehr einen Schuss ab. Wie wahrscheinlich ist es, dass sie zufällig einen Stab mit einer Breite von 3,7 Zentimetern treffen, der irgendwo auf dieser Strecke steht? Genauso wahrscheinlich ist ein Lottogewinn in Österreich. Wie sieht es damit in Deutschland aus? Die Wahrscheinlichkeit, 6aus49 plus Superzahl zu gewinnen, ist so groß, wie auf der Wegstrecke zwischen München und Berlin mit einem zufälligen Schuss einen Stab mit 2,4 Zentimeter Breite zu treffen. Da helfen – seien Sie sich dessen sicher – nur noch die Tarot-Karten von Frau Tamara.

Beim Lotto gibt es zwar wenige, aber es gibt Gewinner. Tragisch wird das Phänomen der *Wahrscheinlichkeitmissachtung* dann, wenn es nur Verlierer gibt: 1995 wurde in der Boulevardpresse Großbritanniens davor gewarnt, dass die Minipille das Risiko für eine Thrombose verdopple (eine Steigerung um 100 Prozent). Weil daraufhin weniger Pillen eingenommen wurden, kam es zu 30000 zusätzlichen Abtreibungen. Was in den Zeitungen nicht stand, war die Tatsache, dass von 100000 Frauen nur fünf an Thrombose erkrankten. Die Einnahme der Pille erhöhte also die Zahl potenziell erkrankter Frauen bloß von fünf auf zehn Personen (bei 100000 Fällen). Es ist anzunehmen, dass die Abtreibungen weit mehr Schäden anrichteten als die Einnahme der Pille.[173]

Aber es gibt noch drastischere Beispiele: Zwölf Monate nach dem 11. September 2001 gab es alleine in den USA ein Mehr an rund 1600 unfallbedingten Todesfällen auf US-amerikanischen Straßen, weil aus Angst vorm Fliegen aufs Auto umgestiegen wurde.[174]

Giovanni Rossi spielt mit Ihnen russisches Roulette

Kehren wir zur Versicherungsbranche zurück. Nachdem sich hier augenscheinlich gutes Geld mit der Neigung der Leute zur Risikominimierung verdienen lässt, haben Sie auf Versicherungsmakler für betuchte Kunden und exotische Risiken umgesattelt. Leider goutiert Ihr Klient aus Sizilien die Zahlungsverweigerung und das Misstrauen der von Ihnen vermittelten Versicherung nach dem rätselhaften Untergang eines Frachtschiffs nahe Messina überhaupt nicht. Und so sitzen Sie jetzt festgezurrt auf einem Sessel, um mit Signore Rossi die Versicherungsbedingungen nochmals genau durchzugehen.

Giovanni Rossi ist ein viel beschäftigter Auftragskiller. In der süditalienischen Geschäftswelt hat er den Spitznamen

Dum-Dum-Giovanni. Nach vollbrachter Arbeit liebt er nichts mehr, als Cozze al pomodoro als Fingerfood zu verzehren. Und noch besser schmecken sie ihm nach einer Runde russisches Roulette. Nun hält er seinen Smith & Wesson Governor-Revolver an Ihre Schläfe. Spielerisch dreht er eine Minute die Trommel und genießt jede Sekunde, bis er urplötzlich den Abzug betätigt. Es macht klick. Nichts ist passiert. Die Trommel ist leer gewesen. Giovanni verlegt sich nun auf seine eigene Marktforschung zur Risikominimierung und möchte wissen, was Sie zu zahlen bereit wären, wenn er statt sechs nur fünf Patronen einschöbe. Den nahen Tod vor Augen, verweigern Sie ein Statement. Jedem ist klar: Um dem sicheren Tod zu entrinnen, würden Sie alles geben. Aber wie viel wäre Ihnen eine Reduktion von fünf auf vier oder von vier auf drei Patronen wert? In Relation zum ersten Angebot wahrscheinlich weniger.

Giovanni entschließt sich nun aber, nach den klassischen Regeln zu spielen, und schiebt nur eine Patrone ins Lager. Dann dreht er die Trommel und drückt erneut ab. Noch einmal und noch einmal dasselbe Spiel. Da erhält er plötzlich einen Anruf von seiner Mamma: Sie habe Cozze al pomodoro zubereitet. So beendet er schnell seine spezielle Kundenbefragung durch eine Frage, die man kaum ignorieren kann: »Wie viel Kohle überweist du mir auf mein Konto in Panama, wenn ich auch die letzte Patrone weglasse?«

Wenn Sie so entscheiden wie die meisten Menschen, zahlen Sie für die Reduktion von vier auf drei weniger als von eins auf null.[175] Das ist weder unter dem Gesichtspunkt der Wahrscheinlichkeit noch überlebenstechnisch besonders klug. Mit jeder entnommenen Kugel erhöhen Sie Ihre Überlebenschancen um ein Sechstel. Aber insbesondere das letzte Sechstel, also die Null-Risiko-Garantie, scheint besonders lohnend. Das Geschäftsmodell von Versicherungen beruht maßgeblich auf diesem Effekt.

Wie sehr Emotionen beim Kauf von Versicherungen eine Rolle spielen, zeigt folgendes Experiment[176]: Testpersonen sind gefragt worden, wie viel sie für eine Versicherung ausgeben würden, die sie vor einer Strafzahlung von 20 Dollar schützt, und zwar bei unterschiedlichen Eintrittswahrscheinlichkeiten von einem bis 99 Prozent. Es ist rational, bei höherer Eintrittswahrscheinlichkeit mehr Prämie in Kauf zu nehmen. Die Probanden sind daher bei einer 99-prozentigen Wahrscheinlichkeit bereit gewesen, im Schnitt 18 Dollar für die Versicherung auszugeben (der Betrag ist noch immer geringer als die Strafe von 20 Dollar). Bei einer einprozentigen Wahrscheinlichkeit hat man entsprechend weniger Geld ausgegeben, und zwar im Schnitt etwa einen Dollar.

Viel interessanter war allerdings das Verhalten einer zweiten Gruppe, die sich auf gleiche Weise gegen einen kurzen, schmerzhaften, aber nicht gefährlichen Elektroschock versichern konnte. Der drohende Elektroschock sollte sie in eine Situation »starker Emotionen« im Gegensatz zu einer Situation »schwacher Emotionen« (Geldstrafe) bringen. Hier zogen unterschiedliche Schockwahrscheinlichkeiten ein rechnerisch ziemlich irrationales Verhalten nach sich: Die Probanden waren bereit, im Schnitt sieben Dollar zu bezahlen, um eine einprozentige Chance auf einen Schock abzuwehren, sie waren aber nur bereit, zehn Dollar zu investieren, um eine 99-prozentige Chance abzuwehren. Conclusio: Für emotional aufgeladene Risiken, auch bei sehr geringer Wahrscheinlichkeit, sind Menschen bereit, sehr viel für die Risikoabwehr zu tun. Davon lebt die Versicherungsbranche ganz gut. Bei sehr hoher Wahrscheinlichkeit von Risiken werden wir hingegen fatalistisch.

Von Ersterem profitiert auch der Terrorismus, indem er mit einzelnen überraschenden Gewaltaktionen oder ihrer Androhung kollektive Angst zur Erreichung doktrinärer Zerstörungsziele erzeugt. In puncto persönliches Risiko im Vergleich zu anderen Gefahrenquellen ist Terrorangst aber weitestgehend irrational. Im Straßenverkehr sterben in Deutschland pro Jahr rund 3500 Menschen[177], und ungefähr 10 000 Menschen begehen Suizid.[178] Die Länder mit den weltweit meisten Terrortoten 2015 waren Irak (6960) und Afghanistan (5312).[179] Irak und Afghanistan haben zusammen rund 75 Millionen Einwohner. Es ist also unter Bürgerkriegszuständen in Irak und Afghanistan fast gleich gefährlich, an Terror zu sterben, wie in Deutschland an Verkehrsunfällen und Suizid. Wir fürchten uns großteils vor dem Falschen. Manfred Spitzer, Leiter der Psychiatrischen Universitätsklinik in Ulm, rechnet beispielsweise vor, dass allein in Deutschland jährlich »(...) circa 10000 bis 20000 Menschen an den Folgen von Übergewicht sterben, an dessen Entstehung Fernsehwerbung ihren bedeutsamen Anteil hatte«.[180] Überspitzt ausgedrückt: Fernsehwerbung für Junkfood ist in der Gesamtbetrachtung potenziell tödlicher, als es Terroranschläge sind. Oder wie es der deutsche Kabarettist Volker Pispers bezüglich des Vergleichs zwischen Terror- und Verkehrstoten ausdrückt: »Sie haben Angst vor al-Qaida? Haben Sie lieber Angst vor Reisebusfahrern oder Lkw-Fahrern. Da sind Schläfer unterwegs, die sind wirklich gefährlich.«

Ähnliche Ursachen hat die Angst von Impfgegnern. Sie glauben, dass Impfungen nicht schützen, sondern Krankheiten auslösen. Allerdings stehen mögliche Minimalrisiken in keiner Relation zum gesundheitlichen Nutzen. Keine medizinische Innovation hat mehr Leben gerettet als die Impfung. Beispielsweise basieren Impfboykotte auf dem Irrglauben, eine Immunisierung gegen Mumps, Masern oder Röteln könne bei Kindern Autismus auslösen. In einem entsprechenden Experiment brachte jedwede Überzeugungsarbeit, dass es für die Autismus-Angst keine wissenschaftlichen Belege gebe, praktisch nichts. Es zeigte sich, dass eine negative Impfeinstellung am besten durch das Argument abgebaut werden kann, der Impfstoff werde die Kinder vor schweren Krankheiten bewahren. Drastische Einzelbeispiele, Berichte betroffener Eltern und Bilder kranker Kinder waren am wirkunsvollsten. Mit dieser manipulativen Beeinflussung konnte die Impfeinstellung dreimal stärker ins Positive gepuscht werden als durch die Bezugnahme auf wissenschaftliche Befunde.[181]

Basiert also eine Einstellung auf einer stark emotionalisierten *Verlustaversion*, dann kann dieser Einstellung am ehesten durch eine andere *Verlustaversion* begegnet werden. Nicht der Abbau von Ängsten über die (nicht vorhandenen) Nebenwirkungen ist also Erfolg versprechend, sondern ausschließlich der Aufbau von Ängsten, wie sie mit Impfversäumnissen einhergehen. In Deutschland gab es dazu den realen Fall eines Mädchens, in dessen Hirn sich das Masernvirus einnistete. Sie wurde daraufhin zum Pflegefall und verstarb schließlich.[182] Derartige Einzelbeispiele überzeugen mehr als wissenschaftliche Zahlen, Daten und Fakten.

Wie schützen Sie sich vor Verlust-, Besitz- und Wahrscheinlichkeitsfallen?

Je mehr Zeit, Geld und Energie wir in etwas investieren, desto mehr geraten wir in die *Beständigkeitsfalle,* die Einstellungen und Verhalten einfriert, und umso größer wird unsere *Verlustaversion,* sodass uns unser Besitz – ob Dinge oder Vergünstigungen – gefangen nehmen.

Allmähliche Trennungen fallen uns schwer. Wir scheuen die daraus resultierenden vielen kleinen Blessuren. Daher gilt auch hier: Alles auf einmal und in einer Großaktion klar Schiff machen. In Ihrem Bücherregal stapeln sich mehrere Jahrgänge GEO-Magazine. Vor Jahren sind Sie der Aktion GEO-Abo plus Autobahnvignette zum Opfer gefallen. Hin und wieder blättern Sie die Hefte durch, aber wirklich lesen tun Sie sie nicht. Unauffällig wird seit mehr als einem Jahrzehnt Ihre Rechtsschutzversicherung vom Konto abgebucht. Damals haben Sie sie in einem bestechenden Paket mit der Auto-Teilkasko erworben. Nie haben Sie bisher Rechtsstreitigkeiten ausfechten müssen. Ganz zu schweigen von Ihrem hochauflösenden HDTV-Sky-Fernsehpaket, dem Festnetztelefonanschluss, Ihrem langweiligen Theater-Abo und so weiter. Diese eigentlich nutzlosen Dinge loszuwerden, funktioniert aufgrund des Phänomens der *abnehmenden Grenzverluste* am besten, wenn Sie sich in einem großen Rundumschlag auf einmal befreien.

Vorbeugen ist indes noch besser als heilen. Daher gilt folgender Punkt: Widerstehen Sie den Lockrufen von Pauschalangeboten. Weder bei Allinclusive-Handy-, Internet- oder Urlaubsangeboten und schon gar nicht bei Pauschalverträgen für Bauvorhaben steigen Sie im Schnitt günstiger aus als bei Einzelfakturierung. Der Hintergrund dieser Kombiangebote ist meist schlicht, Ihnen mit der größeren Einmalausgabe *Zahlungsschmerz* zu ersparen. Zum Schutz vor dem ratenweisen Plastikgeldruin empfiehlt sich die Rückbesinnung auf das alte Sprichwort: »Nur Bares ist Wahres.« Zahlen Sie wieder öfter bar und weniger mit Karten. Damit haben Sie so etwas wie eine Schuldenbremse.

Apropos bar auf die Hand. Was ist Ihnen lieber: 50 Euro oder 60 Euro? Klarerweise wählen Sie den höheren Betrag. Was ist Ihnen lieber: 50 Euro sofort oder 60 Euro in einem Monat. Hier entscheiden sich schon viele für die 50er-Instantvariante. Aber wie sieht es hiermit aus: 50 Euro in zwölf Monaten oder 60 Euro in 13 Monaten? Hier wiederum punktet die

60er-Variante.[183] Ein Monat ab jetzt ist in puncto Psychologik etwas anderes als ein Monat in einem Jahr. Je mehr Sie etwas in die Zukunft verschieben, desto gleichgültiger sind Ihnen die Konsequenzen. Fragte man Autofahrer, ob sie aus Ökogründen bereit wären, ab sofort zehn Cent mehr pro Liter Benzin hinzulegen, waren 26 Prozent dafür. Für dieselbe Preiserhöhung in vier Jahren ließen sich 40 Prozent erwärmen.[184]

Unterzeichnen Sie also prinzipiell keine Verträge mit unsicheren Endkosten. Fremdwährungskredite haben lange Zeit so ein desaströses Lockszenario geboten. Vertagen Sie lieber Ihren Tod als Kreditrückzahlungen!

In Österreich gibt es den umgangssprachlichen Ausdruck: »Is eh scho wurscht.« Das beschreibt eine Haltung resignativer Gleichgültigkeit gegenüber risikoreichen, hemmungslos eskalierenden Abwärtsspiralen. Betroffene empfinden dann einen partiellen Untergang als schlechtere Alternative im Vergleich zu einem »total disaster«. Zumindest teilweise ist das dem Phänomen der *abnehmenden Grenzverluste* geschuldet. Bei einer solchen eskalierenden Selbstaufgabe wäre definitiv die Stopptaste zwecks Schadensbegrenzung angesagt. Dazu müssten Sie sich allerdings selbst mit dem Holzhammer aus der Dynamik der Selbstverleugnung heraushauen, was etwa am Roulettetisch und in verwandten Geschäftsfeldern zugegeben schwerfällt. Unterbrechung, Ablenkung und Abwechslung sind dann die Mittel der Wahl, um »aufzuwachen« und sich wieder in der Realität (zurecht) zu finden.

Umgekehrt kann Sie auch Ihr Bedürfnis nach vorsorglicher Schadensminimierung teuer zu stehen kommen. Wahrscheinlich sind Sie überversichert. Gut, das verschafft Ihnen ein Gefühl der Sicherheit. Trotzdem sollten Sie der Verlockung widerstehen, sollten Sie wieder einmal ein Auto mieten, eine Zusatzversicherung abzuschließen, die Sie im Schadensfall vor einem Selbstbehalt von, sagen wir, 400 Euro schützt. Diese Zusatzversicherung kostet nämlich bis zu 8,50 Euro pro Tag. Das ist zwar nur ein kleiner Betrag, aber auf ein ganzes Jahr umgerechnet heißt das, eine Prämie von über 3.100 Euro zu berappen.

Ebenfalls zum Thema fragwürdiger Ausgaben: Hören Sie auf, Lotto zu spielen. Selbst wenn Sie einmal in 10 000 Jahren gewännen, machte Sie das nicht glücklicher. Zumindest zeigt das die einschlägige Forschung. Sogar Menschen, die im selben Zeitraum, während andere das große Los zogen, eine Querschnittlähmung erlitten, genießen tägliche Alltagsvergnügungen mehr als die Lottogewinner.[185] Das so gesparte Geld geben Sie wirkungsvoller für Familienangehörige und / oder Freunde aus, oder Sie spenden es für karitative Zwecke. Mehrere Studien zeigen, dass derartige prosoziale Investments glücklicher machen als Ego-Investments.[186]

Apropos Wohltätigkeit beziehungsweise Geschenke an Ihre Lieben: Sie erinnern sich an Machiavelli, der bereits vor 500 Jahren über die andere Seite der Medaille zur Machterhaltung und -erlangung festgestellt hat: »Wohltaten (...) muss man nach und nach erweisen, damit sie nachhaltiger wirken.« Ein amerikanisches Sprichwort formuliert es flapsiger: »Don't wrap all the Christmas presents in one box!« Gut getaktete Gaben und Präsente – also keine Serienmitbringsel – finden wir nicht nur höchst betörend, sie machen uns auch folgsam. Warum das so ist, wird uns im nächsten Abschnitt eingehend beschäftigen.

7. Belohnung und/oder Bestrafung als Zuchtmeister

Der Fall Hubert und das Geschäftchen von Cockerspaniel Arko

Hubert ist leidenschaftlicher Waidmann. Cockerspaniel Iras war lange Jahre sein treuer Jagdbegleiter. Ein Hund, der daraufhin abgerichtet war, in Dickungen selbstständig Hoch- und Niederwild aufzuspüren, dann spurlaut zu werden und Hubert das Wild zum Abschuss zuzutreiben. Beim letzten Stöbern in einem Erdbau kam es allerdings zu Kampfhandlungen mit der dort ansässigen Füchsin, was dem Spaniel eine verheerende Augenverletzung mit anschließender Infektion und Sepsis bescherte, die Hubert schweren Herzens nur mit einem Gnadenschuss zu beenden wusste.

Jetzt gilt es, seinen Nachfolger Arko zu trainieren. »Jagdhunde sind«, wie Hubert immer wieder betont, »keine Spielgefährten. So ein Hund muss gehorsam und diszipliniert sein und auf jeden Pfiff reagieren!« Allerdings nimmt es Arko in seinem jugendlichen Welpenübermut mit der Reinlichkeit noch nicht so genau, wie es den strengen Hygienevorstellungen seines Herrchens entspräche. Magisch fühlt er sich vom moosgrünen, hochflorigen Couchtisch-Teppich angezogen, auf dem er infolgedessen immer wieder spontan sein Geschäft verrichtet.

Ein Fehltritt, den Hubert zum Anlass nimmt, an Arko vor seiner Familie ein erzieherisches Exempel zu statuieren. Er ruft Frau, Tochter und Sohn herbei, um vor ihnen Erziehungspraxis mit Nachhaltigkeitsgarantie zu demonstrieren: »Schaut her, wie man das macht! Mit der Schnauze hinein ins Braune, dann macht er das garantiert nicht mehr. Das könnt ihr mir glauben!«, kommentiert Hubert dozierend sein Handeln. Sein zartfühlendes Tochterherz nimmt vor lauter Grausen Reißaus und muss sich beinahe übergeben, und sein Sohn stellt obergescheit die antizipierte positive Konsequenz infrage. Huberts Frau schüttelt nur den Kopf und vermerkt ätzend, dass jetzt der Hochflorige endgültig versaut und verloren sei. Das relativiert Hubert dahin gehend, dass ihm das »sauhässliche Grün« eh nie zu Gesicht stand und führt abschließend aus: »Das ist halt der Preis dafür, dass Arko jetzt die Schnauze voll hat und weiß, was er nicht tun darf!« Scheinbar weiß Arko das aber doch nicht, denn tags darauf schleicht er sich erneut ins Wohnzimmer, entleert sich auf dem gesäuberten Moosgrün und versteckt sich schnurstracks unter der Eckbank.

Welche Erziehungsmethoden wären besser für Arko geeignet? Schauen wir uns das bei echten Profis an: *SeaWorld* betreibt in den USA Meeres-Themenparks. Eine der Hauptattraktionen sind die Orcas oder Schwertwale.[187] Sie wiegen bis zu sechs Tonnen und gehören zu den erfolgreichsten und intelligentesten Jägern unseres Planeten. Prinzipiell fressen sie so ziemlich alles, was sich bewegt, wie Vögel, Fische, Wale oder Seelöwen. Daher werden sie auch Killerwale genannt. Bei den Vorstellungen balancieren die Trainer auf ihren Rücken. Dann spritzen die Orcas mit ihren großen Schwanzflossen Wasser in die Zuschauerreihen, bis sie zum krönenden Finale ihre schimmernden Körper aus schwarzem Rücken und weißem Bauch in einen höheren Teil des Beckens hieven. Dort nehmen sie die Huldigungen des Publikums entgegen. Wie lassen sich so gefährliche Meeressäuger trainieren? Dazu einige Zitate aus einem Gespräch zwischen einem Trainer und einem Interviewer:

»Bei neuen Walen, die wir bekommen, versuchen wir es in der Anfangszeit gar nicht erst mit Training. Wir sorgen lediglich dafür, dass sie nicht hungern müssen. Dann springen wir zu ihnen ins Wasser und spielen mit ihnen – so lange, bis es uns gelingt, sie zu überzeugen.« »Überzeugen? Wovon?« »Dass wir ihnen nichts Böses wollen.« »Sie möchten also erreichen, dass die Tiere Ihnen vertrauen.« »Genau. Das ist das oberste Prinzip im Umgang mit allen unseren Tieren.«[188] Darauf folgt die Frage, wie die Tiere das gewünschte Verhalten erlernen: »Wie wird das gemacht?« »Wir heben das Positive hervor. (…) Eine wichtige Regel, die man sich merken sollte, lautet: Je mehr Aufmerksamkeit Sie einer bestimmten Verhaltensweise schenken, desto öfter wird sie wiederholt. Von den Killerwalen haben wir Folgendes gelernt: Wenn wir ihren Fehlern weniger, ihren guten Leistungen hingegen viel Aufmerksamkeit schenken, dann steigt die Anzahl ihrer guten Leistungen.«[189] Des Weiteren heißt es: »Zwei Dinge sollten für den Wal klar sein: Wir motivieren nicht mit Strafe, und es gibt nicht nur fressbare Leckerbissen«, sondern auch Wohltaten wie zum Beispiel angenehme Massagen.[190]

Diese Trainingsmethode geht auf den Lernforscher Edward Thorndike (1874–1949) zurück, der Ende des 19. Jahrhunderts das berühmte *Law-of-Effect*-Prinzip formuliert hat.[191] Demnach kommt es bei Reaktionen oder Verhaltensweisen, die belohnt werden, zu einer Verfestigung. Künftig werden dann in ähnlichen Situationen ähnliche Verhaltensweisen gezeigt. Um das zu belegen, hat Thorndike hungrige Katzen, Hunde oder Hühner in einen »Problemlösungskäfig« gesetzt. Darin haben sie Schnüre ziehen, Hebel drücken oder Plattformen betreten müssen, um den Weg nach draußen zu finden. Anschließend sind sie mit Futter belohnt worden. Thorndike hat festgestellt, dass die Tiere mit der Zeit immer schneller nach draußen gefunden haben. Er hat sich in seinen Experimenten auf das *Trial-and-Error*-Verhalten der Tiere verlassen. Nur durch Ausprobieren haben sie den richtigen Weg gefunden.

Der Lernforscher Burrhus Frederic Skinner (1904–1990), der von einem einschlägigen Expertenteam als der bedeutendste Psychologe des 20. Jahrhunderts eingestuft wurde,[192] ging einen Schritt weiter. Er belohnte jedes Verhalten in die gewünschte Richtung, was er *operante Konditionierung* nannte.

Die Kernidee lautet, dass die Belohnung erwünschten Verhaltens zielführender ist als die Bestrafung unerwünschten Verhaltens.[193] Skinners Ratten lernten durch Konditionierung komplizierte Labyrinthe zu knacken, seine Tauben drehten sich nach Belieben im Kreis, spielten gegeneinander Pingpong, ja, sie waren sogar in der Lage, durch ihre Pickbewegungen Fernraketen im Zweiten Weltkrieg auf Kurs zu halten. Die Alliierten verließen sich dann aber doch auf radargestützte Fernlenksysteme.[194]

Die Wirkmächtigkeit des Verfahrens zeigte Skinner auch am Beispiel des Aberglaubens. Dazu setzte er Tauben in einen Käfig, in dem sie alle 15 Sekunden Futterkörner gereicht bekamen. Natürlich zeigte jede Taube zu diesem Zeitpunkt gerade zufällig ein bestimmtes Verhalten. In der Erwartung weiterer Belohnungen wurde die von ihnen gerade ausgeführte Aktion wiederholt, obwohl gar kein Zusammenhang zwischen Verhalten und Belohnung bestand. Daraufhin entwickelten die Tiere absurde Ticks. Sie zeigten sinnlose Rotationsbewegungen um die eigene Achse, permanentes Spreizen des linken oder rechten Flügels oder hoben eines ihrer Beine.[195]

Spätestens jetzt wird klar, warum Sie sich von Ihrem violetten Amethyst, den Sie bei einer Italienreise erstanden haben, nicht mehr trennen und bei jeder Herausforderung in der Hosentasche dabeihaben, denn zum ersten Mal bei Ihrer Mathematiknachprüfung angewendet, hat er sich als wahrer Segen erwiesen.

All das ist längst bekannt. Aber was lässt sich daraus ableiten, wenn wir einen Brückenschlag zur *Neuen Erwartungstheorie* und der uns innewohnenden *Verlustaversion* herstellen? Im letzten Kapitel hat sich gezeigt, dass Frust und Lust unterschiedlich bewertet werden, woraus sich folgern lässt: Erstens: Wir konzentrieren unsere Aufmerksamkeit eher auf negative als auf positive Ereignisse. Zweitens: Auf negative Ereignisse reagieren wir anderen gegenüber mit Strafe oder Entwertung, was negative Affekte (Angst, Schuld, reziproke Aggression) hervorruft, die höchst problematisch sind. Drittens: Die Faktoren eins und zwei sind kontraproduktiv für Lernprozesse, weil sich sowohl Menschen als auch Tiere beim Aufbau erwünschten Verhaltens stärker an positiven als an negativen Erfahrungen orientieren. Daraus ergibt sich die Schlussfolgerung, dass der Fokus jeder Beeinflussung auf erwünschtes Verhalten plus anschließender Verstärkung zu richten ist.

Der kleine Arko weiß nicht, was von ihm gewollt wird beziehungsweise was er falsch gemacht hat. Dennoch wird er bestraft. Das ist sinnlos und erzeugt nur Angst und Verwirrung. Die erzieherischen Maßnahmen wären in seinem Fall auf Stubenreinheit zu lenken gewesen. Jedes auch noch so kleine Anzeichen eines Entleerungsdranges hätte zum Anlass genommen werden sollen, ihm das gewünschte Benehmen beizubringen. Draußen im Garten wäre die intendierte Handlungsweise mit entsprechenden Streicheleinheiten zu belohnen gewesen. Vor allem durch Belohnung kann erwünschtes Verhalten aufgebaut werden.

So weit, so gut – aber welche Implikationen ergeben sich aus all den Orca-, Ratten-, Hunde- oder Taubengeschichten für die Beeinflussung von Menschen?

Was Taubenfutter, Gordon Gekko und Geld gemeinsam haben

Das ist nicht Yusufs Tag. Nirgendwo findet er sein gelbgoldenes Armband. Stattdessen entscheidet er sich für den Siegelring. Der passt aber nicht mehr. Sind seine Finger zu fleischig geworden? Kompensatorisch trägt Yusuf eine Extraportion Antitranspirant auf. Heute hat er Außendiensttermine. Für einen Finanzberater wie ihn ist richtiges Auftreten essenziell. Das Geschäftemachen liegt Yusuf im Blut. Müsste er dem Papst ein Doppelbett andrehen, empfände er das als stimulierende Aufgabe. Sein Bekehrungserlebnis hatte er in den späten 1980er-Jahren. Damals hat er im Film *Wall Street* den Helden des Blockbusters, Gordon Gekko, einen Finanzhai und Börsenguru, sagen hören: »Übrigens ist Gier in Ordnung. Ich will, dass ihr das wisst. Ich denke, Gier ist gesund. Man kann gierig sein und dennoch mit sich im Reinen.« Das hat Yusuf wie eine Eingebung empfunden, der eine Neujustierung seines Wertekanons gefolgt ist.

Für die Topprämie und die darin inkludierte Incentive-Reise nach Phuket auf Thailand fehlen Yusuf noch Abschlüsse im ersten Quartal. Sein Kunde Mehmet Demirkan ist Lastwagenfahrer. Azra, seine Frau, putzt. Die Demirkans haben drei Kinder. Yusuf konnte sie von der dritten Säule der Pensionsvorsorge überzeugen. Zwar wusste Mehmet über die ersten beiden Säulen auch nicht Bescheid, aber ein drittes Standbein schien ihm plausibel, denn auch ein Schemel hat drei Beine. Schließlich war für Herrn Demirkan die skizzierte Vision, in Antalya als reich gewordener Heimkehrer im Eigenheim mit Swimmingpool und Mercedes vor der Garage die neidischen Blicke der Zukurzgekommenen auf sich zu lenken, unwiderstehlich. Yusuf weiß, dass Mehmet die monatlichen Raten von 150 Euro nicht packen wird. Auch sind börsennotierte Veranlagungen zu risikoreich für Mehmet. Aber die stehen im Zielkatalog für Phuket. Jetzt ist Yusuf seinem Quartalsziel einen Schritt näher. Er weiß zwar, dass zwei Drittel seiner Kunden ihre Verträge vorzeitig kündigen. Nach Abzug der Vermittlungsprovision, Fondsgebühren und Steuern bleiben Mehmet bestenfalls 60 Prozent des Angesparten übrig. Ganz zu schweigen von Schwankungen an den Börsen. Realistisch gesehen wird es nichts mit dem Eigenheim in Antalya. Aber für Yusuf ist das nicht entscheidend.

Je mehr Yusuf an den Mann bringt, desto mehr hat er auf dem eigenen Konto. Der Unterschied zu Skinners Tauben ist marginal: Euroscheine statt Futterkörner. Allerdings haben Tiere mit vollgefüllten Bäuchen irgendwann das Fressen satt. Tauben bleiben stehen, Katzen stellen ihr Mausen ein und Orcas dösen friedlich im Wasser. Bei Geld ist das anders. Geld ist das einzige Ding auf Erden, wie der Soziologe Georg Simmel (1858–1918) treffend festgestellt hat, dessen Qualität »ausschließlich in seiner Quantität beruht«.[196] Von Geld kriegt man also nie genug.

Die Führungsforschung ist reich an Konzepten, die diesen Zusammenhang akribisch analysieren: Je wertvoller Menschen eine Belohnung erscheint und je höher sie die Wahrscheinlichkeit einschätzen, dass ihr Handeln zur Leistung und Leistung zur Belohnung führt, desto mehr strengen sie sich an. Wird die Belohnung im Vergleich mit wichtigen Bezugspersonen als gerecht empfunden, sind sie zufrieden beziehungsweise im anderen Fall unzufrieden. Yusuf wurmt, dass er als freier Finanzberater kein Fixum hat. Angestellte Finanzberater wurmt, dass sie im Vergleich dazu niedrigere Prämien einstreifen. Irgendwer hat es (scheinbar) immer besser als man selbst – und das mit unheilvollen Konsequenzen. Selbst im durchaus gut entlohnten Spitzenfußball ist das so. Bei über tausend

Spielen der deutschen Bundesliga hat sich gezeigt, dass große Einkommensunterschiede im Team die Neider zum Schwächeln bringen: weniger Tore, Vorlagen und gewonnene Zweikämpfe.[197]

Abgesehen vom Aspekt der subjektiven Fairness: Ist Leistungslohn wirksam? John Cryan zufolge nicht. Er ist aktueller Vorstandsvorsitzender der Deutschen Bank. In einem Interview hat er gesagt: »Ich verstehe nicht, warum man mir einen Vertrag mit einem Leistungsbonus gegeben hat. Ich versichere Ihnen, dass ich nicht härter oder weniger hart in einem Jahr oder an einem Tag arbeite, nur weil mir jemand mehr oder weniger dafür zahlt.«[198] Bei einem Fixum von 3,8 Millionen Euro und einer erfolgsbedingten Gage bis zu 12,5 Millionen Euro pro Jahr[199] klingt das durchaus plausibel, denn wahrscheinlich ist es für Cryans Performance in der Tat bedeutungslos, ob er pro Jahr neun, zehn oder elf Millionen einstreift. Erinnern Sie sich zurück an die *abnehmenden Grenzerträge.* Für John Cryan bringt ein Gehaltszuwachs keinen nennenswerten Gewinn an Nutzen. Bei Mehmet Demirkan, der sich mit einem Achthundertstel durchs Leben schlägt, liegen die Dinge vermutlich anders. Wie sieht es also konkret mit dem Zusammenhang zwischen Geld und Leistung aus?

7.1 Mehr Kohle, mehr Leistung!?

Eine Firma war auf das Wechseln von Windschutzscheiben bei Autos spezialisiert. Bei Stundenlohn, also Bezahlung nur nach Zeit und nicht nach Output, setzten die Arbeiter 2,7 Scheiben pro Tag ein, bei leistungsabhängigem Akkordlohn 3,2 Einheiten. Die Kosten sanken pro Einheit von 44 auf 35 Dollar. Noch eine zweite Konsequenz trat zutage: Der Produktivitätsgewinn war zur einen Hälfte auf mehr Leistung der bestehenden Mitarbeiter und zur anderen Hälfte auf eine Veränderung in der Personalstruktur zurückzuführen: die »Minderleister« verließen das Unternehmen.[200] Alles gut?

In diesem Fall vielleicht, aber der Zusammenhang »Mehr Geld, mehr Leistung« ist nur für Routinetätigkeiten gut belegt. Bei kreativen, innovativen Tätigkeiten, wo es um nicht standardisierte Lösungen geht, ist Leistungslohn eher kontraproduktiv.[201] Hinzu kommt, dass Leistungslöhne zwar die Quantität, nicht aber die Qualität des Outputs steigern.[202] Selbst dort, wo gezielt die Qualität finanziell vergütet worden ist, etwa bei der Behandlung von Herzinfarkten, ist es zu keiner Verbesserung der Behandlungsqualität gekommen.[203] Aber auch im Verkauf, wo vor allem die Quantität der Abschlüsse zählt, ist in einer Langzeitstudie nachgewiesen worden, dass Mitarbeiter mit einem Lernfokus (zum Beispiel Interesse an Kompetenzentwicklung, Erlernen neuer Fähigkeiten) mehr verkaufen als Mitarbeiter mit einem reinen Leistungsfokus (Suche nach Belohnung, Vermeiden von Bestrafung).[204] Dazu kommt, dass sich eine allzu hohe Vergütung anscheinend auch leistungshemmend auswirken kann: In einem einschlägigen Versuch waren Merk-, Geschicklichkeits- oder Kreativitätsaufgaben zu lösen. Zu verdienen gab es entweder Tages-, Wochen- oder Fünfmonatslöhne. Am schlechtesten war die Leistung beim Fünfmonatslohn. Je mehr also auf dem Spiel stand, desto geringer war die Leistung. Die Probanden standen hier so unter »Erfolgsdruck«, dass das zu Fehlverhalten führte. Am meisten leisteten die Leute beim Wochenlohn, mittelmäßig schnitten sie beim Tageslohn ab.[205]

Zudem basieren erfolgreiche Prozesse im Berufs- und Wirtschaftsleben so gut wie immer auf dem Zusammenspiel mehrerer Personen. Hier bringen Leistungslöhne noch einen weiteren potenziellen Nachteil mit sich, gerade bei Tätigkeiten, die Teamwork erfordern: Nach der Einführung von Leistungslöhnen anstelle des vorherigen Fixums sinkt die Kooperation zwischen den Mitarbeitern, und das Konkurrenzdenken nimmt zu. Werden also Menschen für den Einzelerfolg belohnt, dann setzt sich statt »Ich-und-Du« mehr und mehr ein »Ich-oder-Du« durch.[206]

Des Weiteren geht es in allen Berufen nicht nur um ein einziges Ziel. Im Verkauf zählen beispielsweise neben Umsätzen auch Kundenzufriedenheit, Einhaltung von Lieferterminen, Beratungsqualität et cetera. Leistungslöhne richten aber den Fokus darauf, was sich kurzfristig rechnet. Umsätze und Mengen werden auf Teufel komm raus maximiert. Als die Franzosen noch über Indochina herrschten, gab es in Hanoi eine Rattenplage. Die Kolonialherren beschlossen deshalb, Einheimische für gefangene Ratten zu bezahlen. Das Resultat: Die Leute begannen, Ratten zu züchten.[207] Was geschieht, wenn eine Autowerkstatt ihre Mechaniker am Gewinn pro Reparatur beteiligt, kann sich nun jeder selbst ausmalen. Erst als die Behörde damit gedroht hat, die Werkstattkette zu schließen, ist diese Praxis gestoppt worden.[208]

Wird beim Auto der Zahnriemen oder die Benzinpumpe unnötig getauscht, schmerzt das finanziell, es hat aber keine schlimmeren Folgen. Anders ist das in der Medizin. Dem Präsidenten der Deutschen Ärztekammer zufolge werden leitende Klinikärzte immer häufiger entlassen, weil sie Umsatz- und Renditeziele nicht erreichen.[209] Und wer unters Messer kommt, ist weniger von rein medizinischen Überlegungen bestimmt, als manche Laien glauben mögen. In einigen Regionen Deutschlands werden so zum Beispiel Kindern die Mandeln acht Mal häufiger operiert als in anderen. Ähnliche Unterschiede gibt es für Blinddarm- oder Prostataeingriffe, und zwar in allen Altersgruppen. Kaiserschnitte, Gebärmutterentfernungen oder der Einsatz künstlicher Kniegelenke sind, je nach Region, um das bis zu Zwei- oder Dreifache häufiger als anderswo.[210]

Der Fall »Enron« gehört in der US-Wirtschaftsgeschichte zu den größten Skandalen. Dem Energiekonzern gelang es, durch Bilanzfälschungen seine Erträge um fast 600 Millionen Dollar zu hoch auszuweisen. Auch die Abschlussprüfer von Arthur Anderson bemerkten das nicht.[211] Bei Enron gab es ein Anreizsystem, das auf die Börsennotierung ausgerichtet war. Höhere Kurse bedeuteten mehr Gehalt. Das zog eine Kaskade unethischen Verhaltens nach sich. Eine Ex-Mitarbeiterin dazu: »In den Boomjahren wurde betrügerisches Verhalten ja überhaupt nicht wahrgenommen. Alle hatten nur ihr steigendes Aktienvermögen im Blick.«[212] Ist das ein Einzelfall? Keineswegs. Manager, die mit Aktienoptionen geködert werden, also mit der Möglichkeit, zu einem günstigen Preis und nach Ablauf einer Wartezeit Aktien zu erwerben, fälschen häufiger die Bilanzen und halten Rechnungslegungsvorschriften weniger ein, als dies ohne Optionen der Fall ist.[213] Des Weiteren gibt es mehr Rechtsstreitigkeiten zwischen dem Management und den Anteilseignern.[214] In der Produktion werden Sicherheitsstandards eher unterlaufen, und es wird weniger Wert auf die Qualität der Produkte gelegt.[215] Ein Schelm, der an den Dieselskandal denkt, wo illegale Mogelpackungen niedrigere Abgaswerte vorgegaukelt haben.

Es gibt Hedgefonds-Manager, die in einem Jahr bis zu 34 Millionen Euro kassieren.[216] Da steht wohl einiges auf dem Spiel. Mehmet Demirkan ginge dafür 1700 Jahre zur Arbeit. Aber was geht in Menschen vor, die als »Master of the Universe« vormittags mit dem Bruttosozialprodukt von Spanien und nachmittags mit demjenigen von Serbien hantieren? Was geht in ihnen vor, wenn sie nach dem Big Deal in ihrem Penthouse eines Wolkenkratzers in Manhattan sitzen, 180 Quadratmeter mit ein paar Designer-Leder-Stahl-Quadern aus Italien, wenn sie dann ihrem Humidor eine Cohiba-Zigarre entnehmen und paffend ihre Blicke über die atemberaubende Aussicht des East Rivers schweifen lassen? Möglicherweise holen sie sich in ihrer eigenen Sichtweise nur das, was ihnen zusteht. Wie Dagobert Duck nach einem seiner Golddukaten-Bäder denken sie: »Ich bin reich geworden, weil ich zäher war als die Zähsten und schlauer als die Schlausten! Und ich bin dabei ein ehrlicher Mann geblieben!«[217] Auch »Dagobert« Trump sieht das wohl genauso.

7.2 Der Sisyphos-Autopilot: »Genug-ist-nicht-genug«

Jon Kabat-Zinn ist ein emeritierter Professor an der University of Massachusetts Medical School in Worcester und einer der weltweit führenden Meditationsexperten. In einem seiner Bücher beschreibt er die menschliche Unfähigkeit loszulassen. Dafür hat er eine anschauliche Metapher parat: die »Affenhand«. Angeblich bohren Jäger in Indien ein Loch in eine Kokosnuss, genau so groß, dass ein Affe mit gespitzter Hand gerade noch hineinkommt. Durch zwei kleine Löcher wird ein Draht gezogen, an dem der Köder aufgehängt wird. In die Nuss wird dann ein Leckerbissen gelegt, zum Beispiel ein Stück Banane, nach dem die Affen gieren. Flink greifen sie hinein und lassen die Beute mit zusammengeballter Hand nicht mehr los. Ihre Fäuste passen aber nicht mehr durch das Loch. So werden sie zu Gefangenen ihrer eigenen Raffgier.[218]

Luisa und Fabian sind ein unverheiratetes, kinderloses Power-Couple. Luisa ist plastische Chirurgin und privat Veganerin und Tierschutzaktivistin. Fabian ist Werbetexter mit Fruktoseintoleranz und im Nebenberuf Citybike-Lobbyist. Beiden sind humane Werte wichtig. Luisa macht nur rekonstruktive plastische Chirurgie, also nach Verletzungen, Tumorentfernungen oder wegen Fehlbildungen. Kosmetische Operationen bei Gesunden kommen für sie nicht infrage. Fabian macht nur Social Marketing. Kommerzielle Produkte und Dienstleistungen sind für ihn ein Tabu. Beide träumen von einer Segeljacht am Neusiedlersee. Eine *Sunshine-4-Two* soll es werden. Am See dahingleiten, den Alltag hinter sich lassen, Wind, Wasser, Sonne spüren, das wäre das ultimative Ich-bin-raus-Feeling. Ergo ankert in Podersdorf sehr bald das Objekt der Begierde. Aber mit der Zeit trüben Gelsenplage und niedriger Wasserstand im Sommer das ohnehin eher schlammige Wassergrau. Bis Luisa und Fabian von befreundeten Hobbyseglern die verheißungsvolle Kunde über den Gardasee vernehmen. Am Lago segeln, eingebettet zwischen den Alpen und den Ausläufern der Po-Ebene, bei tiefblauem Wasser und absoluter Windsicherheit. Was für ein Traum! Sie entscheiden sich für einen Liegeplatz in Manerba del Garda. Der kostet nicht nur eine Menge, ihre einmastige *Sunshine-4-Two* aus steinzeitlichem Aluminium, ohne Kajüte und Außenmotor, wirkt unter all den Glasfaser-Zweimaster-Megajachten mit mondänen Ober- und Unterbauten wie ein Mopedauto am Formel-1-Ring. Damit machen die Ausflüge keinen Spaß mehr. Daher wird eine zweirumpfige Jacht angeschafft. Finanziell geht sich das aus, denn Fabian hat den Job gewechselt. Er ist jetzt Marketer und verantwortlich für Joghurtschnitten. Gut, das ist ein kommerzielles Produkt. Aber immerhin keine moralisch bedenkliche Branche wie Waffenproduktion oder Hochfinanz. Und mehr Gehalt, Abwechslung, Verantwortung.

Schließlich wird die Anfahrt von Wien zum Lago immer mühsamer, und ein Boot ohne Kajüte macht Nächtigungen im

Hotel erforderlich. Das trübt die Freude am Segeln zu sehr. Luisa und Fabian nehmen sich ein befreundetes Ärztepaar zum Vorbild und setzen den finalen Schritt. Ein nachhaltiger, nach ökologischen Kriterien gebauter, aber komfortabler Motorsport-Cruiser wird angeschafft, mit einer Kajüte am Ober- und zwei Kabinen im Unterdeck. *Ocean Dreams* heißt die Anschaffung, Ausdruck aller maritimen Sehnsüchte des Paares. Dementsprechend auch der neue Liegeplatz: Costa Smeralda in Porto Cervo. Um das budgetär halbwegs spannungsfrei zu stemmen, hat Luisa ihre sperrige Mentalreservation gegenüber der ästhetischen Chirurgie abgelegt. Jetzt macht sie auch Brust- und Oberlidstraffungen, Fettabsaugungen und Nasenkorrekturen. Ist schließlich nach wie vor Dienst am Menschen. Allein: Das herbeigesehnte Ich-bin-raus-Feeling beim Segeln stellt sich immer seltener ein. Beide würden es nicht offen eingestehen, aber im Vergleich mit den anderen Luxusjachten in Porto Cervo ist die *Ocean Dreams* kaum größer als die Beiboote der sich dort tummelnden Hautevolee.

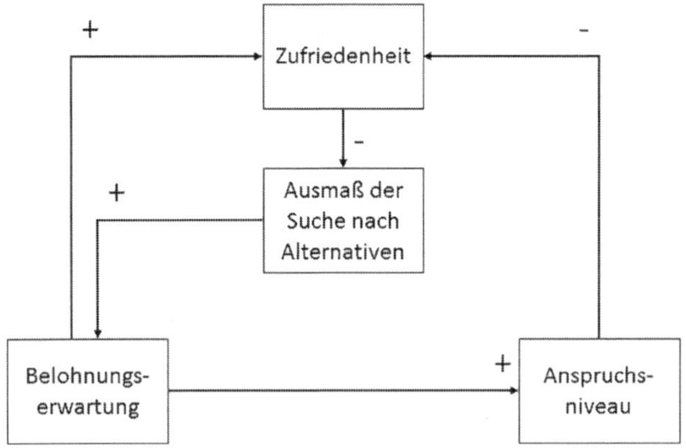

Abbildung 6: Der Sisyphos-Autopilot

Herbert Simon (1916–2001) hat für seine bahnbrechenden Erkenntnisse über Entscheidungsverhalten in Unternehmen 1978 den Wirtschaftsnobelpreis erhalten. Gemeinsam mit dem Organisationsforscher James March, der in Stanford unterrichtet hat, hat er ein ernüchterndes Motivationsmodell formuliert, wie es aus Abbildung 6 hervorgeht.[219] Je höher das Anspruchsniveau ist, desto niedriger fällt die Zufriedenheit aus (daher das Minusvorzeichen). Bei niedriger Zufriedenheit wird mehr nach Alternativen Ausschau gehalten (beziehungsweise bei höherer Zufriedenheit weniger, daher das Minusvorzeichen). Wenn Menschen auf der Suche nach Alternativen sind (Traum von der Segeljacht am See) steigen ihre Belohnungserwartungen (Vorfreude). Nach Realisierung des Ersehnten wird einerseits kurzfristig die Zufriedenheit positiv beeinflusst (Plus). Spätestens nach einiger Zeit steigt aber auch das Anspruchsniveau, drückt die Zufriedenheit wieder nach unten, und der Kreislauf beginnt sozusagen von Neuem, wobei die neuen Alternativen, nach denen man sich umschaut, im Vergleich zum bereits Erreichten aus der »Vorrunde« plausiblerweise noch eins draufsetzen müssen. Letztlich illustriert dieses Modell damit jene Tretmühle des »Schneller, höher, weiter«, die die Evolution erfunden hat, um uns auf Trab zu halten. Das Modell von Simon und March mag bereits recht aufschlussreich sein, aber zu diesem gnadenlosen Sisyphos-Autopiloten gibt es noch weitere interessante Befunde.

Der Belohnungsvorhersagefehler macht uns zum Junkie

Zwei US-Forscher wollten in den 1950er-Jahren das Lernen von Ratten verstehen. Dazu pflanzten sie in deren Gehirne Elektroden ein. So konnten die Nager beliebig neuronal stimuliert werden. Dabei berührten die Elektroden bei einigen Ratten (ursprünglich nicht beabsichtigt) auch das Lustzentrum. Gab man den Ratten danach die Möglichkeit, selbst einen Elektrodenimpuls auszulösen, agierten sie wie Junkies. Sie verabreichten sich bis zu 5000 Lustimpulse pro Stunde, vergaßen darüber alles andere und riskierten Erschöpfung, Austrocknung und Tod.[220]

In den späten 1990er-Jahren ist dieses Zentrum auch beim Menschen lokalisiert worden, und zwar im sogenannten *Nucleus accumbens* und in der *Area A10*, von wo aus der Botenstoff Dopamin ans Frontalhirn abgegeben wird.[221] Wenn wir Lust empfinden – beim Essen und Trinken, beim Sex, bei Belohnungen jeder Art, beim Anblick eines schönen Gesichts, beim Hören von Musik, aber besonders stark beim Drogenkonsum – werden in diesen Gehirnarealen neuronale Verschaltungen aktiviert. Auch (Computer-)Spielen kann derartige Empfindungen auslösen. Mittlerweile gibt es einige Fälle von Gaming-Junkies, die nach mehrtägigen und beinahe pausenlosen Sessions vor dem Bildschirm gestorben sind.[222] Die Parallele zu den eingangs erwähnten Ratten liegt auf der Hand. Auf weniger extremem Niveau wird damit auch klar, warum der gerade virtuos an der Spielkonsole agierende Sohn Kevin die wiederholten Aufforderungen zum gemeinsamen Verzehr der frisch aufgebackenen Pizza nicht einmal ignoriert.

Aber es geht noch weiter, denn jede Erfahrung, die wir machen, wird von unserem Gehirn bewertet. Dabei richten wir den Fokus nicht nur darauf, was uns guttut und belohnt wird, sondern auch darauf, was besser als erwartet ist. Tritt Erwartetes ein, lässt uns das ziemlich kalt. Tritt aber ein Mehr-als-erwartet ein, läuft das Lustzentrum auf Hochtouren. Die Reaktion unseres Belohnungssystems richtet sich also nicht (nur) nach dem tatsächlichen Ausmaß der Belohnung, sondern nach deren Ausmaß im Vergleich zur erwarteten Belohnung. Diese potenzielle Bewertungsverzerrung aufgrund der eigenen Erwartungsmaßstäbe heißt *Belohnungsvorhersagefehler*.[223]

Ein Experiment an Affen illustriert diesen Effekt:[224] Affen wurde eine Kreuz-Spielkarte gezeigt, gleichzeitig gab es leckeren Saft, der naturgemäß ihr Lustzentrum stimulierte. Kam Kreuz, kam Saft. Diesen Zusammmenhang lernten die Affen rasch. Bald genügte bloß der Anblick der Kreuzkarte, damit sie Lust empfanden.

Wurde hingegen eine Herzkarte gezeigt, gab es nichts. Daher spielte sich auch im Affen-Lustzentrum nichts ab. Herz war bedeutungslos. Später wurde aber Herz mit Karo kombiniert. Kamen beide Zeichen zusammen, gab es ebenfalls Saft. Nur wenige Kombinationen von Herz mit Karo reichten aus, die Tiere lernen zu lassen: Karo toppt das belanglose Herz. Der Anblick von Karo stimulierte das Lustzentrum somit genauso wie zuvor das Kreuz.

Dann wurde das bereits bedeutungsvolle Kreuz mit Pik kombiniert. Bei dieser Verbindung gab es weiterhin Saft. Was war die Krux? Den Affen konnte Tausende Male die Kombination Kreuz-Pik präsentiert werden, aber sie machten sich nie etwas aus Pik. Kreuz war ja bereits mit positiven Erwartungen assoziiert. Pik zusätzlich machte für sie keinen relevanten Unterschied. Der Vorhersagewert von Pik war gleich null (es änderte sich durch Pik nichts an der Belohnung), und so blieb es auch. Hingegen war Karo rasch zum einprägsamen Signal geworden: Besser als erwartet, denn Herz alleine bedeutete ja keine Belohnung.

Aber auch beim Menschen, so die Forschung, spielt das absolute Ausmaß an Belohnung weniger eine Rolle als die positive Erwartungsdiskrepanz.[225] Spätestens jetzt ist klar, warum Usain Bolt als Sprint-Weltrekordler bei seinem letzten 100-Meter-Lauf bei der Weltmeisterschaft in London als Dritter so bitter enttäuscht hat. Schneller, höher, weiter! Spätestens jetzt ist klar, warum nach Ihrem Bungeesprung über fast

300 Meter von der Royal Gorge Bridge in Colorado der Schweizer Verzasca-Staudamm keine Reise mehr lohnt. Warum das allererste iPhone jede Warteschlange wert gewesen ist, aber das iPhone X, trotz des sonst nur in der Raumfahrt verwendeten Aluminiums, das neben den Farbtönen Gold, Silber, Space Grau jetzt auch in Roségold zu haben ist und trotz einer 12-Millionen-Pixel-Kamera (plus Weitwinkel und Teleobjektiv), das aber immer noch kein Saphirglas wie die Apple Watch Edition hat, eigentlich kein Must-have ist.

Phänomene wie *abnehmende Grenzerträge* und *Belohnungsvorhersagefehler* machen Frust letztlich systemimmanent. Das Verlangen nach immer mehr zerstört aber nicht nur die Freude an externen Belohnungen, sondern auch an unseren Hobbies beziehungsweise an Tätigkeiten, die wir um ihrer selbst willen ausüben.

7.3 Die Motivationskiller

Einer der weltweit renommiertesten Motivationsexperten ist Edward Deci. Er ist Professor für Sozialwissenschaften an der Universität in Rochester, USA. In einem seiner Bücher erzählt er folgende Fabel: Vor dem Geschäft eines jüdischen Schneiders erschien eine Bande polnischer Halbstarker, die ihn unflätig beschimpfte. Daraufhin ging der Schneider hinaus und gab jedem von ihnen einen Gulden. Sich über das seltsame Verhalten des Alten wundernd, zogen sie ab, erschienen aber am nächsten Tag erneut und setzten ihre Schimpftiraden fort. Abermals ging der Jude vors Geschäft und gab jedem von ihnen einen halben Gulden. Die Jugendlichen verließen, ob dieser Halbierung enttäuscht, den Schauplatz, nur um am nächsten Tag aufs Neue zu erscheinen und ihr böses Spiel fortzusetzen. Daraufhin ging der Schneider vor seine Tür und erklärte, dass er kein Geld mehr besäße, um sie zu bezahlen. Empört kamen die Krakeeler zu dem Entschluss, dass sie sich für lau nicht mehr heiser schreien würden. Sie zogen ab und erschienen fortan nie wieder.[226]

Mit dieser Story will Edward Deci den sogenannten *Verdrängungseffekt* veranschaulichen. Was ist das? Menschen handeln entweder aus *extrinsischen* oder *intrinsischen* Motiven. Wenn wir aus *extrinsischen* Gründen handeln, dann deshalb, weil wir uns davon Vorteile (Belohnung) erwarten oder Nachteile (Bestrafung) vermeiden wollen. Dabei steht die instrumentelle Bedürfnisbefriedigung im Vordergrund. Meistens geht es um Geld als Mittel zum Zweck. Tun wir etwas aus *intrinsischen* Gründen, dann deshalb, weil es uns um die Handlung an sich geht, wegen der damit verbundenen Freude, wegen der damit einhergehenden selbst gesetzten Zielerreichung oder wegen der Einhaltung von Normen, wie Fairness oder Teamgeist.[227] Letzteres verschafft uns ein gutes Selbstgefühl.

Am Vienna-City-Marathon nehmen jährlich über 40 000 Menschen teil. Sie laufen um der Herausforderung willen und riskieren Hüft-, Knie- und Kreislaufprobleme. Ihr Motiv ist *intrinsischer* Natur. Nehmen wir an, die Teilnehmerzahl am Wienmarathon soll erhöht werden. Ein Marketingprofi hat die glorreiche Idee, die kollektive Anstrengung zu incentivieren: eine Prämie von 100 Euro für alle, die unter vier Stunden rennen und eine symbolische Strafe von fünf Euro für alle, die über fünf Stunden brauchen. Würde das die Anzahl der Teilnehmer erhöhen? Ziemlich sicher nicht. Und vor allem: Was würde das für den Trainingseifer und das Engagement der Teilnehmer bedeuten? Gehen wir noch einen Schritt weiter. Das Verteidigungsministerium macht mit dem antiken Diktum *mens sana in corpore sano* ernst und verpflichtet alle wehrfähigen Männer im Alter zwischen 18 und 25 Jahren zur Teilnahme am Staffelmarathon. Garantiert eine Bauchlandung. Wer machte da noch freiwillig mit?

Der *Verdrängungseffekt* tritt dann auf, wenn durch externe Anreize *intrinsische* Motivation zerstört wird. Der deutsche Bestsellerautor und Management-Guru Reinhard Sprenger beschreibt das mit der paradoxen Aussage: »Alle Motivierung zerstört die Motivation.«[228] Anders ausgedrückt: Jede Motivierung von außen ist die Krankheit, für deren Heilung sie sich hält.

Das ist auch der Grund dafür, warum monetäre Anreize in der Schule nichts bringen. Das ist in einem dreijährigen Programm an über 38000 Schülern in 261 Schulen in den USA überprüft worden. Insgesamt kamen 6,3 Millionen Dollar Leistungsprämien zur Auszahlung. Ergebnis: Auf die Noten hatte das keinerlei Auswirkungen. Auf die Anwesenheit der Schüler und auf regelkonformes Verhalten, wie zum Beispiel das Tragen einer Uniform, wirkten sich die Prämien zwar positiv aus, der Effekt war aber derart gering, dass man ihn als irrelevant klassifizieren musste.[229] Fazit: Schade ums Geld!

Ähnlich enttäuschend stellen sich die Befunde zur Beeinflussung von Suchtverhalten dar. 70 Prozent der Raucher möchten mit dem Rauchen aufhören. Sollte man sie dafür bezahlen? In einer Gruppe wurde jeder Raucher in einem fünf Module umfassenden Entwöhnungsprogramm fürs Kommen mit 20 Dollar belohnt. In der anderen Gruppe bekam dafür niemand Geld. Zusätzlich wurde das Aufhören mit dem Rauchen in der Prämiengruppe mit 100 Dollar belohnt. Wiederum bekamen die anderen nichts dafür. Ergebnis: Die Incentive-Gruppe hörte zwar eher auf, 26 Prozent versus zwölf Prozent, aber nach sechs Monaten waren es bloß noch sechs Prozent im Vergleich zu fünf Prozent in der nichtincentivierten Gruppe, die noch immer durchhielten.[230] In beiden Fällen schien also für den Erfolg der innere Wille unerlässlich gewesen zu sein.

Der *Verdrängungseffekt* ist aber in zahlreichen Untersuchungen auch direkt gemessen worden. Welche Eltern kennen das nicht? Ihr Kleinkind Sophia ist spätestens um 15 Uhr vom Kindergarten abzuholen. Verkehrsstau, Warteschlange an der Supermarktkasse et cetera. Sie verspäten sich um 20 Minuten. Die Pädagogin wirft Ihnen böse Blicke zu. Sophia heult, weil sonst niemand mehr da ist. Beim Elternabend stimmen Sie freimütig dem Vorschlag der Leitung zu, dass fürs Zuspätkommen künftig eine »Geldstrafe« ins Kindergartenbudget eingezahlt wird. Das ist zunächst Ihrem schlechten Gewissen geschuldet. Aber es leuchtet auch Ihrem gesunden Menschenverstand ein, dass damit alle – Sie eingeschlossen – in Zukunft mehr auf die pünktliche Abholung der Kinder achten werden. Stattdessen nehmen nach Einführung der Strafzahlung die verspäteten Abholungen zu. Exakt dieser Befund ist in einer Feldstudie ermittelt worden. Vorher sind die Eltern im Schnitt um zehn Minuten zu spät gekommen. Nach Einführung der Strafe sind es 20 Minuten gewesen.[231] Warum? Die Strafe hat das Zuspätkommen legitimiert und die innere Verpflichtung zum Schrumpfen gebracht.

Studenten sammelten in Israel am jährlich wiederkehrenden Donation Day Spenden, etwa für die Krebs- oder Diabetesforschung. Taten sie es freiwillig, sammelten sie im Schnitt 238 Dollar pro Tag, bei einer Beteiligung von zehn Prozent am Spendenerfolg 219 Dollar und bei einer einprozentigen Beteiligung nur 153 Dollar.[232] Insbesondere die Provision von einem Prozent machte dem Engagement den Garaus. Der Titel der Studie lautete daher passenderweise: »Pay enough – or don't pay at all«. Ähnliche Befunde gab es für Blutspenden. In

Schweden waren 52 Prozent der befragten Frauen bereit, ohne Geld Blut zu spenden. Eine Sieben-Dollar-Belohnung senkte die Bereitschaft auf 30 Prozent.[233]

Falls Sie all diese Resultate noch immer nicht überzeugen, was die potenziell schädliche Wirkung von (geringen bis mäßigen) finanziellen Anreizen auf *intrinsisch* motivierte Tätigkeiten betrifft, machen Sie die Probe aufs Exempel. Das nächste Mal, wenn Ihre Partnerin oder Ihr Partner Sie mit einem romantischen Abendessen oder einer schönen gemeinsamen Unternehmung überrascht, zeigen Sie Ihre Dankbarkeit und Anerkennung, indem Sie ihr oder ihm mit den Worten »Danke für den schönen Abend, das hast du dir dafür wirklich verdient« einen Zehneuroschein in die Hand drücken. Bei einem Diamantencollier oder einer Rolex schaut die Sache (und die Reaktion) vermutlich wieder anders aus.

David Garrett und die »Geiz ist geil«-Kardiologen

Prinzipiell neigen wir dazu, *intrinsische* Motivation zu idealisieren, weil wir Engagement um der Sache selbst willen glorifizieren und auf Geschäftemacherei herabschauen. Viele Studien zeigen, dass insbesondere Altruismus durch Geld korrumpiert wird (zum Beispiel Blutspenden). Das ist nicht verwunderlich, denn in diesen Fällen wird durch monetäre Abgeltungen die moralische Selbstaufwertung vereitelt. Hinzu kommt, dass *intrinsisch* Motivierte nicht immer moralische Ziele verfolgen. Auch Hooligans, Sittenstrolche oder fundamentalistische Attentäter sind *intrinsisch* motiviert, und das oft in extrem hohem Ausmaß! Schließlich suggeriert das ketzerische Diktum »Alle Motivierung zerstört die Motivation«, dass jede Tätigkeit das Potenzial für *intrinsische* Motivation aufweist. Auch das ist zu bezweifeln.

In der Erziehung ist der *Verdrängungseffekt* besonders gut belegt. Aber selbst dort braucht es – zumindest am Beginn – immer wieder externe Starthilfen, damit sich *intrinsische* Motivation entfalten kann. Wer behauptet, dass seine Tochter beim »Prima la Musica«-Wettbewerb als Stargeigerin den ersten Preis bekommen hat, weil sie stets mit Begeisterung, Elan und innigem Flow Lagenwechsel und Stricharten perfektioniert hat, der lügt. Nehmen wir als Beispiel den weltberühmten Cross-over-Geiger David Garrett: Er hat eine Eintragung ins Guinness-Buch der Rekorde als schnellster Geiger der Welt erhalten, weil er in der Lage ist, 13 Noten pro Sekunde zu spielen. Was sagt er selbst über seine Arbeit? Einerseits: »Ich arbeite sehr diszipliniert. Das sollen die jungen Leute ruhig sehen. Wenn du etwas erreichen willst, musst du knallhart dafür arbeiten und kämpfen ohne Ende.«[234] Andererseits wurde er von seinem Vater oft mit unnachgiebiger Strenge zum Üben vergattert. Die Grenzen zwischen motivationalem Drinnen und Draußen dürften also fließender sein, als es der *Verdrängungseffekt* proklamiert.

Bei einfachen, standardisierten Arbeiten, die in puncto Leistung gut messbar sind, wo Quantität wichtiger als Qualität ist, wo Zusammenarbeit eine geringe Rolle spielt und das *intrinsische* Potenzial schwach ist, sind Leistungslöhne sinnvoll. All das trifft etwa auf einen Versicherungsberater zu. Nur wenige Menschen würden aus *intrinsischen* Motiven Wildfremde telefonisch kontaktieren, um sie zu einem Policen-Check zu überreden.

Zur abschließenden Illustration soll hier ein hypothetisches Szenario dienen: Leider erging es Ihnen in Ihrem bisherigen Leben wie den raffgierigen indischen Affen. Auch Sie waren nicht imstande loszulassen. Schlimmer noch, Ihr Tretmühlen-Autopilot suggerierte das Mantra: »Wer mit 45 keinen Bypass hat, der hat nicht alles gegeben!« Nun liegen Sie mit einem lädierten Herzen narkotisiert auf dem OP-Tisch. Der Operateur sägt gerade an Ihrem Brustbein, derweilen der Anästhesist genervt von sich gibt: »Kannst du bitte ein bisschen schneller sägen, sonst verpassen wir unseren Bypass-Bonus!« Auch der Chirurg macht beim Einsetzen des zugeschnittenen Venenstücks mächtig Tempo. Leider kommt es zu einer Nachblutung, und zwar genau an der Bypass-Nahtstelle. Das tut der Pumpleistung Ihres Herzens gar nicht gut. Sie müssen zu einer Notoperation. Chirurg und Anästhesist stört das aber gar nicht: Notoperationen haben einen höheren Prämienfaktor. Ihr Bypass-Bonus ist gesichert. Hier leuchtet wohl jedem ein, dass auf Produktivität gerichtete Leistungsprämien nicht wünschenswert sind.

7.4 Belohnung und Bestrafung: Anwendung und Selbstschutz

Kochbuchartig empfiehlt sich beim *operanten Konditionieren* folgendes Vorgehen:

1. Identifiziere ein erwünschtes Verhalten! Das Verhalten muss wichtig, beobachtbar und messbar sein.
2. Messe, wie oft das Verhalten gezeigt wird!
3. Mache, ausgehend von diesem Basiswert, Verbesserungen ersichtlich!
4. Schaffe Rahmenbedingungen, die das intendierte Verhalten anstoßen!
5. Lasse, abhängig vom gezeigten Verhalten, positive, neutrale oder negative Konsequenzen folgen!
6. Evaluiere systematisch die Wirksamkeit des Vorgehens gemessen am zuvor ermittelten Basiswert, und mache die Fortschritte deutlich![235]

Dieses Vorgehen gehört zum Standardwerkzeug der Leistungsbeeinflussung in der Berufswelt. Wer hat keine Zielvorgaben? Wessen Leistung misst sich nicht an Zielen? Wer hat bei Zielverfehlung nicht mit Konsequenzen zu rechnen? Zur Wirkmächtigkeit von Zielen gibt es seit über 30 Jahren eindeutige Befunde. Ziele fokussieren die Aufmerksamkeit, lenken Energien und führen zur gewünschten Leistung (sofern die Mitarbeiter auch die entsprechenden Kompetenzen mitbringen).[236] Nimmt man aber die menschliche *Verlustaversion* ernst, dann ist die gängige Praxis der Geldbelohnung bei Zielerreichung problematisch, weil sie mit *Ex-post-* statt mit *Ex-ante-*Anreizen arbeitet.

Prämien im Voraus sind wirksamer als im Nachhinein

Viele Anreizsysteme in der Praxis zahlen die Leistungsprämien nach der Zielperiode aus. Der Anreiz wäre aber höher, landete der Bonus schon im Voraus auf dem Konto, und zwar unter der optimistischen Annahme, dass alle Vorgaben erfüllt werden. Bereits realisierter Besitz, der potenziell wieder aus der Hand zu geben ist, motiviert mehr als vereinbarter künftiger Besitz, der bloß im Bereich des Möglichen liegt. *Besitzeffekt* und *Verlustaversion* würden somit für einen deutlich höheren Leistungsanreiz sorgen als bei der gängigen Praxis. Selbst Leistungsverweigerer, die weder Zielerreichung noch Entwicklungsfortschritte anstreben, ließen sich mit dieser Methode wieder vor den Karren spannen. Wollte man noch hinterlistiger vorgehen, könnte man die von den Drückebergern abgezogenen Gelder demonstrativ den Topperformern zuerkennen, die sowohl ihre Ziele erreichen als auch in ihrer Gesamtentwicklung gut voranschreiten.

So vorteilhaft und profitabel diese Idee allerdings klingen mag, seien Sie gewarnt: Gruppendynamisch liefe das potenziell auf einen Super-GAU hinaus, kurzfristige und rein egoistische »Gier ist geil«-Mentalität griffe um sich, und der *Verdrängungseffekt* würde die letzten Funken Eigenmotivation zum Verglühen bringen. Mit Blick auf das Wohl oder auch nur das Funktionieren von Gruppe und Organisation ist es klüger, Selbstmotivation zu nutzen und auf Eigensteuerung zu setzen, als sich auf Zuckerbrot und Peitsche zu verlassen.

Anerkennung als Ansporn statt Belohnung und Bestrafung

Was sind die Alternativen zum Leistungslohn, der im Grunde genommen nichts anderes ist als in Geld ausgedrückte Belohnung beziehungsweise Bestrafung? In einer großen Metastudie über 128 Befunde wurde der *Verdrängungseffekt* auf den Prüfstand gestellt. Man differenzierte zwischen *tangiblen*, also handfesten, konkreten Belohnungen wie Geld, Auszeichnungen oder symbolischen Preisen, und *verbalen* Verstärkungen, also positivem Feedback, Lob und Anerkennung. Alle Formen der *tangiblen* Verstärkung wirkten sich negativ auf die *intrinsische* Motivation aus. *Verbale* Verstärkungen hatten hingegen einen positiven Einfluss auf die *intrinsische* Motivation. Das Feedback durfte allerdings keinen kontrollierenden, überwachenden Charakter haben.[237]

Sind also positive verbale Rückmeldungen wirkungsvoller als monetäre Anreize? Diese Frage ist im Großen und Ganzen mit einem Ja zu beantworten. Schauen wir uns zunächst einmal an, was sich Arbeitnehmer von ihren Brötchengebern normalerweise erhoffen und wie das Ranking auf dieser Wunschliste aussieht: Es wurden global über 200 000 Personen befragt. An erster Stelle stand: »Wertschätzung für die Arbeit«. Was kam danach? »Gute Beziehungen mit Kollegen«, »Work-Life-Balance« und an vierter Stelle »gute Beziehung mit Vorgesetzten«. Erst an achter Stelle rangierte das Gehalt.[238] Menschen geht es also, neben der Ausgewogenheit zwischen ihrem Arbeits- und Privatleben, vor allem um Wertschätzung und gute Beziehungen. Für eine genauere Betrachtung werfen wir wieder einen Blick auf eine einschlägige Forschungsarbeit.

Versetzen Sie sich in ein psychologisches Labor. Sie sollen auf einem Blatt mit einer sinnlosen Anordnung von Buchstaben, wie zum Beispiel »dxfvvbdoffklm«, kennzeichnen, wann zweimal hintereinander dasselbe Zeichen steht. Langweilige Arbeit. Aber wenigstens werden Sie dafür bezahlt. Das erste Blatt bringt 60 Cent. Zusätzlich wird getestet, wie lange sie käuflich sind. Deshalb wird in Fünf-Cent-Schritten immer weniger entlohnt. Die Teilnehmer werden in drei Gruppen aufgeteilt – und zwar in die Gruppen »Anerkennung«, »Ignoranz« und »Vernichtung«. Sie kommen in die Gruppe »Anerkennung«. Deshalb schreiben Sie Ihren Namen auf Ihr ausgefülltes Blatt, dann wird Ihre Leistung überprüft, sie wird mit einem kurzen »Ah ja« honoriert und schließlich in einem Ordner abgelegt. Daraufhin arbeiten Sie am zweiten Blatt und so weiter und so fort. Andere haben es nicht so gut. Sie bekommen genauso viel Geld, aber in der Gruppe »Ignoranz« kennzeichnet niemand namentlich die Leistung, niemand überprüft das Ergebnis, und die Blätter werden ohne Kommentar stoßweise gestapelt. Die Teilnehmer der Gruppe »Vernichtung« haben ein noch schlimmeres Los gezogen. Zunächst werden sie so behandelt wie die »Ignoranz«-Gruppe. Nur werden ihre Blätter nicht gestapelt, sondern im Schlund eines Schredders entsorgt. »Motivierte« Probanden der Gruppe »Anerkennung« füllten im Schnitt neun Blätter aus, während die Gruppe »Vernichtung« 6,7 und die Gruppe »Ignoranz« 6,3 Stück lieferte. Ist also Ignoranz schlimmer als Vernichtung? Als Teilnehmer der Gruppe »Anerkennung« waren Sie zudem sehr billig zu haben. Im Schnitt gaben Sie sich nämlich mit 15 Cent pro Blatt zufrieden. Fast die Hälfte Ihrer Gruppe malochte noch für fünf Cent pro Blatt. Die »Ignoranz«-Gruppe hörte bei 28,5 Cent auf, die »Vernichtungs«-Gruppe bei 30 Cent.[239]

Die Studie macht also klar, wie wenig Achtung notwendig ist, um Menschen zu beeinflussen, und wie sündhaft kostspielig Ignoranz und Vernichtung sind. Für dieselbe Leistung muss doppelt so viel hingeblättert werden.

Gut, das sind Befunde aus dem Labor. Wie sieht es in der realen Berufswelt aus? Pro Jahr sterben in den USA jüngsten Befunden zufolge ungefähr 250 000 Menschen aufgrund medizinischer Fehler, was sie zur dritthäufigsten Todesursache macht.[240] Übertragen auf Deutschland würde das über 60 000 Todesfälle pro Jahr bedeuten. Eine wichtige Ursache dafür ist mangelhafte Krankenhaushygiene. Was kann man dagegen tun? In einer Intensivstation werden (mit Wissen und Einverständnis der Belegschaft) 21 Überwachungskameras aufgestellt. So ist jedes Verhalten beobachtbar. Das Ergebnis: Nur einer von zehn Beschäftigten hält sich an die Vorschriften fürs Händewaschen, obwohl die Videoaufzeichnung allen bewusst ist. Wenig später installiert das Forscherteam Displays, auf denen das Feedback »Sie machen das sehr gut« aufleuchtet, sobald sich jemand die Hände vorschriftsmäßig desinfiziert. Außerdem wird angezeigt, wie regelmäßig sich das Krankenhauspersonal während der jeweiligen Schicht die Hände reinigt. Das positive Feedback hat die Einhaltungsrate auf fast 90 Prozent steigen lassen. Auch anderthalb Jahre danach ist sie auf diesem hohen Niveau geblieben.[241]

Zum Abschluss dazu die Befunde aus einer Metaanalyse, die 78 Studien heranzog, um die Wirkung von Lob (Anerkennung, Bestätigung, Beachtung) im Vergleich zu Kritik (Maßregelung, Tadel, Missbilligung) von Führungskräften zu untersuchen.[242] Zusätzlich wurde unterschieden zwischen *begründeter* und *nicht begründeter* positiver beziehungsweise negativer Verstärkung. Hierbei ging es darum, ob Lob und Kritik aufgrund der Leistung gerechtfertigt waren. Das Top-Five-Ranking, so in den Studien ermittelbar, bot folgende Ergebnisse:

Begründetes Lob wirkte stark positiv auf:

1. die Extraleistung (mehr tun, als im Stellenplan steht);
2. die wahrgenommene kommunikative Gerechtigkeit;
3. die empfundene Unterstützung;
4. das Vertrauen in die Führungskraft;
5. die emotionale Bindung gegenüber dem Arbeitgeber.

Gerechtfertigte Ankerkennung optimiert also die Leistung und verbessert Beziehungen und Bindungen.

Unbegründetes Lob erhöhte in bescheidenem Ausmaß:

1. die wahrgenommene Arbeitsplatzsicherheit;
2. das persönliche Wachstumsempfinden;
3. die Zufriedenheit mit der Führungskraft.

Sie ist also nicht leistungswirksam und verbessert in erster Linie subjektives Empfinden.

Begründete Kritik hat bloß zwei nennenswerte, mittelstark positive Auswirkungen – und zwar erstens auf die Teamperformance und zweitens auf die Zufriedenheit mit der Führungskraft. Das erstaunt ein wenig, denn *begründetes Lob* wirkt sich positiv auf das individuelle Leistungsverhalten aus, aber nicht positiv auf die Teamperformance. Bei der *begründeten Kritik* ist es umgekehrt: fürs Team gut und fürs Individuum irrelevant. Wie das? Kritik, selbst wenn sie begründet ist, verletzt und demotiviert. Das steht im Einklang zu den Befunden der *Verlustaversion*. In der Gruppe scheint *begründete Kritik* jedoch durch differenziertes und nachvollziehbares Feedback kohäsiven Leistungsdruck zu erzeugen. Ebenso scheinen es Mitarbeiter anzuerkennen, was sich in der höheren Zufriedenheit zeigt, wenn sich die Führungskraft nicht vor dem Äußern berechtigter Kritik drückt, sondern auch diesen potenziell unangenehmen Teil einer Führungsrolle in sachlicher und konstruktiver Weise ausfüllt.

Unbegründete Kritik ist eindeutig ein Schuss in den Ofen. Sie wirkt stark negativ auf, erstens, die Zufriedenheit mit der Führungskraft, zweitens, die Teamperformance, drittens, die Extraleistung, viertens, die wahrgenommene Arbeitsplatzsicherheit und, fünftens, die Zufriedenheit mit den Kollegen. Wer Leute also nach Lust und Laune anstatt mit gutem Grund niedermacht, ist ein Leistungs-, Vertrauens- und Beziehungszerstörer.

Anerkennung im Sinne verbaler Verstärkung, Feedback geben, die richtige Balance zwischen Lob und Kritik finden will gelernt sein. Das zeigen groß angelegte Überblicksarbeiten, in denen sich herausgestellt hat, dass Feedback nur in zwei Dritteln der Fälle eine positive, aber in einem Drittel der Fälle auch negative Auswirkung auf die Leistung haben kann.[243] Wo liegt da der Hase im Pfeffer?

Anerkennung, richtiges Loben, zielführendes Feedback

Ziele und Feedback sind zwei Seiten ein und derselben Medaille. Ziele ohne Rückmeldung über den Erreichungsgrad sind weitgehend sinnlos. Das zeigt beispielsweise eine Studie über Pizzalieferdienste. Hier stehen Mitarbeiter vor dem Dilemma, rasch zu liefern und dennoch Verkehrsregeln beziehungsweise Sicherheitsstandards wie das Anlegen von Gurten einzuhalten.

Eine Überprüfung ergab, dass nur in 50 Prozent der Fälle Verkehrsregeln eingehalten wurden. Daher bildete man zwei Parallelgruppen. Eine Gruppe erhielt die Vorgabe, zumindest in 75 Prozent der Fälle regelkonform zu agieren. Die Kontrollgruppe bekam keine Vorgabe. Nach Zielvorgabe plus Feedback stieg die Konformität auf 67 Prozent. Dann wurden die Rückmeldungen wieder gestoppt, mit dem Effekt, dass zehn Wochen später die Einhaltung der Verkehrsregeln sogar unter dem Ausgangsniveau lag.[244] Ziele setzen also das Verhalten in Gang, und Feedback über die Zielerreichung hält das Verhalten in Gang.

Früher gab es einarmige Banditen, in denen fünf Walzen rotierten, die man mit einem Hebel in Bewegung setzte. Gewinne gab es, wenn in einer Reihe die gleichen Symbole, zum Beispiel Kirschen, Sterne oder Glocken, angezeigt wurden. Heute gibt es ultraschnelle elektronische Slot-Machines. Ihre Frequenz ist höher. Daher treiben sie Menschen mit High-Speed in die Spielsucht. In der Suchtforschung werden sie daher auch »Crack-Cocaine-Machines« genannt.[245] Aber warum setzen sich Menschen dem Risiko aus, langfristig mit Sicherheit Geld zu verlieren, um mit geringer Wahrscheinlichkeit Gewinne zu machen? Steht das nicht im Widerspruch zur *Neuen Erwartungstheorie*? Nein. Auch wenn anfangs Gewinnmotive dominieren, obsiegt langfristig die *Verlustaversion*, und zwar nach dem Motto: »Morgen hole ich mir mein Geld wieder zurück!«

Beim *operanten Konditionieren* wird unter anderem zwischen *fixer Immer-* und *unterbrochener gelegentlicher Verstärkung* unterschieden. Wenn Affen, Ratten, Tauben oder Fische die Wahl haben zwischen einer klar vorhersehbaren und einer weniger vorhersehbaren Belohnung, entscheiden sie sich für Letzteres.[246] Bei *Gelegenheitsverstärkung* strengen sich die Tiere auch mehr an. Beispielsweise bekamen Tauben fürs Picken entweder eine fixe oder eine zufällige Belohnung. Letzteres erhöhte die Pickrate um 20 Prozent.[247] Gelegentliche Unsicherheit, ob eine Belohnung folgt, gibt anscheinend einen größeren motivationalen Kick als eine zuverlässig vorhersagbare Belohnung selbst. Auch beim Menschen ist das nachgewiesen worden.[248] Was sich bei alldem im Gehirn abspielt, ist wiederum bei Affen untersucht worden. Ihre Lustneuronen feuerten bei Belohnungswahrscheinlichkeiten von 50 beziehungsweise 75 Prozent fast gleich stark. Der Unterschied zur 100-prozentig sicheren Belohnung war nur marginal. Selbst eine Wahrscheinlichkeit von 25 Prozent lag nur knapp unter der 50-Prozent-Luststimulierung.[249] Variable Verstärkung macht also Mensch und Tier zu »Fixern«.

Was lässt sich daraus schlussfolgern? Positive Anerkennung ist nicht gleichzusetzen mit *Immer-Verstärkung.* Als Faustregel gilt: Gelobt wird in Abhängigkeit vom Entwicklungsfortschritt. Am Beginn eines Lernprozesses ist *Immer-Verstärkung* angesagt. Jeder Strafreiz ist zu diesem Zeitpunkt besonders kontraproduktiv. Ziele sind daher so zu setzen, dass es wenig Misserfolge, aber viele Erfolge gibt. Ist die erste Zieletappe erreicht, ist mit Lob und Anerkennung nur noch sparsam umzugehen. *Immer-Lob* ist inflationär und fast so wirkungslos wie *Nie-Lob.* Loben darf also nicht zur Dauerberieselung werden.

Wie sollte gelobt werden? Loben Sie die Leistung beziehungsweise das gewünschte Verhalten und keine Eigenschaften. Forscher sahen sich an, wie sich ein *personenbezogenes* (»Du bist richtig intelligent.«) beziehungsweise *prozessbezogenes Feedback* (»Du hast wirklich hart gearbeitet.«) von Müttern auswirkt. *Personenbezogenes Feedback* zog ein Selbstbild der Kinder nach sich, wonach Erfolg eher von stabilen, wenig beeinflussbaren Eigenschaften abhängt (»Wie intelligent du bist, kannst du nicht wirklich beeinflussen.«) und nicht von der eigenen Anstrengung. Diese Kinder mieden daher auch schulische Herausforderungen in den für sie wichtigsten Fächern. Warum? Diejenigen, die bereits gut waren, wollten ihre positive Sicht bewahren, diejenigen, die schlecht waren, sahen kaum Chancen zur Veränderung.[250]

Formulieren Sie im positiven, anerkennenden Feedback daher zum einen das Was und zum anderen das Wie. Dann leiten Sie erkennbare Stärken ab und machen deutlich, wie Sie auf all das emotional reagieren.[251] Eine solche Erziehungsintervention könnte etwa lauten:

»Für die Englischschularbeit hast du echt hart gearbeitet (Was). Wie du die unregelmäßigen Verben immer wiederholt hast, bis sie wirklich saßen (Wie), das hat mich wirklich beeindruckt (emotionale Reaktion). Selbstständiges Lernen gelingt dir also immer besser (Stärken). Ich bin wirklich stolz auf dich (emotionale Reaktion).«

Eine Führungsintervention könnte zum Beispiel lauten: »Sie haben beim Kundengespräch (Was) ausführlich die Vor- und Nachteile aufgezeigt, wie diese mit den Finanzierungsarten verbunden sind (Wie). So ist sich der Kunde sicher gewesen, dass er das bekommt, was er will. Aber bei den Konditionen sind Sie hart geblieben. Damit haben Sie einen Abschluss erreicht, der Kunden- und Firmeninteressen in Einklang gebracht hat (Stärken). Ich freue mich wirklich über Ihren Erfolg (emotionale Reaktion).«

Sie müssen sich nicht immer gewissenhaft an dieses Schema halten. Aber der Leitfaden richtigen Lobens lautet: *Beziehe dich in deinem Feedback mehr auf den Lösungsweg und weniger auf das Ergebnis.*

Wohlmeinende Eltern oder Vorgesetzte denken möglicherweise, dass schüchterne und unsichere Personen besonders enthusiastisches Lob verlangen. Aber Vorsicht: In einer Studie wurden künstlerische Arbeiten unterschiedlich bewertet, entweder sachlich beschreibend (»Du hast ein schönes Bild gemalt.«) oder schwärmerisch verklärend (»Du hast ein unglaublich tolles, wunderbares Bild gemalt.«). Selbstsichere Personen strengten sich nach dem euphorischen Urteil mehr an. Unsichere Personen wurden durch die übertriebene Lobhudelei hingegen anscheinend noch mehr verunsichert und gingen dann weiteren Herausforderungen eher aus dem Weg.[252]

Was tun, wenn Sie auf Anerkennung setzen, aber es nichts zu loben gibt? Wenn es nichts zu loben gibt, ist positives Feedback sinnlos und kontraproduktiv. In diesem Fall gibt es eher einen Erklärungs- oder Schulungsbedarf beziehungsweise die Notwendigkeit einer Neujustierung von Zielen.

Wie sollten Lob- und Kritikbilanzen aussehen? Was sollte überwiegen? Kritik kratzt in der Regel am Selbstwert von Menschen. Und aufgrund der *Verlustaversion* bewerten wir negative Erfahrungen anders als positive. Erstere werden intensiver erlebt und stärker vermieden. Eine neue Überblicksarbeit kommt diesbezüglich zum Schluss, dass nachteilige Erlebnisse um das 3,14-Fache stärker wirken als positive.[253] Das klingt nach der Zahl Pi, hat aber damit nichts zu tun. Ist das wirklich so, dann hat das unweigerlich Konsequenzen für das zwischenmenschliche Miteinander.

Lob, Anerkennung und Wertschätzung (beziehungsweise in der Praxis oft deren Fehlen) spielen auch in einer der engsten Beziehungsformen eine wichtige Rolle. Wechseln wir somit in puncto positiver und negativer Erfahrungen den Schauplatz und stellen die Frage, was gute Ehen charakterisiert. Wie sollte da das Verhältnis zwischen Lust und Frust, Plus und Minus sein?

Apokalyptische Reiter und das 5-zu-1-Verhältnis

Warum scheitern Ehen? Das Lebensgefühl der 1960er- und 1970er-Jahre mit seinen Ikonen The Doors, Jimi Hendrix und Janis Joplin, heutzutage mit dem Narrativ »Sex, Drugs & Rock 'n' Roll« verklärt, brachte neben der antiautoritären Erziehung und freiwilligem Unterrichtsbesuch in Schulen – Stichwort »Gebt den Kindern ihre Kindheit zurück!«[254] – auch Umbrüche in der Ehegestaltung. Beispielsweise sah ein Bestsellerautor das Hauptübel von Ehen in unterdrückten Aggressionen. Als Allheilmittel proklamierte er das Diktum: »Lasst zurückgehaltene Wut raus und geht aufeinander los!« Das bewirke einen »paradoxen Liebeseffekt« und stärke die Beziehung. Dementsprechend programmatisch lauteten auch die Buchtitel *Keine Angst vor Aggression: Die Kunst der Selbstbehauptung* oder *Streiten verbindet*.[255] Eine andere Empfehlung ging von der Paar- und Familientherapie aus, die in Sachen Ehe den *Homo reciprocans* zum Maß aller Dinge erhöhte. Eheglück basiere, so der Rat, auf dem Prinzip »Quid pro quo« (»dies für das«): »Ich räume den Geschirrspüler ein, du trägst den Müll hinunter.«[256] So wurde im Gegensatz zur Hollywood-Romantik Liebe als beinhartes Tauschgeschäft konzipiert.

Es darf vermutet werden, dass beide Strategien, konsequent verfolgt, schnurstracks im emotionalen Desaster und nicht im siebten Himmel endeten. Zudem fehlte den gut gemeinten Ratschlägen jedwede wissenschaftliche Fundierung – bis John Mordechai Gottman kam. Der studierte zunächst Mathematik und analytische Geometrie, bevor er sich, nach zwei gescheiterten Ehen, der Psychologie zuwandte, seinen Rechenstift in die Hand nahm und zum Liebesexperten avancierte. Seine Erkenntnisse aus 40-jähriger Forschung – zwölf Langzeitstudien von bis zu 20 Jahren mit über 3000 Paaren –

liegen unter dem Titel *Principia Amoris* nunmehr in Buchform vor.[257] Gottman begann damit, Eheleute über ihre Gefühle gegenüber dem anderen oder ihre Vorstellungen über Partnerschaft reden zu lassen und sie dabei zu filmen. Währenddessen zeichnete er ihre physiologischen Reaktionen auf (zum Beispiel Herzschlag und Atemfrequenz). Dann nahm er die Aufzeichnungen unter die Lupe und bewertete das Verhalten und die Wahrnehmung der Paare. Drei Jahre später überprüfte Gottman deren Eheglück. Erstaunliches trat zutage. Die Unglücklichen wiesen schon im Labor höhere Pulsraten, schwitzende Hände oder schnellere Atmung auf. 15 Minuten Aufzeichnung genügten, um anhand der physiologischen Parameter mit 90-prozentiger Sicherheit die Ehequalität vorhersagen zu können. Selbst Gottman war davon überrascht.[258] Dann verfeinerte er seine Beobachtungen immer mehr. Beispielsweise wertete er Interviews mit Paaren aus, die Kinder im Alter zwischen vier und fünf Jahren hatten. Beobachtet wurden unter anderem die wechselseitige Anziehung der Paare, ihr Verhältnis zu den Kindern, Desillusionierung der Beziehungserwartungen oder kooperatives Ich-und-Du- versus egoistisches Ich-Denken. Aufgrund seiner Befunde konnte er mit 94-prozentiger Sicherheit vorhersagen, wer drei Jahre später noch zusammen war.[259]

In einem nächsten Schritt legte Gottman sein Augenmerk auf das Verhältnis positiver und negativer Emotionen. Dazu ließ er jung vermählte Paare kontroverse Themen diskutieren und maß das Verhältnis positiver (Interesse, Bestätigung, Anziehung oder Humor) zu negativen Affekten (Empörung, Dominanz, Missachtung). Ein dreiminütiges Video reichte aus, um das Ehe-Aus in den nächsten sechs Jahren gut prognostizieren zu können.[260] Schließlich setzte er den finalen Schritt. Gottman untersuchte Paare, während sie über Tagesereignisse, Konfliktthemen, aber auch Angenehmes berichteten. Einige Tage danach lud er sie erneut ins Labor ein und ließ sie das eigene Video anschauen. Währenddessen konnte jeder auf einer neunstufigen Ratingskala seine Gefühle von extrem negativ über neutral bis extrem positiv angeben. Vier Jahre später erhob er das Eheglück der Paare samt Gesundheitsstatus sowie deren Scheidungsraten.[261] Das Material analysierte er zusätzlich mit Zeitreihenverfahren, wie sie bei Börsenprognosen oder in der Meteorologie üblich sind. Das berühmteste Ergebnis dieser Arbeit war das sogenannte *5-zu-1-Verh*ältnis. Glückliche, gesunde, stabile Paarbeziehungen charakterisierte ein Verhältnis von fünf positiven Momenten zu einem negativen Moment, die während der Aufzeichnung vorkamen. Hingegen hielten sich bei den unglücklichen Paaren die positiven und negativen Momente in etwa die Waage.

Negatives ist in seinem Einfluss auf eine Beziehung also machtvoller als Positives. Negativspiralen sind besonders selbstverstärkend. Aus ihnen ist schwer wieder herauszukommen. Die 68er-Strategie »Streiten verbindet« ist also ein fataler zeitgeistlicher Trugschluss gewesen.

Schließlich hat Gottman noch einmal nachgelegt. Er hat untersucht, inwieweit sich negative Verhaltensmuster in einer Beziehung in ihrem Schadenspotenzial unterscheiden. Seine Erkenntnis: Vier Verhaltensweisen, die er *Apokalyptische Reiter* nennt, sind besonders destruktiv:[262]

1. »Kritik« im Sinne von Schuldzuweisungen und Anklagen und verallgemeinernde Verurteilung des anderen;
2. »Abwehr« im Sinne einer Verteidigung und Rechtfertigung des eigenen Verhaltens samt Verleugnung eigener Verantwortung und Mitschuld;

3. »Verachtung und Geringschätzung« im Sinne von Sarkasmus, Zynismus, Augenrollen, Verhöhnen, Provokationen, Nachäffen, Lächerlichmachen;
4. »Mauern und Rückzug« im Sinne von Nichtnachgeben, Schweigen, Reaktionslosigkeit und versteinerten Mienen.

Mit 90-prozentiger Sicherheit sagten die *Apokalyptischen Reiter* Ehetrennungen voraus. »Mauern und Rückzug« gingen übrigens in 85 Prozent der Fälle von den Männern aus. Das destruktivste Verhalten war aber die »Verachtung«.[263]

Schließlich hat Gottman noch die Frage beantwortet, was Beziehungen auszeichnet, die erst nach langer Zeit zugrunde gehen. Das sind Paare, die zwar wenig negative, aber so gut wie keine positiven Interaktionen aufweisen. Es wird nicht gelacht, geneckt und kein Mitgefühl gezeigt. Die *Apokalyptischen Reiter* bringen Beziehungen schnell um die Ecke. Wechselseitige Teilnahmslosigkeit und Ignoranz sind hingegen der schleichende Tod.[264]

Im Buch *Principia Amoris* gibt es viele Kurven, Diagramme und topografische Abbildungen, wie sie in der Chaosforschung üblich sind. All das tut Gottman, um das Mysterium »Liebe« mit nackten Zahlen mathematisch zu beschreiben. Anschaulich zeigt er, wie wechselseitige Entwertungen und permanente Oben-unten-Kämpfe Beziehungssysteme zum Kippen bringen. Positives tritt dann mehr und mehr in den Hintergrund. Negatives gewinnt die Oberhand.

Können diese Befunde auch aufs Berufsleben übertragen werden? Dazu gibt es wenige Studien. Diejenigen, die es gibt, kommen jedoch zu ähnlich interpretierbaren Ergebnissen. Werfen wir einen Blick auf eine dieser Untersuchungen: Analysiert wurden Kommunikationsmuster in Verkaufsteams der Pharmabranche, unterschieden nach drei »Leistungsklassen« (Top-,

Medium- und Low-Performance-Teams). Die Leistungsindikatoren waren: Verkaufsprofitabilität, Kundenzufriedenheit und ein 360-Grad-Feedback bestehend aus Kollegen- und Vorgesetztenurteilen. Besprechungen von 60 Teams wurden von Beobachtern in Bezug auf die Kommunikation bewertet. Das Verhältnis positiver, also unterstützender, verstärkender beziehungsweise wertschätzender Aussagen wie etwa »Das ist eine gute Idee« zu negativen Aussagen, also in sarkastischer, zynischer Weise, wie beispielsweise »Das ist einer der schwächsten Vorschläge, die ich je gehört habe« ergab folgendes Bild: Die Topteams hatten 5,6-mal mehr positive als negative Aussagen. In der Medium-Gruppe war das Verhältnis 1,8 zu eins und bei den Low-Performern 0,36 zu eins. In der Gruppe der schlechten Teams kam also das Negative fast dreimal häufiger vor als das Positive. Das Verhältnis zwischen sich erkundigenden, an der Position des anderen interessierten Statements zu sich verteidigenden, sich rechtfertigenden Statements schaute so aus: Topperformer 1,1 zu eins, Medium-Performer 0,67 zu eins und Low-Performer 0,05 zu eins. In den Low-Performer-Teams war also praktisch jeder unentwegt damit beschäftigt, sich zu verteidigen.[265]

Welche Konsequenzen können aus den Studien von John Gottman für die Arbeitswelt abgeleitet werden? Arbeitsbeziehungen sind (meist) keine Liebesbeziehungen. Ein Verhältnis von fünf positiven zu einer negativen Erfahrung, wie in guten und beständigen Ehen, wäre wirklichkeitsfremd. Wenn aber Negatives emotional mehr als dreimal stärker wirkt als Positives, kann eine Verhältniszahl zwischen Kritik und Lob von eins zu drei als Richtschnur dienen.

Somit müssten sich alle Beeinflusser dieser Welt, die die Zielerreichung anderer mitzuverantworten haben, also eigentlich auch Erziehende, die Frage stellen: »Wie schaut meine Verhältniszahl zwischen positivem und negativem Feedback aus?« Die Vermutung liegt nahe, dass Sie selbst bestenfalls ein Unentschieden zustande bringen und schlechtestenfalls das Negative dominiert, weil Sie vielleicht ein Verfechter des schwäbischen Grundsatzes sind: »Nix geschwätzt isch au globt!«

Dieser Hang zur Kritik entspringt nicht ausschließlich sadistischer Freude an der Abwertung des Gegenübers. Hat uns doch die Evolution darauf getrimmt, in erster Linie das im Auge zu haben, was mangelhaft und unzulänglich ist und weniger darauf, was in Ordnung ist und funktioniert. Metaphorisch formuliert: Verdorbenes Fleisch konnte alle umbringen, wohingegen der frisch erlegte Hase nur einen Abend zum Fest machte. Daher gilt es, diesen kommunikativen Autopiloten umzuprogrammieren und Vertrauen statt Misstrauen, positive Zuwendung statt negativer Ablehnung in den Mittelpunkt zu stellen. Tun Sie das, sind Sie als Beeinflusser erfolgreicher.

Wie bringen Sie also Ihren übergewichtigen Mann, auch die Feedbackregeln von vorhin beherzigend, dauerhaft ins Fitnessstudio? Sagen Sie nicht zu ihm: »Ferdinand, dein Schwimmreifen am Bauch wird immer hässlicher, du solltest mehr Sport treiben, sonst bekommst du noch einen Herzinfarkt!« Diese Intervention ist verletzend und wird angsterfüllt verdrängt. Machen Sie ihm Komplimente, wenn er nach einem seiner seltenen Besuche im Fitnessstudio nach Hause kommt, wie zum Beispiel: »Ferdinand, jedesmal wenn du vom Sport kommst, bist du viel vitaler als sonst, und deine Muskeln sind so schön straff. Ich freue mich dann immer ganz besonders auf dich!«

Vielleicht geht Ihnen diese Beeinflussungsromantik aber auch zu weit, zumal sie zu Recht eine Antwort auf die Frage vermissen, was zu tun ist, wenn Verhalten tatsächlich unakzeptabel ist. Wie schaut in diesen Fällen konstruktive statt destruktive Kritik aus? Damit beschäftigt sich das nächste Kapitel. Zuvor aber noch einige Reflexionen zum Selbstschutz.

Wie schützen Sie sich vor Belohnungs- und Feedbackfallen?

Langfristiges Glück ist im Plan der Schöpfung nicht vorgesehen. Lustkurven verflachen, und jedes Surprise-Surprise-Surplus wird kostspieliger und kostspieliger. Kompensatorisch setzen wir Menschen daher eher auf Masse statt auf Klasse. Angeblich besitzt der Durchschnittseuropäer über 10 000 Dinge. Motto: »Ich kaufe, also bin ich!«[266] Ballastabwerfen ist also nicht ganz so unser Ding oder gar der sokratischen Weisheit zu folgen: »Nichts zu bedürfen, ist göttlich, möglichst wenig zu bedürfen, kommt der göttlichen Vollkommenheit am nächsten.«[267]

Wie in stammesgeschichtlich uralten Zeiten, wo das Besser-als-erwartet wahrlich noch ein Fest gewesen ist – Stachelbeeren, Kaninchen, Hirschkalb oder Mammut – und gleichzeitig über Leben und Tod entschieden hat, jagen wir ergo auch heute noch den Dingen hinterher, »streben nach mehr, mehr, mehr – auch wenn es uns krank, müde, übergewichtig, unzufrieden und arm macht«.[268]

Gegen all das ist kaum ein Kraut gewachsen. Außer Sie entscheiden sich, die acht Pfade des Buddhismus zu gehen. Was aber in der Welt, in der wir leben, ziemlich schwierig ist.

Seien Sie sich der problematischen Auswirkungen des *Verdrängungseffektes* bewusst! Nehmen wir an, Ihre Frau führt bei der Erziehung der Kinder ein straffes Belohnungsregiment ein: zehn Punkte für ein *Sehr gut* bei einer Schularbeit, acht Punkte für ein *Gut*, einen Punkt für das Wegtragen des Mülls et cetera. Mehr Punkte bedeuten mehr Taschengeld. Das führt, glauben Sie mir, zu heftigen Streitereien über die Wertigkeit bestimmter Handlungen, zum Beispiel: Biomüll stinkt, also müsste er mehr Punkte einbringen als Restmüll. Eines Tages sitzen Sie dann auf einem sehr privaten Örtchen und müssen – angesichts eines bedauerlichen Logistikversäumnisses plötzlich neben einer leeren Rolle sitzend – Ihren pubertierenden Sohn bitten, aus dem Keller Nachschub zu holen. Statt des rettenden Toilettenpapiers kommt daraufhin erst mal die Frage: »Papa, wie viele Punkte bringt das?« Ähnlichkeiten mit lebenden Personen sind übrigens rein zufällig.

Uns allen fällt es schwer, unsere Anfälligkeit gegenüber Lob in den Griff zu bekommen. Bruno Kreisky war von 1970 bis 1983 österreichischer Bundeskanzler. Er soll einmal gesagt haben: »Sie glauben gar nicht, wie viel Lob ich ertragen kann.« Die entscheidende Frage lautet in diesem Zusammenhang daher nicht: »Wie kann ich mich gegenüber Manipulation durch Anerkennung und Lob schützen?«, sondern vielmehr: »Für welche Ziele lasse ich mich dadurch verpflichten?« Damit werden moralisch-ethische Fragen tangiert.

8. Mimikry, Übereinstimmung, empathisches Mitgehen und Führen

Der Fall Victoria, die verpatzte Präsentation und die Krokodilstränen

Victoria K. ist in einem Markenartikelkonzern zuständig für Schlüsselkunden im Handel. Die Marktanteile gehen zurück. Geht es nicht bald aufwärts, muss sie ihren Kopf hinhalten. Frau K. erarbeitet ein neues Ladenkonzept für ihre Kunden. Dann kommt der Tag der Präsentation. Alle wichtigen Key Player sind anwesend. Angespannt öffnet sie ihren Laptop und stellt wie gelähmt fest, sie hat eine veraltete Präsentation auf der Festplatte, auf der – peinlich, peinlich – auch noch die Marktanteile der Konkurrenz ersichtlich sind. Leises, aber verständnisvolles Raunen geht durch den Raum. Frau K. entschuldigt sich und greift zum USB-Stick. Doch leider: Auch da ist die alte Version drauf. Leises, aber weniger verständnisvolles Raunen geht durch den Raum. Sie ersucht um eine kurze Pause und ruft im Büro an. Leider ist ihre Assistentin heute zu Hause. Ihr Sohn hat Seitenstrangangina. Sie ist nicht erreichbar. Ihre Kolleginnen unternehmen alles, um zu retten, was zu retten ist. Aber vergebens. Nach 20 Minuten muss das Meeting abgebrochen werden.

Tags darauf gibt's Zeter und Mordio im Büro: »Sie wissen schon, was gestern passiert ist?«, fährt Frau K. ihre Assistentin harsch an. Ein schuldbewusstes »Ja« dringt an ihr Ohr: »Meine Kollegin hat mir von Ihrem Malheur erzählt.« »Was heißt da mein Malheur? Wessen Malheur war das? Sie waren für alles verantwortlich! Dann diese bodenlose Schlamperei!« »Tut mir leid«, entschuldigt sich die Assistentin: »Ich bin davon ausgegangen, Sie würden alles noch einmal checken!« Verärgert schüttelt Frau K. den Kopf: »Das war Ihre Baustelle, und wenn Sie schon auf Ihren Sohn aufpassen, dann hinterlassen Sie wenigstens keinen Saustall!« Die Assistentin rechtfertigt sich damit, dass ihre Chefin normalerweise die Präsentation auch auf ihrem Computer haben sollte, was Frau K. gar nicht so sieht: »Nein, Sie und nur Sie waren dafür verantwortlich«, und fragt giftig nach: »Heißt das, dass ich selbst schuld war, dass ich beim Kunden wie ein Trottel dastand?« Darauf die Assistentin gesenkten Hauptes: »Nein, natürlich nicht. So habe ich das nicht gemeint. Ich war halt familiär in einer schwierigen Lage (…).« Sie gibt sich alle Mühe, erste Tränen zu unterdrücken. Genervt unterbricht sie Frau K., wird lauter und äfft sie nach: »Schwierigen Lage, schwierigen Lage. Ja, und jetzt kommen gleich die Krokodilstränen, weil seit Ihrer Scheidung ja alles so schwierig ist! Die Suppe müssen Sie alleine auslöffeln!« Zwei Wochen lang gehen die beiden einander aus dem Weg. Die Beziehung zwischen ihnen ist nachhaltig angeknackst.

Der Fall von Victoria K. zeigt eine Kaskade von Kritik und Schuldzuweisung, abwehrender Rechtfertigung, darauffolgender Geringschätzung, die bis zur Verachtung geht. Dann ist Funkstille, wechselseitiges Mauern wird praktiziert. Die *Apokalyptischen Reiter* haben beide heimgesucht. Hat hier irgendjemand etwas gelernt? Ist es Victoria K. nach dieser Auseinandersetzung leichter? Wird es in Zukunft besser gehen? Wie sähe in diesem Fall ein konstruktives Kritikgespräch aus?

Blüten von einigen Orchideen ahmen die Gestalt und den Duft von Bienenköniginnen nach, um die herumschwärmenden Drohnen auf ihrem Hochzeitsflug anzulocken. Die Blumen verbessern so ihre Bestäubungschancen.[269] Derartige Signalfälschungen gibt es in der Natur zuhauf. Sie werden *Mimikry* genannt. Derselbe Begriff wird auch verwendet, wenn Menschen beispielsweise die Sprechgeschwindigkeit, die Rhythmik, Tonlage, nonverbale Mimik bis hin zu verbalen Äußerungen eines Gegenübers imitieren beziehungsweise spiegeln.

Die Wurzeln der Technik liegen in der Hypnose. Während die klassische medizinische Hypnose den Patienten primär durch direkte Suggestion beeinflusst, geht die psychotherapeutische Hypnose, wie sie auf den US-amerikanischen Psychiater Milton Erickson (1901–1980) zurückgeht, indirekt vor. Sie begleitet verbal und nonverbal das Erleben und Verhalten des Patienten, um im Anschluss daran eine Intervention zu setzen. Dafür sind drei Prinzipien zentral:

1. Akzeptiere die subjektive Realität des Patienten.
2. Lenke seine Folgebereitschaft durch *Mitgehen* und anschließende Führung. Das wird *Pacing* und *Leading* genannt.
3. Treten Widerstände auf, dann sieh darin ein Zeichen für mangelhaftes *Pacing*.[270]

Das *Pacing* holt den Patienten in einer empathischen Art und Weise dort ab, wo er gerade ist. Was er im Hier und Jetzt erlebt, wird ihm spiegelnd rückgemeldet. Beispielsweise beginnt eine Hypnose mit den Worten: »Sie sitzen da und schauen mich an.« »Sie atmen ein und aus.« »Manchmal senken sich Ihre Augenlider.« So fühlt sich der Patient in einer wohltuenden Weise erreicht und öffnet sich bereitwilliger der Führung in die Trance. Richard Bandler und John Grinder, die Begründer des sogenannten »Neuro-Linguistischen Programmierens« (NLP), haben daraus eine Technik entwickelt, die auch im Alltag anzuwenden ist. Dabei wird die nonverbale und verbale Kommunikation eines Gegenübers gespiegelt, um seine Bereitschaft zu erhöhen, die anschließende Führung zu akzeptieren.[271]

Lange Zeit war die Wirkung der Technik reine Spekulation. Das hat sich mittlerweile geändert. Zahlreiche Ergebnisse aus verschiedenen Lebensbereichen zeigen, dass Nachahmung geradezu verblüffend wirkt. Beispielsweise sind Komplizen des Forschers, die andere nonverbal beziehungsweise körpersprachlich gespiegelt haben, um 20 Prozent freundlicher und sympathischer wahrgenommen worden, als wenn sie das nicht getan haben. Zudem sind die Imitationen nur einem von 37 aufgefallen. Nonverbale Nachahmung und Empathie, auch das ist deutlich geworden, hängen zusammen.[272] Jemanden nett zu finden, der uns spiegelt, dazu gehört vielleicht nicht viel, aber tun wir auch mehr für ihn? Ja, tun wir: Zwei Personen unterhielten sich über Werbeanzeigen. Die Mitwisser praktizierten in der Hälfte der Fälle *Mimikry*. Zufällig fielen dann sechs Stifte zu Boden. Normalerweise halfen 33 Prozent der Getesteten. Die Gespiegelten hoben zu 100 Prozent die Stifte auf.[273]

Beim letzten Fall mag es sich um eine quasi automatisierte Gefälligkeit handeln, die nicht viel abverlangt. Geht auch mehr? In einer Untersuchung hat nach einer kurzen Diskussion über Kunst der Eingeweihte des Forscherteams die teilnehmenden Studierenden gebeten, eine Rezension über einen zehnseitigen Essay zu verfassen. Unter normalen Bedingungen haben 47 Prozent eingewilligt. Nach körpersprachlicher Imitation sind es 77 Prozent gewesen.[274]

Wie verbessern Sie Ihre Flirtaussichten zum Positiven? Beim Speeddating haben Singles dafür nur kurz Zeit. Dann ertönt schonungslos ein Gong, und die Paare wechseln. Frauen wurden sensibilisiert, in fünfminütigen Begegnungen verbales und nonverbales Mimikry zu praktizieren. Sagte zum Beispiel ein Werber: »Ich liebe es (...)« oder »Das (...) macht mir Spaß«, verwendeten sie die gleichen Formulierungen. Fragten die Männer: »Du machst das wirklich?«, dann erwiderten sie das nicht nur mit einem »Ja«, sondern sagten wiederholend: »Ja, das mache ich wirklich.« Auch nonverbale Gesten wurden mit kurzer Verzögerung nachgeahmt. Unter normalen Bedingungen sollten die Frauen darauf achten, bewusst nichts nachzumachen. Spiegelte eine Frau, wurde sie bei Dreiervergleichen im Schnitt um nahezu eine Position besser gerankt, und ihre sexuelle Attraktivität ging um 15 Prozent nach oben.[275]

Spiegeln scheint auch ein Herzensöffner zu sein, wenn ausschließlich Gesagtes wiederholt wird. Nehmen Sie an, Sie bestellen beim Italiener Pesto-Gnocchi mit Mozzarella und als Dessert Tiramisu. Dazu trinken Sie ein Glas Valpolicella. Der Cameriere sagt darauf: »Ja, bitte« oder »Kommt sofort!« Ein anderer macht sich die Mühe und wiederholt: »Ja, bitte – Pesto-Gnocchi plus Tiramisu plus Valpolicella. Kommt sofort!« Diese Wiederholung zahlt sich wortwörtlich aus. Statt 61 Prozent geben 81 Prozent Trinkgeld, und der Betrag steigt um sagenhafte 68 Prozent.[276]

Ein weiterer Befund befasste sich mit dem Verkauf von Unterhaltungselektronik. Trat beispielsweise ein Kunde an den Verkäufer mit der Bitte heran: »Hallo, könnten Sie mir behilflich sein, einen MP3-Player auszusuchen?«, gab es zwei Antwortvarianten. In der einen Gruppe wiederholte der Verkäufer den Wunsch und sagte: »Ja, selbstverständlich kann ich Ihnen helfen, einen MP3-Player auszuwählen.« In der Kontrollbedingung sagte er dagegen nur: »Ja, natürlich.« Zudem wurden die Verkäufer angehalten, wenigstens fünfmal die Körpersprache nachzuahmen. Nicht gespiegelte Interessenten kauften zu 62 Prozent das Gerät. Mit Spiegelung waren es 79 Prozent. Der Empfehlung der Verkäufer wurde normalerweise in 46 Prozent der Fälle gefolgt. Gespiegelte Kunden folgten zu 71 Prozent.[277]

Offensichtlich tragen wir einen gewissen Automatismus zum Spiegeln in uns, der sich vor allem dann manifestiert, wenn unsere Interessen tangiert sind. Wie wäre es sonst zu erklären, dass Singlemänner im Vergleich zu Männern in einer Beziehung häufiger ein attraktives weibliches Gegenüber kopieren?[278] Auch die positive Gegenreaktion auf erfahrene Synchronität scheint weitgehend angeboren zu sein. Das haben Forscher vom Max-Planck-Institut in Leipzig nachgewiesen. Kleinkinder im Alter von 18 Monaten wurden zur Beschäftigung Bilder gezeigt. Eine Person machte alles nach, was sie taten, zum Beispiel herumgehen, auf eine Plattform klettern, auf den Bildschirm zeigen oder sich am Kopf kratzen. Andere Babys wurden nicht gespiegelt. Standen sie auf, blieb man sitzen, plapperten sie etwas, wurde nichts wiederholt, sondern liebevoll angemerkt: »Ja, das ist richtig.« Schließlich fielen sechs Stäbchen zu Boden. Spontan halfen 68 Prozent der gespiegelten Kinder innerhalb von zehn Sekunden. Bei den anderen waren es in dieser Zeit lediglich 41 Prozent. Nach den zehn Sekunden waren es dann 92 statt 75 Prozent.[279]

8.1 Mimikry, Spiegeln und Führen: Anwendung und Selbstschutz

Wie sähe ein konstruktives Kritikgespräch von Frau K. also aus, das das Ungemach der *Apokalyptischen Reiter* umgeht und zunächst durch empathisches, spiegelndes Mitgehen wechselseitiges Verstehen aufbaut? Zuallererst hätte Victoria K. in ihrem (vielleicht berechtigten) Ärger das Gespräch gar nicht führen sollen. Im Affekt ist nicht gut reden, und jeder hingeworfene Fehdehandschuh zieht unweigerlich ein Duell nach sich. Also erst einmal eine dünne Grasdecke über alles wachsen lassen. Dann hätte das Zwiegespräch in der ersten Phase so verlaufen können:

Frau K.: »Nehmen wir uns jetzt mal kurz Zeit, um über die verpatzte Präsentation zu reden. Sie können sich vorstellen, wie es mir beim Kunden ging. Ich war stinksauer, weil ich nur die alte Präsentation dabeihatte. Dann waren Sie nicht aufzufinden. Wie konnte das passieren?«

Assistentin: »Das ist mir unglaublich peinlich. Ich kann mir lebhaft ausmalen, wie es Ihnen ergangen sein muss. Schrecklich jedenfalls.«

Frau K.: »Gut und schön, aber lassen Sie uns alles einmal Schritt für Schritt durchgehen. Was lief da falsch?«

Assistentin: »Ich habe am Vortag an drei Aufträgen gearbeitet und war unter Druck. Sie wollten Dutzende Änderungen am Layout und haben einiges, was schon fertig war, wieder über den Haufen geworfen. Dann ging das Dokument zum Controlling und dann zum Sekretariat. Beide haben den Dateinamen geändert. Durchs mehrmalige Hin und Her hat sich der Patzer eingeschlichen. Zum Schluss ging ich davon aus, dass Sie alles noch einmal überprüfen werden, wie Sie das sonst immer machen. Ich merkte, dass Sie gestresst waren und traute mich nicht mehr nachzufragen.«

Frau K.: »Dass Sie am Vortag unter Druck waren, ist mir gut nachvollziehbar. Zugegeben, in Schlussphasen von Projekten bin ich immer ziemlich pingelig. Mein Perfektionismus ist da sicher nicht einfach. Offensichtlich haben wir auch ein Schnittstellenproblem. Sie haben sich auf mich verlassen, und ich mich auf Sie. Also in Zukunft bitte: Auch wenn Sie den Eindruck haben, dass ich nicht gestört werden will, im Zweifel immer nachfragen, egal, in welcher Stimmung ich gerade bin.«

Assistentin: »Okay, also ich werde Sie in Zukunft auch dann ansprechen, wenn ich den Eindruck habe, Sie wollen in Ruhe gelassen werden? Ich hätte ja sowieso vor dem Heimgehen noch alles überprüfen wollen. Aber dann rief mich mein jammernder Sohn mit Fieber an, und ich fuhr gleich nach Hause.«

Frau K.: »Genau, in Zukunft bitte immer nachfragen, selbst wenn ich andere Signale aussende. Auch ist mir klar, dass es für eine Mutter schwer ist, cool zu bleiben, wenn der fiebrige Sohn um Hilfe ruft. Aber warum waren Sie dann nicht erreichbar?«

Assistentin: »Ich war am Vormittag mit meinem Sohn beim Arzt und hatte das Handy dabei. Aber da war der Akku leer.«

Frau K.: »Na gut, so was kommt vor, ist mir auch schon passiert.«

Frau K. vermeidet Schuldzuweisungen, versetzt sich in die Lage ihrer Assistentin, nimmt ihre Realitätswahrnehmung ernst und spiegelt das Mitgeteilte, ohne zu werten. Aufgrund des *Prinzips der Gegenseitigkeit* fällt es dem Gegenüber dann leichter, die wahren Ursachen für das Schlamassel anzusprechen, ohne mit selbstrechtfertigenden Aussagen beziehungsweise Gegenvorwürfen zu kommen. Motto: »Sie hört mir zu, ich höre ihr zu. Wir ziehen gemeinsam an einem Strang!«

Schön und gut, werden Sie jetzt sagen, aber wie geht es weiter? In der zweiten Führungsphase ist es wichtig, das *Räderwerk der Beständigkeit* ins Laufen zu bringen. Also keine Vorgaben von oben servieren oder als Beeinflusser selbst eine Lösung präsentieren. Das verhindert eine Verkettung zwischen Entscheidung und Handeln beim Gegenüber. Widerstände wären wahrscheinlich. Konkrete Vorschläge, Lösungen und Absichtserklärungen, »frei« entschieden, sollten von der Assistentin kommen.

Die Führungsphase könnte also so aussehen:

Frau K.: »Okay, mir ist jetzt klar, wo der Hase im Pfeffer lag. Ich mache es Ihnen in Schlussphasen von Projekten nicht leicht. Wir haben Schnittstellenprobleme, die genau dann schlagend werden, wenn es stressig wird. Dann gibt's im Fall der Fälle niemanden, der Sie vertritt.«

Assistentin: »Ja, das sehe ich auch so.«

Frau K.: »Gut. Wie ließen sich aus Ihrer Sicht die drei Probleme angehen? Hätten Sie dazu schon Ideen?«

Assistentin: »Wenn mehrere an einem Dokument arbeiten, ist das immer ein Problem. Es gibt da Serverlösungen. Da können mehrere gleichzeitig an derselben Datei arbeiten. Bisher haben wir das noch nicht ins Auge gefasst. Vernünftig wäre auch, dass mich im Krankheitsfall jemand vertritt.«

Frau K.: »Ja, Sie haben recht, da gibt es Sharepoint-Online-Lösungen. Das ist eine gute Idee. Darf ich Sie bitten, sich einmal drum zu kümmern. Denken Sie auch einmal über eine Vertreterlösung nach. Dazu sollten wir uns dann nächste Woche, ich schlage vor am Freitag, nochmals zusammensetzen. Und ich verspreche Ihnen, in Endphasen von Projekten weniger Stress zu machen. Schauen wir mal, wie uns das beim nächsten Mal gelingt.«

Fazit: Das so eingeleitete Tun und Handeln verstärkt die Selbstverpflichtung der Assistentin. Das *Räderwerk der Beständigkeit* arbeitet im Dienste aller.

In der obigen Fallbeschreibung konnte nonverbales Spiegeln nicht dargestellt werden. Aber wo setzen Sie es ein, wenn es in kürzester Zeit ums Ganze geht? Speeddating ist möglicherweise für Sie nicht relevant. Aber bei Bewerbungsgesprächen oder Verhandlungen geht es immer um Beeinflussung.

Da kann ein unaufdringliches, nicht nachäffendes nonverbales Spiegeln den Eindruck Ihres Ausdrucks verbessern und die Stimmung aufhellen. Wenn Sie zusätzlich noch subtil darauf achten, ob sich Ihr Gegenüber mit seinen nonverbalen Signalen an Ihre Fersen heftet, weil er plötzlich das Gleiche wie Sie tut, zum Beispiel auch die Beine übereinanderschlägt, dann wissen Sie, jetzt ist der bestmögliche Moment, Ihre Anliegen und Ziele vorzutragen.

Wie können Sie sich vor Mimikryfallen schützen?

Verbale und nonverbale Feinabstimmungen leisten in allen zwischenmenschlichen Beziehungen gute Dienste, um traute Einigkeit und Wohlklang zu schaffen. Es dürfte sich dabei um ein tief in uns verankertes Muster handeln. Es macht klick, und schon spielt man sich wechselseitig die Bälle zu.

Diese kommunikative Synchronisierung aushebeln zu wollen, ist sinnlos. Im Alltag läuft das wie von Zauberhand von selbst. Statt Selbstschutz empfiehlt sich eher die Kunst der Beobachtung. Schauen Sie genau hin: Menschen, die sich nicht mögen, nicht verstehen, im Clinch liegen, drücken das auch nonverbal aus. Es gibt dann kein reziprokes Haltungsecho.

Kommen Sie also jemandem auf die Schliche, der Sie wie der Rattenfänger von Hameln mit Schalmeienklängen verführerisch auf seine Pfade lenkt, dann sollten die Alarmglocken schrillen. Gegebenenfalls können Sie die inszenierte Harmonie auch im Keim ersticken, indem Sie sich bewusst auf asynchrone Signale verlegen.

Zum Abschluss werden im folgenden Kapitel verschiedene Techniken, Tools und Tricks der Manipulation nur mehr patchworkartig skizziert. Auf ein einleitendes Fallbeispiel soll daher verzichtet werden.

9. Mixed Pickles der Manipulation

9.1 Psychologie der Knappheit, Torschlusspanik und Krautfleckerln

In einer seiner Anekdoten rühmt der aus Wien stammende jüdische Schriftsteller Friedrich Torberg (1908–1979) die Kochkünste von Tante Jolesch, Krautfleckerln zuzubereiten. Zeit ihres Lebens will man ihr mit List und Tücke das Rezept abluchsen. Nichts hilft. Die Tante gibt es nicht aus der Hand. Am Sterbebett ist die letzte Aussicht, eine Antwort zu kriegen, weswegen die Fleckerl denn gar so gut schmecken. Danach gefragt, richtet sich Frau Jolesch mit letzter Kraft auf und enthüllt: »Weil ich nie genug gemacht hab'.«[280]

Hier schlägt die *Psychologie der Knappheit* zu. Sie beschreibt das subjektive Gefühl, von etwas weniger zu bekommen, als man zu brauchen meint. Je knapper wir Dinge, Ressourcen, ja die Zeit wahrnehmen, desto wertvoller wird all das empfunden. So lässt uns die Sorge, womöglich leer auszugehen, in Herdenpanik frühmorgens um drei bei Neueröffnungen von Aldi-Discountern Schlange stehen.[281] Knappheit lässt Kochbücher attraktiver, teurer und wertvoller erscheinen[282], macht Pornografie[283] und Fast Food[284] ergötzlicher und veranlasst zu Lobeshymnen auf die hauseigene Cafeteria, wenn sie wegen Feuers zwei Wochen schließt.[285]

Erhalten Geschäftsleiter australisches Rindfleisch in guter Qualität günstig angeboten, schlagen zehn Prozent zu. Droht aufgrund schlechten Wetters dieses Fleisch zur Mangelware zu werden, steigt die Nachfrage auf 24 Prozent. Nach der Ergänzung »Nur Spezialkunden erhalten diese Info« kaufen 61 Prozent.[286]

Im Supermarkt werden Makkaroni, Käse, Pflanzenöl, Kaffee oder Thunfisch um mehr als das Fünffache besser abgesetzt, wenn dabeisteht: »Maximal drei Stück pro Kunde.« Unglaublich, aber wahr: Menschen überkommt selbst dann das Fracksausen, ins Hintertreffen zu geraten, wenn Regale bloß Knappheit suggerieren. Sechs französische Roséweine mit identischen Merkmalen wurden feilgeboten. War das Regal für einen dieser Weine zu einem Drittel leer, bekam der Wein in 13 Prozent der Fälle den Zuschlag, war es zu zwei Dritteln leer in 39 Prozent.[287]

Besondere Hasenherzigkeit überfällt uns, wenn die Zeit auszugehen droht. eBay hat bei Versteigerungen meist klare Deadlines von sieben Tagen, »Hard Closes« genannt. Danach gilt definitiv *rien ne va plus*. Amazon verlängert Auktionen, wenn notwendig, automatisch. Eine Stunde vor Schluss treffen bei eBay zwei Drittel der Angebote ein, bei Amazon weniger als ein Viertel. In den letzten zehn Minuten sind es bei eBay noch immer mehr als die Hälfte und bei Amazon nur elf Prozent der Gebote.[288]

Was heißt das für die Praxis? Sie wollen eine Wohnung kaufen und bekunden behutsam Ihr Interesse. Darauffolgend gibt Ihnen der Makler einen Fingerzeig, klarerweise einzig und allein nur Ihnen, wonach es schon eine Reihe von Interessenten gäbe. Die rinnende Sanduhr vor Augen, überkommt Sie ein Jetzt-oder-nie-Impuls.

Wie werden Ladenhüter im Autohandel doch noch erfolgreich an den Kunden gebracht? Mithilfe einer Tafel, auf der groß »Reserviert« zu lesen ist. Wird Ihnen dann noch zusätzlich die vertrauliche Info zuteil: »Tja, dieses Auto hat unser Werkstättenleiter für seine Frau im Auge«, wird die ehemalige Klapperkiste zum höchst attraktiven Angebot. Sollten Sie also demnächst Ihre alte Schüssel an den Mann beziehungsweise die Frau bringen wollen, gilt: potenzielle Käufer nicht nacheinander einladen, sondern alle auf einmal, Tanten, Onkel, Cousins inklusive.

9.2 Soziale Bewährtheit und Mainstream-Guidelines

In Wien wurde in den 1980er-Jahren der U-Bahn-Bau begonnen. Innerhalb weniger Jahre stieg im Gleisbereich die Zahl der jährlichen Selbsttötungen beziehungsweise ihrer Versuche auf 28. Das wurde von der Presse reißerisch thematisiert – bis Suizidexperten Journalisten überzeugten, darüber nicht mehr zu berichten. Im Jahr darauf sank die Zahl auf sechs und blieb auch Jahre danach weit unter dem Höchstniveau.[289] Medienberichte und Suizidraten schaukeln einander gegenseitig hoch. Das wurde auch anderenorts belegt.[290]

In den Tagen unserer Urahnen war die Zugehörigkeit zu einer Gruppe eine Lebensversicherung. Dafür zahlen wir auch heute noch saftige Prämien. Mehr als uns lieb ist, richten wir unser Verhalten an anderen aus und orientieren uns an *sozialer Bewährtheit.* Das hat vor allem drei Gründe:

1. Wir wollen nichts falsch machen. Mehrheiten sind ein richtungsweisender Anzeiger.
2. Wir haben ein Anschlussbedürfnis. Sozialer Ausschluss ist besonders schmerzvoll.
3. Einer Gruppe anzugehören, steigert den Selbstwert.

Zu alldem gibt es zahlreiche Forschungsbelege. Hier ein kleiner Überblick, wie schwer es fällt, gegen den Strom zu schwimmen, wie von einer Majorität Überzeugungsschübe ausgehen und wie wenig wir davon Notiz nehmen.

Wie viel wir essen, wird von unserem eigenen Appetit und gegebenfalls Diätplan bestimmt. Sollte man meinen. Aber unsere Portionen hängen mehr von anderen ab, als wir mutmaßen. Frauen kamen für einen Test ins Labor. Ihnen gegenüber saßen Verbündete des Versuchsleiters. Am Tisch stand eine Schale mit M&Ms. Die Eingeweihten aßen entweder zwei oder sehr viele (35) davon. Asketische Vorbilder ließen die Frauen achtmal in die Schale greifen, verschlingende Gourmands 23-mal. Nebenbefund: Die Frauen unterschätzten ihren tatsächlichen Konsum umso mehr, je mehr sie sich bedienten.[291]

Verwenden Sie Zahnseide? Bei einigen Personen wurde erhoben, ob und wie oft sie Zahnseide benutzten. Später bekamen dieselben Personen gesagt, andere würden fünfmal häufiger Zahnseide verwenden. Das trieb die Rate in den nächsten drei Monaten von 1,6-mal auf 2,5-mal pro Woche in die Höhe.[292] Sind Sie als Mann über 40 an Prostata-Screenings interessiert? Bei Erwähnung des Umstands, dass 65 Prozent der deutschen Männer Vorsorgeuntersuchungen machen, stieg die Rate der Interessierten von 18 Prozent um mehr als das Doppelte auf 39 Prozent.[293]

Camp Nou in Barcelona, die Amsterdam Arena oder die Allianz Arena in München, wo puschen die Fußballfans ihre Mannschaft am meisten nach vorn? Lassen sich unbestechliche Schiedsrichter vom tosenden Gejohle beeinflussen? Über 1 500 Spiele der deutschen Bundesliga wurden analysiert. Mannschaften bekamen im eigenen Stadion im Schnitt 1,8 Gelbe Karten, in fremden Stadien 2,35 Gelbe Karten. Gab es rund um den Fußballplatz eine Leichtathletikanlage, was für den Schiedsrichter die Lärmkulisse der Fans etwas dämpft, war das Missverhältnis weniger krass. Sahen Schiedsrichter Foulszenen im Labor und wurde das Massentosen entweder zu 90 Prozent oder nur zu zehn Prozent wiedergegeben, auch dann wurden die Gelben unterschiedlich oft gezückt: bei voller Lautstärke in 82 Prozent und bei schallgedämpfter in 68 Prozent der Fälle.[294] Es gibt ihn also tatsächlich: den zwölften Mann auf dem Feld.

Kinder hören angeblich länger Musik, als sie Zeit in Kindergärten und Schulen verbringen.[295] Spätestens in der Pubertät machen sie ihren Musikgeschmack zur Identitätsfrage. Was wird aus dem Netz heruntergeladen und was nicht? In einem simulierten Musikmarkt entschieden weder Songs noch Bands noch Geschmäcker, was zum Hit oder Flop wurde, sondern einzig und allein vorherige Downloads.[296] Aber auch im Banne von Linking und Liking sind wir überzeugt, unsere Entscheidungen ganz autonom aufgrund unserer eigenen Einstellungen und Präferenzen zu treffen.

Dabei folgen wir nicht nur der Herde, wir treten selbst dann in fremde Fußstapfen, wenn deren Urheber schon hinter dem Horizont verschwunden ist. Graffitis an Wänden nehmen wir zum Beispiel als Hinweis, dass es in der Gegend eher lax zugeht. Augenblicklich werden auch wir nachlässig. Wurde in Einkaufspassagen auf abgestellten Rädern ein Werbezettel angebracht, schmissen ihn 33 Prozent zu Boden. Mit Graffitis an den Wänden taten das 69 Prozent.[297] Flyer wegschleudern mag unbedeutend erscheinen, aber derselbe Effekt fand sich auch bei einem Feldexperiment zu einem Straftatbestand (Diebstahl). Aus einem Briefkasten lugte ein herausziehbarer Umschlag hervor, indem sichtbar Geld lag. Normalerweise vergriffen sich 13 Prozent an der fremden Sache. Lag Müll auf dem Boden, bekamen 25 Prozent lange Finger.[298]

Was heißt das wiederum für die Praxis? Um Menschen von einer Sache zu überzeugen, hilft es, auf das Gros der Menschen hinzuweisen. Normalerweise hat niemand präzise Statistiken präsent, wie verbreitet ein bestimmtes Verhalten tatsächlich ist. Daher wirkt ein suggestiver Wink mit dem Kollektiv-Zaunpfahl oft Wunder. Wer zahlt schon gern und pünktlich Steuern? In Großbritannien kämpften die Steuerbehörden mit ihren Schuldnern. Das Drohen mit Mahngebühren half wenig. Ein einziger Satz im Erinnerungsschreiben entpuppte sich hingegen als Renner: »Neun von zehn Briten zahlen ihre Steuern rechtzeitig!« Ohne diesen Satz legten nach der Mahnung 57 Prozent ihre Steuererklärung vor, mit diesem Satz waren es 86 Prozent.[299] Sehr vieles an Wünschenswertem ist mit dieser Technik zu pushen, wie etwa sportliche Aktivitäten, gesundes Essen, Rauchentwöhnung oder Ressourcenschonung. So stieg die Rate der wiederverwendeten Hotelhandtücher nach dem Hinweis, dass drei Viertel der Gäste ihr Handtuch mehrfach benutzen, um 26 Prozent.[300]

Allerdings sollten Sie immer das erwünschte Verhalten beziehungsweise die Menge der Leute, die sich danach richten, thematisieren. Wie effektiv wäre in U-Bahnen ein Aushang: »Beteiligen Sie sich an der Aktion ›Ehrlicher Fahrgast‹ und bezahlen Sie Ihren fairen Ticketpreis. 25 Prozent unserer Fahrgäste tun das nämlich nicht!«? US-amerikanische Steuerbehörden machten einen solchen Fehler. Das trieb die Falscherklärungen um 22 Prozent nach oben.[301]

Spätestens jetzt ist klar, warum auf eBay Häuser um einen Euro angeboten werden und warum Sie dort Ihren verstaubten Picasso oder Matisse, sagen wir, um 1,25 Euro feilbieten sollten: Sie generieren damit eine Angebotsflut, die sich von selbst in die Höhe treibt.

9.3 Ähnlichkeiten und gemeinsame Merkmale als Basis für gute Beziehungen

Echte Altruisten und Idealisten, die sich unabhängig von Sympathie oder Antipathie für andere einsetzen, sind selten. Normalerweise gilt eher der Spruch: »Jemand, den du magst, kann dir seine Suppe über die Hose schütten, ohne dich wütend zu machen. Bei jemandem, den du nicht magst, kann dich schon die Art in Rage bringen, wie er den Löffel hält.« Dieser Umstand eröffnet ein weites Land für Manipulationen. Aber wie treffen wir auf Zustimmung? Wann finden wir Anklang? Wie erlangen wir Zuspruch und Vertrauen? Ein Königsweg zu diesen Zielen führt über wahrgenommene beziehungsweise vermeintliche Ähnlichkeiten und *gemeinsame Merkmale.*

Personen kamen für ein Vertrauensspiel am Computer ins Labor. Sie mussten zwischen sich selbst und anderen Mitspielern, die nicht direkt anwesend waren, Geld aufteilen. Das Gegenüber war am Bildschirm durch ein Foto präsent, das mit einer speziellen Technik modifiziert wurde. Schauen Sie sich die drei Fotos in Abbildung 7 an. Das eigene Bild der Testperson war das linke. Das verschmolz man mit dem rechten, fremden Bild, sodass eine Mischung aus beiden entstand, was zum mittleren Bild führte. Manche wurden mehr, manche weniger verfremdet. Ergebnis: Optisch ähnlichen Mitspielern wurde in rund zwei Dritteln der Fälle vertraut. Wenn das Gegenüber komplett anders aussah, war das nur zu einem Drittel der Fall. Unfaire Behandlung durch das Gegenüber wurde allerdings in beiden Bedingungen mit gleicher Münze heimgezahlt. Das *Gegenseitigkeitsprinzip* stand demnach über dem Ähnlichkeitseffekt (*Similar-to-me-Effekt*). Ähnlichkeit baut also

Vertrauen auf, aber Rachegelüste bei Vertrauensmissbrauch nicht ab.[302]

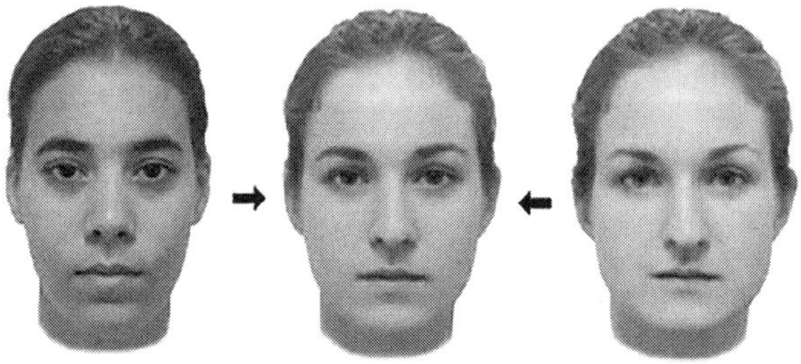

Abbildung 7: Fototechnische Herstellung von Ähnlichkeit

Kurioserweise tritt der *Similar-to-me-Effekt* auch bei beliebigen, aber verblüffenden Übereinstimmungen zutage. Tragen Spendensammler Namensschilder, auf denen zufällig der gleiche Name von ahnungslosen Versuchspersonen steht, fällt die Spendensumme doppelt so hoch aus wie unter der Kontrollbedingung.[303] Anscheinend gilt zudem: je mehr Übereinstimmung, desto mehr Wirkung. Bei E-Mails, in denen um Teilnahme an einer Sportumfrage gebeten wurde, verdoppelte der gleiche Vorname den Rücklauf, der gleiche Nachname verdreifachte ihn und – man höre und staune – gleicher Vor- und Zuname versechsfachten die Hilfsbereitschaft.[304]

Auch auf Facebook wurde ein derartiges Feldexperiment lanciert. Man erstellte ein Fake-Profil eines gewissen Adrien LeBlanc. Das Phantom schickte an 300 Frauen folgenden Freundschaftsantrag: »Hallo, gerade habe ich deine Facebook-Seite gefunden, und ich wollte dir sagen, dass ich dich mag (schmunzelnde Smiley-Icons). Normalerweise mache ich so was ja nicht. Aber lass uns doch Freunde sein. (…) Wenn nicht, habe ich halt Pech gehabt.« Das war der Grundtext. In anderen Postings wurde ein Satz hinzugefügt: »Unglaublich, ich habe festgestellt, dass wir am selben Tag Geburtstag haben.« Ohne Übereinstimmung des Geburtstages reagierten 20 Prozent positiv, mit ihr waren es 41 Prozent. Kam ein ähnlicher Musikgeschmack hinzu, waren es 48 Prozent.[305]

Sind Sie eher extrovertiert, gesellig und unternehmenslustig oder eher introvertiert, zurückhaltend und auch gern einmal allein? Ihre Aufgabe ist es, sich anhand derartiger Adjektive zu beschreiben. Das Profil wird dann anderen Personen überreicht, um sich einen ersten Eindruck von Ihnen zu machen. Im Gegenzug erhalten Sie Charakterisierungen der anderen Person. Allerdings sind diese getürkt und weisen entweder eine niedrige, mittlere oder starke Ähnlichkeit mit Ihnen auf. Befund: Je ähnlicher, desto sympathischer empfinden Sie das Gegenüber. Aber nicht nur das, Sie werden durch die ansteigende und vorgegaukelte Gleichheit zum selbstlosen Altruisten. Müssen Sie nämlich ein Feedback zu einem achtseitigen fremden Essay schreiben, tun Sie das bei höchster Übereinstimmung mit einer 77-prozentigen Wahrscheinlichkeit, bei einer niedrigen »nur« in 43 Prozent der Fälle.[306]

Spätestens jetzt verstehen Sie, warum Ihnen als Hundebesitzer andere Hundebesitzer grundsätzlich näherstehen als der Rest der Welt, zumindest warum Sie sie eher grüßen und umgekehrt und warum Ihr Anbandeln auf der Hundemeile Erfolg versprechender ist als anderswo. Jetzt verstehen Sie auch, warum Sie gegenüber Autofahrern, die die gleiche Marke fahren wie Sie, im Verkehr tendenziell ein wenig toleranter sind.

Allzu banal darf die Übereinstimmung allerdings nicht sein. Nur weil Ihr Gegenüber wie Sie eine Brille trägt, kaufen Sie ihm nicht gleich sein Grundstück ab. Relativierte man zum Beispiel die Bedeutung der Übereinstimmung von Fingerabdrücken, indem man von einer 80-prozentigen Wahrscheinlichkeit einer Übereinstimmung sprach, war keine Steigerung der Hilfsbereitschaft feststellbar. Anders, wenn von einer nur zweiprozentigen Wahrscheinlichkeit einer Entsprechung die Rede war.[307]

Und wie immer stellen wir uns die Frage: Was heißt das für die Praxis? Ich habe einmal einen Topverkäufer sagen hören: »Wenn ich mit Herrn X telefoniere, binde ich mir eine Krawatte um.« Damit drückt er seine Anpassungsfähigkeit und seinen Willen aus, sich auf andere Lebenswelten einzulassen. Mit konservativen Landwirten ist anders zu reden als mit luxusverwöhnten Innenstadt-Yuppies. Das bisweilen als Erfolgstipp getrommelte »Sei authentisch, unverblümt und ehrlich« scheint damit zumindest in puncto Erfolgspotenzial hinterfragenswert. Seien Sie stattdessen bestenfalls selektiv authentisch. Wohlgemerkt: Obige Befunde sind kein Grund, verlogen zu schauspielern und Gemeinsamkeiten herbeizureden, die es nicht gibt. Aber ein betontes Hervorkehren der Unterschiede zwischen Ihnen und Ihrem Gegenüber (auch wenn sie noch so echt sind), bedeutet beim Beeinflussungspotenzial zumindest einen Startnachteil. Ob wir uns selbst ganz famos oder nur in Ordnung finden: Wir hören doch auf uns. Und wenn schon nicht auf uns selbst, dann zumindest eher auf Leute, die so sind (beziehungsweise zu sein scheinen) wie wir.

9.4 Körperkontakt und Thomas Gottschalk

In der Forschung werden seit vielen Jahren Intimdistanzen untersucht. Das sind Schutzräume um uns, in die grundsätzlich nur ein ausgewählter Personenkreis eindringen darf (etwa die Partnerin oder der Partner, Familienmitglieder, enge Freunde). Werden sie von »Unbefugten« verletzt, reagieren wir darauf mit Abwehr. Im deutschen Sprachraum beträgt diese Distanz ungefähr 20 bis 60 Zentimeter. Anderswo gibt es Unterschiede. Beispielsweise ist diese Zone zwischen Männern im arabischen Raum kleiner als bei uns.[308]

Thomas Gottschalk war jahrzehntelang mit *Wetten, das..?* der erfolgreichste deutsche Fernsehmoderator. Das Geheimnis der Show lag in einer Mischung aus internationalen Stars und amüsanten Wettspielen. Gottschalk wurde in den Medien häufig als Grapscher aufs Korn genommen, weil er seine Stargäste immer wieder berührte beziehungsweise weiblichen Gästen in den Augen mancher Zuschauer nachgerade an die Wäsche ging. Gottschalk galt somit teilweise als Prototyp eines sexistischen »Herrenwitzbolds«, wie ihn die deutsche Presse titulierte.

Tatsächlich nur Chauvinismus und mangelnde Triebkontrolle? Oder (auch) eine gewiefte Beeinflussungstaktik? Angenommen Sie sind im Supermarkt unterwegs und werden zu einer Pizzaverkostung eingeladen. Werden Sie kurz am Arm berührt, dann probieren Sie den Ergebnissen einer einschlägigen Studie zufolge mit einer 71-Prozent-Wahrscheinlichkeit im Vergleich zu 59 Prozent ohne Berührung. Aber nicht nur das: Doppelt so viele der leicht Berührten kauften die Pizza im Anschluss.[309] In einer anderen Stichprobe mit Oliven stieg die Verkaufsquote durch Berührung von zehn auf 18 Prozent.[310]

Beherzigen Sie das insbesondere dann, wenn Sie im Gastgewerbe tätig sind. Auch dort wirken leichte Berührungen an der Schulter Wunder. Im feinen Restaurant stieg damit der Trinkgeldanteil an der Rechnung von zehn auf 15 Prozent. In einer lässigen Sportsbar stieg der Anteil gar von 15 auf 28 Prozent. Bei einer »geschlechtsübergreifenden« Berührung in einer Sportsbar war der Effekt noch größer.[311]

Gut, kellnern oder Kostproben anbieten betrifft definitiv nicht jeden. Aber vielleicht sind Sie gerade auf Partnersuche: Bei einer einschlägigen Studie war in der Disco eine Tanzaufforderung bei 40 Prozent des weiblichen Geschlechts erfolgreich, plus Armberührung stieg die Rate auf 60 Prozent. Frauen, die in der Fußgängerzone um ihre Telefonnummer gefragt wurden, gaben sie nur in neun Prozent der Fälle preis, mit einer Berührung am Unterarm waren es 18 Prozent.[312] Auch in pädagogischen, sozialen und helfenden Berufen kann leichter Körperkontakt anscheinend zum Aufbau einer gelingenden Beziehung beitragen. Zumindest stieg in einem Statistikkurs an der Universität nach einem Feedback plus wohlwollender Armberührung die Bereitschaft der Studierenden, freiwillig die Lösungen auf die Tafel zu schreiben, von elf auf 31 Prozent.[313]

Schon rein intuitiv spüren Sie aber vermutlich selbst abseits von #MeToo-Diskussionen, dass man sich mit dieser Beeinflussungstechnik potenziell auf sehr dünnes Eis begibt. Im passenden Kontext mit Gespür und Finesse eingesetzt, erhöhen Sie damit Ihre Erfolgschancen, auch wenn es selbstverständlich keinerlei Erfolgsgarantie im Einzelfall gibt. Eine deplatzierte, ungebührliche oder auch nur unabsichtlich übertriebene Verwendung kann Sie hingegen in Teufels Küche bringen. Das gilt letztlich für alle in diesem Buch beschriebenen Ansätze der Beeinflussung.

10. Übungsbeispiele und Praxisfälle

Nachfolgend finden Sie vier Praxisfälle, in denen alle erörterten Manipulationstechniken zum Einsatz kommen. Dort, wo das der Fall ist, wird der entsprechende Part *kursiv* gesetzt. In der Fußnote können Sie dann überprüfen, ob Sie mit Ihrer Einschätzung richtig oder falsch liegen. Am Ende finden sich eine kurze Interpretation des Geschehenen und die Auflösung der eingesetzten Manipulationstechniken.

Vier statt einem Winterreifen am Twingo

Hermann muss für Einkäufe in die Stadt und nimmt den Renault Twingo seiner Frau. Normalerweise besteigt er nur seinen Oberklasse-SUV vom Typ BMW X5 und belächelt die Kleinwagenpassion seiner Frau eher, aber Parkplatznot kennt kein Statusgebot. In der Stadt passiert das Unausweichliche. Er ist an die ausgeklügelten Assistenzsysteme seines BMW gewöhnt. Ohne sie rammt er mit dem linken Hinterreifen einen Bordstein und reißt die Seitenflanke des Reifens auf.
Nach Montage des Reserverades greift er hoffnungsvoll zum Handy, um sich beim Reifenprofi »Jahn« anzukündigen, wo er seit Jahren Stammkunde ist: »Hallo, hier spricht Hermann X., ich habe blöderweise mit unserem Auto einen Bordstein gerammt. Wir brauchen das Auto am Wochenende. Es ist Schnee angesagt. Mit einem

Ersatzreifen können wir unmöglich fahren.« »Das tut mir außerordentlich leid«, erwidert die Reifenprofi-Telefondame, »heute ist Freitag und daher früh Schluss, alle Boxen sind besetzt. Heute Nachmittag geht beim besten Willen nichts mehr. Ich nehme Sie aber gerne gleich Montag früh dran.« So leicht will sich Hermann als langgedienter Kunde aber nicht abspeisen lassen: »Seit Jahren sind wir Stammkunden, meine Frau und ich, wir kaufen, wechseln und lagern unsere Reifen bei Ihnen. Wenn Sie mich jetzt so im Stich lassen, werden wir in Zukunft die Konkurrenz beehren!« Sich an das letzte Training »Umgang mit schwierigen Kunden« erinnernd, reagiert die Reifenprofi-Dame psychologisch feinfühlig: *»Ihren Ärger, Herr X., kann ich gut nachvollziehen.*[1] Es ist für uns *schwierig, da heut' noch was zu machen.*[2] Aber so kann man einen treuen Kunden in der Tat nicht im Regen oder besser gesagt im Schnee stehen lassen. *Ich frage einmal unseren Chef, was wir für Sie tun können.*[3] Warten Sie bitte einen Moment.« Während sich Hermann der schreckhaften Vorstellung hingibt, seiner Frau am Wochenende seinen BMW X5 leihen zu müssen, meldet sich Herr Jahn höchstpersönlich: »Guten Tag, wenn Sie in einer Viertelstunde bei uns sind, dann *nehme ich das selbst in die Hand und erledige das für Sie.«*[4] »Das lässt sich machen«, erwidert Hermann, »ich bin verlässlich in 15 Minuten bei Ihnen.« Leicht verspätet kommt er an, redet sich auf Verkehr und Wetter hinaus, was Herr Jahn mit einem kritischen Blick auf seine Uhr quittiert, um ihm dann mit professionellem Unterton mitzuteilen: »Herr X., Sie wissen schon, dass auf einer Achse nicht zwei unterschiedliche Reifentypen montiert sein dürfen? Diejenigen, die Sie jetzt montiert haben, sind nicht vorrätig. Außerdem lässt das Profil zu wünschen übrig. Wir werden also zwei neue Reifen brauchen!«

---

[1] Spiegeln
[2] Knappheit
[3] Gegenseitigkeit
[4] Gegenseitigkeit

Spätestens jetzt weiß Hermann X., dass heute alles schiefzugehen scheint, würgt einige Selbstvorwürfe hinunter und erkundigt sich nach dem Preis: *»Mit Montage und Wuchten kommen wir auf 219 Euro«,*[5] klärt ihn Herr Jahn auf. »Das hat sich ausgezahlt«, ärgert sich Hermann, »so eine teure Randsteinberührung hatte ich noch nie.« Mit einem *»Ja, das ist ärgerlich«*[6] legt der Reifenprofi empathisches Verständnis an den Tag und hat umgehend eine verlockende Alternativlösung parat: *»Wir hätten gerade eine Aktion, vier neue Winterreifen um 299 Euro.«*[7] Hermann vergleicht die beiden Preise und ist sich rasch im Klaren, jetzt ein Schnäppchen machen zu können. Aber so leicht lässt er sich nicht ins Bockshorn jagen, denn es heißt ja zu Recht: *»Wer billig kauft, kauft teuer!«*[8] So stellt er die berechtigte Frage: »Was für Winterreifen sind das denn, die da jetzt in Aktion sind?« »Na ja«, gibt der Reifenprofi zu, »keine Markenwinterreifen!« »Was heißt ›keine Markenwinterreifen‹?«, fragt Hermann, in dem erste Zweifel aufkeimen. »Es sind rumänische Winterreifen«, bekennt Herr Jahn. »Rumänische?«, hinterfragt Hermann das Angebot: »Wie heißen die denn?« Reifenprofi Jahn gibt zu, dass Romani-Plask – so der Name des Herstellers – hier noch nicht so bekannt sei, bisher primär in Osteuropa Marktführer gewesen wäre und jetzt einen Expansionskurs Richtung Westeuropa fahre. Daher auch der überaus günstige Preis.

Hermann gibt sich kurz der Vorstellung hin, wie er seiner Frau vier Romani-Plask-Reifen an ihrem Auto schmackhaft machen muss, und ist sich sofort einig mit sich selbst, dass das seinen Ruf als Autoprofi schwer ins Wanken brächte. Mit geschultem Auge erfasst das Herr Jahn und kontert: »Aber Sie haben Glück im Unglück, *wir*

---

[5] Anker
[6] Spiegeln
[7] Kontrast
[8] Verlustaversion

hätten nämlich nur mehr diese Woche[9] auch die ›Super-Continental-Winter-Contacts‹ im Angebot, die normalerweise 590 Euro kosten würden, und zwar jetzt *um 399 Euro.*[10] Hinzu kommt eine *halbjährige Gratislagerung in unserem Depot.*[11] Was sagen sie dazu?« Hermann ist erleichtert, weil er jetzt seinen innerfamiliären Expertenruf aufrechterhalten kann. Herr Jahn räumt dann seine letzten Restbedenken aus, indem er offenbart, dass auch *seine Frau einen Twingo fahre*[12] und er ihr aus *Sicherheitsgründen*[13] dieselben Markenwinterreifen montieren würde. »Ehrlich gestanden *verdiene* ich mit den Continental-Reifen *zu diesem Aktionspreis gar nix.*[14] Aber Herr X., die *Twingo-Fahrer müssen zusammenhalten!«*[15] Nachdem die vier Super-Continental-Reifen montiert sind, zeigt sich Herr Jahn zum Abschluss nochmals großzügig. »Wissen's was, ich werde Ihnen Ihre alten *Reifen noch umsonst ökologisch entsorgen.*[16] Damit machen Sie Ihrer Frau nach dem Malheur fast ein Geburtstagsgeschenk!«
Mit stolzgeschwellter Brust kehrt Hermann heim, um seiner Frau von der glorreichen Wiedergutmachung zu berichten. Die reagiert allerdings nur mit verächtlicher Übellaunigkeit, weil sie erst vor zwei Jahren vier neue Michelin-Winterreifen montieren ließ. Aber den ganzen Winter insistiert Hermann: *»Siehst du, wie hervorragend die Continentals halten! Mit den alten Michelins wären wir im Schnee stecken geblieben. Was Besseres gibt's nicht.«*[17]

---

[9] Knappheit
[10] Anker – Kontrast
[11] Bündelangebot
[12] Ähnlichkeit
[13] Verlustaversion
[14] Gegenseitigkeit
[15] Ähnlichkeit
[16] Gegenseitigkeit
[17] Beständigkeit

Analyse des Fallbeispiels

Stellen Sie sich vor, Hermann hätte in derselben Ausgangssituation direkt als Antwort erhalten: »Sie können noch schnell heute vorbeikommen, aber nur wenn Sie vier neue Markenwinterreifen kaufen.« Wie hätte er darauf wohl reagiert? Vermutlich hätte er sich verschaukelt, erpresst und auf plumpe Weise übervorteilt gefühlt und wäre nie wieder bei diesem Reifenhändler erschienen. So aber ging alles Schritt für Schritt und wie geschmiert vonstatten.

Herr Jahn eilte Hermann X. unter höchst knappen Bedingungen zu Hilfe, der noch dazu das Zeitlimit nicht einhielt. Aufgrund des *Gegenseitigkeitsprinzips* war er dadurch von vornherein in einer defensiven Position. Der Reifenprofi setzte dann einen *Anker* für zwei Reifen in der Höhe von 219 Euro. So wurde ein Richtwert bestimmt. Der wiederum war ein harter Schlag, was empathisch *gespiegelt* wurde. In weiterer Folge kosteten im *Kontrast* zu diesem *Anker* vier Reifen nicht viel mehr, nämlich bescheidene 299 Euro. Wer wäre da so dumm, nur zwei Reifen zu kaufen? Aber dann tat die *Verlustaversion* das ihrige, denn wer kauft No-Name-Reifen aus Rumänien? Schließlich schlug erneut das *Kontrastprinzip* zu, denn der Reifenprofi zog dann das Vierer-Markenangebot aus dem Hut, das nur kurzfristig statt um 590 Euro für 399 Euro zu haben war. Damit wurde zusätzlich die *Psychologie der Knappheit* aktiviert. Es entstand ein Jetzt-oder-nie-Zwang. Aber nicht nur das, denn mit den Reifen war auch noch eine Gratislagerung verknüpft. Das entspricht einem verlockenden *Bündelangebot*. Schließlich arbeitete Herr Jahn soziale Ähnlichkeiten zwischen sich selbst und Hermann heraus (beide Ehefrauen fuhren Twingos – schlussendlich sogar mit denselben Reifen). Mit dem Hinweis, dass er mit alldem nichts mehr verdiene plus der Gratisentsorgung, wurde wiederum die Kundenbindung durch das *Prinzip der Gegenseitigkeit* gestärkt. Nach alldem war Hermann in der *Beständigkeitsfalle* gefangen, und er redete sich selbst ein, den Deal des Jahres gemacht zu haben.

Julia gerät ins Räderwerk der Beständigkeit

Julia U. hat Schweißperlen auf der Stirn und rückt unruhig in Warteposition auf ihrem Stuhl hin und her. Wieder einmal steht sie vor einer Bewährungsprobe. Würde sie den Job bekommen? Die erste Vorauswahl hat sie hinter sich. Jetzt steht ihr das Gespräch mit ihrem möglichen Chef bevor. Danach wird entschieden. Julia hat eine zweieinhalbjährige Tochter. Zurzeit ist sie in Karenz beziehungsweise Elternzeit. Sie will wieder halbtags als Bankkauffrau arbeiten. Der ausgeschriebene Job, wenngleich auch nicht ganz zu ihrem Expertenprofil passend, käme mehr als gelegen. Endlich wird sie ins Büro von Dr. V., ihrem potenziellen Arbeitgeber, gerufen. »Herzlich willkommen im Team«, begrüßt er sie, die Entscheidung quasi vorwegnehmend, *klopft ihr Mut machend auf die Schulter*[18] und führt sie väterlich zum Besprechungstisch, wo er Julia Kaffee kommen lässt und Mars Celebrations zur freien Entnahme stehen.

Dr. V. bedankt sich für Julias Bewerbung und stellt einleitend fest: »Für mich sind Sie unter *25 Bewerbern eindeutig die Beste.*[19] Mein Kollege hatte zwar eine andere Bewerberin im Auge. Aber ich konnte ihn von *Ihren Qualitäten überzeugen.*[20] Jetzt geht es nur mehr darum, ob's auch für Sie passt und ob wir beide dieselben Vorstellungen haben. Erfreulicherweise haben Sie sich ja auf unsere Stelle beworben, *weil Sie Herausforderungen suchen. Stimmt's?«*[21] Julia ist leicht geschmeichelt, nimmt einen Schluck Wasser zu sich und sichert zu: »Ja, das ist richtig. Ich will wieder einsteigen und mich weiterentwickeln. Herausforderungen gehören da dazu!« Wohlwollend nickt Dr. V. und fügt bestätigend

[18] Körperkontakt
[19] Anerkennung
[20] Gegenseitigkeit
[21] Fuß in die Tür – Beständigkeit

hinzu: »Ich habe mir von Ihnen auch nichts anderes erwartet. Herausfordernd wäre Ihr Job allemal. Da muss man sich immer wieder in neue Materien einarbeiten, um richtige Entscheidungen zu treffen. Zurzeit ist uns auch alles andere als langweilig. *Darf ich Sie fragen, ob Sie sich zutrauen, sich in neue Themen schnell einzuarbeiten und darf's für Sie hin und wieder auch einmal stressiger zugehen?«*[22] Auf keinen Fall will Julia was Falsches sagen und meint: »Keine Sorge, ich halt schon was aus, und Lernen hat mir immer Freude bereitet. Manchmal ist Stress ja auch aktivierend. Natürlich soll es kein Dauerstress sein.«
Wiederum nickt Dr. V., um Julia nonverbal zu signalisieren, dass er und sie sich auf demselben Dampfer befänden: »Okay, ich nehme also mit, *dass Sie lernfreudig und stressresistent sind.«*[23] Er hebt seinen Kopf nach oben und holt so von Julia nonverbal eine *Bestätigung ein.*[24] Wie aus der Pistole geschossen sagt sie: »Ja, davon können Sie ausgehen.« Dr. V. relativiert den potenziellen Arbeitsdruck und geht im nächsten Schritt dazu über zu erklären, was zu tun ist: »Wir kümmern uns um gescheiterte Exportfinanzierungen und Großinvestments, zum Beispiel für Flugzeuge, die ausgesteuert werden. Insgesamt handelt es sich um ein breitgefächertes Aufgabengebiet mit teilweise sehr komplexen Finanzierungsstrukturen. Bei einigen Großkunden stehen aktuell Restrukturierungsverhandlungen bevor. *Wie hört sich das für Sie an?«*[25]
Julia ist sich zwar im Klaren darüber, dass das größtenteils Neuland für sie wäre, versichert aber trotzdem: »Das hört sich höchst spannend an!« *»Sie könnten sich diese herausfordernde Aufgabe also vorstellen«*[26], freut sich Dr. V. und stellt die Frage, was Julia bisher ge-

[22] Fuß in die Tür – Beständigkeit
[23] Spiegeln
[24] Beständigkeit
[25] Fuß in die Tür – Beständigkeit
[26] Spiegeln

nauer gemacht habe. Darauf erklärt sie ihm, dass sie nach dem Abitur an der Fachhochschule Bankwirtschaft studiert habe und danach bei einer Sparkasse für Firmenkunden arbeitete und mit Standardabwicklungen beschäftigt gewesen sei. Das lässt Dr. V. ganz leicht die Stirn runzeln und die Feststellung machen: *»Aha – Sie haben also damals mehr Routinearbeit gemacht.*[27] Aber Sie kennen sich natürlich mit der Analyse wirtschaftlicher Verhältnisse und mit der Erstellung von Beschlussvorlagen aus?« »Ja, sicher«, versichert Julia und denkt insgeheim darüber nach, wie und wo sie das fehlende Wissen auftreiben könnte.

Das lässt Dr. V. folgende Frage aufwerfen: »Vor dem Hintergrund, dass Sie Bankwirtschaft studiert haben und Erfahrungen im Firmenkundengeschäft vorweisen können, stellt sich für mich die Frage, *ob Sie gleich selbstständig mit einem spannenden Fall beginnen*[28] möchten oder ob Sie sich lieber langsam an die Materie herantasten wollen. Mir also mehr zuarbeiten. Dann würden Sie mehr so technischen Kram wie Ratingerstellung et cetera machen.« Julia schwankt innerlich hin und her, aber sie will ihr Gegenüber nicht enttäuschen: »Nein, nein, selbstverständlich will ich keine Routinearbeit machen.« *»Auch das bestätigt mir, dass ich mich für die Richtige entschieden habe«*[29], freut sich Dr. V. erneut. Dann fügt er hinzu: »Eine Kollegin mit ähnlichen Voraussetzungen wie Sie hat auch gleich zugepackt und mit schwierigeren Fällen begonnen. Zwei Jahre nach ihrem Start bei uns ist sie heute Bereichsleiterin und hat ihr Gehalt fast verdreifacht.« Sehr beeindruckend fände sie das, fügt Julia hinzu, relativiert aber vorsichtshalber falsche Erwartungen: »Aber eines geht sicher nicht: Wegen meiner Tochter strebe ich die nächste Zeit keine

---

[27] Anker
[28] Kontrast
[29] Anerkennung

Führungsposition an. Das ist einfach zeitlich nicht drin.« Was ihr möglicher Chef genauso sieht: »Ja, das ist in Ordnung. Allerdings erwarte ich schon von meinen Leuten, dass sie sich da eigenständig einarbeiten. Das sind letztlich auch wirkliche Lernchancen. *Kann ich das von Ihnen erwarten?*«[30] Julia antwortet, dass er sich darauf 100-prozentig verlassen könne. Darauf Herr Dr. V.: »Also aus meiner Sicht können Sie so rasch wie möglich beginnen. *Aber die Entscheidung liegt ganz bei Ihnen.*[31] Wie sieht's aus?« Julia weiß, dass die Alternativen rar sind, und bestätigt somit: »Ja, auch ich würde gerne loslegen.« Ihr neuer Chef zeigt sich hocherfreut und hakt noch einmal nach: »Eine Frage hätte ich noch. Bei dem Fall, den ich Ihnen eventuell übergeben würde, wären wir im Gläubigerausschuss. Das heißt, dass *manchmal kurzfristig Telefonkonferenzen* anberaumt werden und dann schnell Entscheidungen herbeizuführen sind. *Erlaubt es Ihr familiäres Umfeld, bei Bedarf die Arbeitszeit flexibel anzupassen?*[32] Wie zum Beispiel auch mal an einem Donnerstag oder Freitag ins Büro zu kommen oder an einem Tag mal ausnahmsweise länger zu arbeiten?«

Damit hat Julia nicht gerechnet. Eigentlich hatte sie das nicht geplant, und sie müsste, überlegt sie, dann auch nachmittags ihre Tochter im Kindergarten lassen. Aber irgendwie, versichert sie sich selbst, ließe sich das schon arrangieren. So kündigt sie bestätigend, aber relativierend an: »Wenn's nicht regelmäßig sein sollte, habe ich da kein Problem. Das lässt sich machen.« Das veranlasst ihren neuen Chef zur Feststellung: »Gut, gut, also haben Sie bei Bedarf auch nachmittags Kapazitäten frei. Das weiß ich sehr zu schätzen. Halbtags arbeiten ist bei diesem Job auch nicht ganz einfach. Ihre Vorgängerin *war dieser Herausforderung nicht*

---

[30] Fuß in die Tür – Beständigkeit
[31] Aber-Sie-sind-frei-Technik
[32] Ködern – Beständigkeit

gewachsen.[33] Nutzen Sie daher die Zeit, um sich bestmöglich einzuarbeiten. Ich bin mir sicher, dass wir nach Ihrer Einarbeitungszeit darüber nachdenken können, *zeitlich noch flexibler zu werden*[34] und vielleicht sogar eine Zeitaufstockung ins Auge fassen. Zurzeit haben wir ja *Aufnahmesperre.*[35] Ihr Job ist zum Glück eine *rühmliche Ausnahme.*«[36]

Schon am Nachhauseweg beginnt Julia, sich neu zu definieren. Wollte sie ursprünglich einen halbwegs angenehmen Halbtagsjob, sieht sie jetzt die neuen Herausforderungen – nach anfänglicher Skepsis – immer positiver. Wollte sie tatsächlich nur Hausmütterchen sein? Spätestens in einem Jahr könnte ihre Tochter auch ganztägig im Kindergarten bleiben. Erst unlängst hat sie außerdem in einem Magazin gelesen, dass sich Kinder, die mehrere Bezugspersonen haben, in puncto Intelligenz besser entwickeln. Und welche Möglichkeiten sich mit dem zu erwartenden Verdienst auch für ihre Tochter eröffnen würden.

[33] Verlustaversion
[34] Ködern – Beständigkeit
[35] Knappheit
[36] Gegenseitigkeit

Analyse des Fallbeispiels

Julias Fall ist ein Musterbeispiel dafür, wie Menschen durch das bewusste Beeinflussen ihrer Handlungen durch *Fuß-in-die-Tür-* beziehungsweise *Köder-Technik* mehr und mehr in die *Beständigkeitsfalle* hineingeraten. Dr. V. legte ihr alle Entscheidungen in den Mund. Julia hat sich vor ihm, also öffentlich, zu alldem selbst verpflichtet, was er von ihr wollte. Zu guter Letzt beginnt sie, ihre Identität neu zu definieren. Vermutlich wirft sie sich anfangs blindlings in den Job, arbeitet mindestens 30 Stunden vor Ort und zu Hause und erhält dafür nicht mehr als eine Halbtagsgage. Eine Aufstockung auf eine echte Vollzeitstelle – die sie ursprünglich dezidiert nicht wollte – wird ihr dann wohl als attraktives Angebot erscheinen. Vielleicht gibt es die aber gar nicht. Julia muss dann weiterhin 40 Stunden pro Woche arbeiten, um die tatsächliche Arbeitslast bewältigen zu können.

In die Bredouille gerät Julia schon am Beginn. Dr. V. stellt *Körperkontakt* her. Eine freundschaftliche Verbindung wird hergestellt. Der Job ist *knapp* und daher kostbar. Ihr künftiger Chef hat sich für sie eingesetzt. Die *Anerkennungs-* und *Reziprozitätsfalle* schnappt zu. Geschickt wird Julia durch entsprechendes Abfragen dazu gebracht, sich zu Herausforderungen und zu Stressresistenz zu bekennen. Alles Weitere darf nicht mehr im Widerspruch dazu stehen. Dr. V. setzt dann einen *Anker,* indem er ihren vorigen Job als Routinetätigkeit entwertet. Das wird zum maßgeblichen Referenzpunkt für den neuen Job, der herausfordernder, abwechslungsreicher und voller Potenzial für Weiterentwicklung ist. In diesem Licht ist auch die Frage, ob sie lieber spannende Aufgaben in Angriff nehmen oder nur simple Zuarbeit machen würde, lediglich eine Suggestivfrage. Zusätzlich lockt Dr. V. mit *Belohnungserwartungen,* wie sie mit dem neuen Job verbunden sind. Schließlich wird erst nach Julias Zustimmung die Katze aus dem Sack gelassen. Sie wurde/wird *geködert,* denn ihr neuer Chef rückt erst nach ihrer Entscheidung mit der vollen Wahrheit heraus, dass das ja eigentlich kein Halbtagsjob sei und stellt damit gleichzeitig neue »Herausforderungen« in Aussicht. Ihre Vorgängerin sei zudem daran gescheitert. Diese Mahnung aktiviert zusätzlich die *Verlustaversion.* Weil zurzeit Aufnahmesperre ist, wird der Job als *knapp* und so auch noch begehrlicher empfunden (*Gegenseitigkeit*), und ein möglicher Ganztagsjob erscheint als veritables Geschenk. Conclusio: Stets zu Diensten, Herr Dr. V.!

Des Vertreters täglich Brot: Kontakte, Termine, Empfehlungen

Peter P. ist neu im Versicherungsgeschäft. Er muss auf Teufel komm raus Neukunden akquirieren. Ohne die kann er nicht überleben. Es ist schwer, Kontakte aufzubauen und noch schwerer, persönliche Empfehlungen zu ergattern, die die spätere Kontaktanbahnung erleichtern. Peter P. hat eine elendslange Anrufliste vor sich liegen und braucht eine hohe Frusttoleranz. Nur jeder Zwanzigste beißt an. Wann gelingt es ihm, endlich einen Kundentermin zu fixieren?

Das Handy von Frau O. klingelt: »Schönen guten Tag, Frau O. Ich heiße Peter P. Ich bin Versicherungsberater und in Ihrem Bezirk für Sie persönlich zuständig. *Haben Sie meinen Brief bekommen?«*[37]

»Nein«, stellt Frau O. betreten fest, »ich habe nichts bekommen.«

Herr P. darauf nachsichtig: »Heutzutage kriegt jeder so viel Post. Das kann vorkommen. Der eigentliche Grund, Frau O., warum ich Sie anrufe, ist Ihre staatliche Pensionsvorsorge. Wussten Sie, dass *70 Prozent aller Frauen ihren Lebensstandard* in der Pension *nicht halten können*? Das bedeutet *Armut im Alter!*[38] Mit einer privaten, staatlich unterstützten *Pensionsvorsorge*[39] *können Sie sich vor Armut* schützen. *Mehr als 40 Prozent aller Frauen machen das schon.«*[40]

Frau O. wehrt gekonnt ab: »Nein, wusste ich nicht. Aber ich brauche so was nicht, ehrlich nicht. Danke vielmals.« »Wenn Sie sich gut versorgt fühlen, dann ist das prima. Aber viele Kunden zahlen *zu hohe Prämien für Versicherungen.*[41] Ich würde mir gern Ihre Verträge anschauen. Da finden wir garantiert Sparmöglichkeiten.«

---

[37] Fuß-in-den-Mund-Technik – Gegenseitigkeit
[38] Verlustaversion
[39] Tür-vor-den-Kopf
[40] Soziale Bewährtheit
[41] Verlustaversion

Nochmals schüttelt Frau O. ihren Kopf: »Nein, ich hab schon einen Berater.« »Und mit dem Berater sind Sie *voll und ganz zufrieden?«*[42], fragt Peter P. aushorchend, was Frau O. mit »Im Wesentlichen ja« quittiert. »Ein Vergleich, gnädige Frau, der kann nie schaden. Ich erlebe das jeden Tag, *dass die Leute zu viel zahlen«*[43], kontert Herr P.: »Vielleicht passt ja alles bei Ihren Prämien. Dann haben Sie wenigstens die Sicherheit, dass Sie nicht zu viel zahlen. Wenn Sie aber zu viel zahlen, dann *schmeißen Sie doch kein Geld mehr beim Fenster raus.«*[44]

Selbst Frau O. bringt das ins Schwanken: »Na ja, wenn Sie meinen.« »Unser *Gespräch ist völlig unverbindlich*[45], und der Policen-Check kostet Sie keinen Cent«, setzt der Berater nach. »Ich schlage vor, wir machen gleich einen Termin aus. Ich könnte Sie am kommenden *Freitag am Nachmittag einschieben.*[46] Wie klingt *15 oder 17 Uhr* für Sie?«[47] Nein, da kann Frau O. nicht. Peter P. weiter: »Und wie sähe der Montag gleich nach der Arbeit für Sie aus?« Das passt.

---

[42] Anker – Kontrast
[43] Verlustaversion
[44] Verlustaversion
[45] Aber-Sie-sind-frei-Technik
[46] Knappheit
[47] Willst-du-oder-willst-du-Alternative

Analyse des Fallbeispiels

In Wirklichkeit war nie ein Brief abgeschickt worden. Er war Auftakt und Basis für die Kontaktanbahnung. So fiel Herr P. nicht gleich mit der Tür ins Haus. Den Brief übersehen zu haben, kommt einer kleinen Schmähung gleich. Das verletzt das *Prinzip der Gegenseitigkeit,* erschwert ein sofortiges Abblocken und leitet den Small Talk im Sinne von *Fuß-in-den-Mund* ein. Dann wird mit dem Szenario »Armut im Alter« Angst gemacht. So wird die *Verlustaversion* aktiviert. Der Hinweis darauf, wie viele Personen in der Zielgruppe bereits vorsorgen, erinnert an die *soziale Bewährtheit*. Die ausgelöste Angst wird durch das Angebot einer privaten Pensionsvorsorge entschärft. Die Privatpension fungiert als Maximalforderung im Sinne von *Tür-vor-den-Kopf*. Daher bleibt Frau O. standhaft. Aber im *Kontrast* zum Kauf einer Pensionsvorsorge erscheint der angekündigte Policen-Check als Kinkerlitzchen. Mit der skizzierten Bedrohung, zu hohe Prämien zu berappen, wird erneut *Verlustangst* erzeugt. Der Verweis, alles sei unverbindlich und ohne Konsequenzen, fungiert als Freiheitsappell *(Aber-Sie-sind-frei-Technik*). Peter P. gibt dann zu verstehen, seine Termine seien *knapp*, was ihren Wert erhöht. Zwei Terminoptionen suggerieren Wahlfreiheit (*Willst-du-oder-willst-du-Alternative*). Das erlaubt ein defensives Nein und bahnt gleichzeitig den Weg für das Ja zur Montag-Verabredung.

Beim Termin wird Peter P. voraussichtlich die Policen überfliegen und eine beunruhigende Unterdeckung bei Feuer- und Haushaltsversicherung konstatieren (*Verlustaversion*). Er wird feststellen, dass die Autovollkasko von Frau O. sündhaft teuer ist. Bei ihm wären zum selben Preis Rechts- und Insassenschutz inklusive (*Kontrasteffekt*). Zwischendurch wird er mutmaßen: »Ich erlebe Sie ja, gnädige Frau, als kontaktfreudigen Menschen. Stimmt mein erster Eindruck (*Beständigkeitsfalle*)?« Und Frau O. wird in die Falle tappen und einbekennen: »Ja, ich bin gern mit anderen Menschen zusammen. Aber wie kommen Sie darauf?« »War nur mein erster Eindruck. Ich dachte mir, Sie sind ein Mensch, wenn der gute Erfahrungen mit etwas macht, erzählt er das anderen gern weiter. Stimmt's (*Beständigkeitsfalle*)?« »Ja, meistens schon«, setzt Frau O., leicht bauchgepinselt, fort – mögliche Folgewirkungen nicht antizipierend. Dann werden verschiedene Optionen durchgegangen. Alldem trotzt Frau O. standhaft, vertagt die Entscheidung und bedankt sich für die informative Beratung. Indessen kommt sie dennoch aus der Fallgrube nicht mehr heraus: »Freut mich, wenn ich Ihnen helfen konnte. Sie meinten ja zuvor, dass Sie positive Erfahrungen gern weitererzählen. Wer könnte denn in Ihrem Bekanntenkreis von so einer Beratung noch profitieren?« Spätestens jetzt ist Frau O. ein Opfer der zahlreichen Hinführungen zur *Konsistenz.* Weil sie bis dahin aber jedes Anbeißen eisern umschifft hat, fällt ihr ein neuerliches Nein schwer (*Gegenseitigkeit*) und nennt, halbherzig, aber doch, den Namen Z. Dann reicht ihr Herr P. seine Visitenkarte, auf die er schreibt »Für Herrn Z.« und bittet um Weitergabe derselben. Natürlich verschwitzt das Frau O. Aber es kommt der Tag des Rückrufs. Frau O. verschiebt aufs Neue eine Entscheidung, worauf Peter P. sie an seine Visitenkartenbitte erinnert. Ihr Vergessen ist kein Malheur, bahnt es doch die Einwilligung dafür, dass er Herrn Z. unter Berufung auf Frau O. kontaktieren darf.

Ein zweites Nein ist nicht mehr möglich

Frau Dipl.-Ing. A. hat's nicht leicht. Sie leitet die Niederlassung eines internationalen Unternehmens, das auf Medizintechnik spezialisiert ist. Der Markt ist schwieriger geworden. Der Preisdruck steigt, und die Investitionen öffentlicher Krankenhäuser stagnieren. Sie muss ihr Team motivieren, sonst schaut es düster aus mit der diesjährigen Zielerreichung. Frau A. bittet Herrn Konrad F. zu sich. Er gehört zu ihren Zugpferden.

»Schön, dass du so rasch Zeit für unser Gespräch gefunden hast, und danke für dein Kommen«, leitet sie die Zusammenkunft ein. »Keine Ursache«, erwidert Konrad F. Darauf Frau A: »Konrad, zunächst wollte ich dir sagen, *wie sehr mich dein Erfolg freut.* Dein *Vertragsabschluss* mit dem Krankenhaus-Zentraleinkauf *war mehr als schwierig.* Aber du hast *einen Preis herausgeholt,* der sogar meine Erwartungen übertroffen hat. Was du *wirklich hervorragend kannst, ist, in Verhandlungen in der Sache hart, aber im Ton sanft* zu bleiben. Echt toll. Danke!«[48] Konrad F. bedankt sich für das Feedback, hegt aber den Verdacht, dass es eigentlich um etwas anderes geht. »Konrad«, setzt Frau A. fort, »wir müssen in der FAST CARE CT-Technologie einen Akzent setzen. Wir sind weit unter Plan. *Wie siehst du das?«*[49] Konrad F. sieht das genauso: »Ich weiß, wenn wir da nicht Gas geben, schaut's schlecht aus.« Frau A. nickt zustimmend und stellt die Frage: *»Hast du dir mit deinem Team schon überlegt, was wir machen könnten?«*[50] Konrad F. skizziert die bisher entwickelte Idee: »Wir sollten Vorträge bei den Radiologie-Gesellschaften halten. Die Ärzte sind nach wie vor die wichtigsten Entscheidungsträger. Die müssten wir gewinnen.« Das sieht Frau A. ganz ähnlich: »Wie viele Vorträge wären das denn in

---

[48] Feedback: Was, Wie, Stärken, Emotion
[49] Fuß-in-die-Tür – Beständigkeit
[50] Fuß-in-die-Tür – Beständigkeit

der nächsten Zeit?« Konrad F. nennt eine Zahl von zwölf Gesellschaften, die abzuarbeiten wären. Frau A. darauf: »Ich weiß, dass du viel zu tun hast. Aber für mich gibt es *niemanden, der das besser könnte als du, Konrad.*[51] Könntest du die *zwölf Vorträge bitte halten?«*[52] Konrad F. fühlt sich kalt erwischt und gibt zu bedenken: »Die meiste Expertise hätte ich wahrscheinlich schon, aber wie du weißt, beginne ich jetzt mit dem Leadership-Programm, und das ist ziemlich zeitaufwendig.« Seine Chefin artikuliert Verständnis: »*Ja, ich habe das Programm selber auch gemacht.*[53] Das ist in der Tat eine Challenge! Du *machst dir also Sorgen, dass beides nicht unter einen Hut zu bringen ist?«*[54] Konrad F. nickt. Dann diskutieren beide darüber, wie das Konzept für die Vorträge aussehen könnte, und zum Schluss formuliert Frau A. die Bitte: »Okay, Ausbildung und alle Vorträge auf einmal, das wird schwierig. Bitte überlege dir, *aber wirklich ohne schlechtes Gewissen, wie viele von den zwölf Vorträgen du während deiner Ausbildung unterbringen könntest.«*[55] Konrad F. ist erleichtert und stellt eine Entscheidung nach dem Wochenende in Aussicht. Die sieht so aus, dass er sich zu drei Vorträgen gerne verpflichtet, was Frau A. *wohlwollend zur Kenntnis nimmt.*[56]

Nach der Ausbildung bittet Frau A. Konrad F. wieder zu sich: »Na, wie ist es dir bei der Ausbildung ergangen? *Hast du was für dich mitnehmen können?«*[57] Konrad F. bestätigt, dass er enorm viel gelernt habe. Frau A. direkt anschließend: »Wir lassen diese Ausbildung auch nur denen zukommen, *die zum engeren Führungskreis*

---

51 Anerkennung
52 Tür-vor-den-Kopf
53 Ähnlichkeit
54 Spiegeln
55 Aber-Sie-sind-frei-Technik
56 Anerkennung – Knappheit – Gegenseitigkeit
57 Fuß-in-den-Mund-Technik

gehören.«[58] Konrad F. fühlt sich geschmeichelt. »Konrad«, setzt seine Chefin fort: *»Wie ist es dir denn bei den drei Referaten gegangen? Hat das funktioniert?«*[59] Konrad F. erzählt, wie aufwendig die Vorbereitung gewesen sei, wie schwierig die Terminkoordination, dass er aber auf Interesse stieß und auch einen Beratungstermin ergattert hat. »Fein, fein«, darauf seine Chefin: *»Jetzt müsstest du ja auch wieder Zeit für neue Herausforderungen haben. Oder?«*[60] Konrad F.: »Na ja, natürlich fällt jetzt die Zeit für die Ausbildung weg. Aber langweilig wird mir bei meinem Arbeitspensum auch jetzt nicht!« Das habe sie auch nicht erwartet, aber, so seine Chefin, sie lade ihn nach seinem erfolgreich absolvierten Leadership-Programm jetzt ein, die Projektleitung für die Vermarktung der FAST CARE CT-Technologie zu übernehmen. Damit hat Konrad F. nicht gerechnet. *»Wenn du hier einmal ein erstes Vermarktungskonzept erstellen würdest, wäre ich dir sehr dankbar.«*[61] Konrad F. zeigt sich prinzipiell interessiert. Daraufhin formuliert Frau A. postwendend die Bitte: »Darf ich auch davon ausgehen, dass du die restlichen neun Vorträge hältst, die wir damals auf Eis gelegt haben?«

---

[58] Anerkennung – Knappheit
[59] Fuß-in-die-Tür – Beständigkeit
[60] Ködern – Beständigkeit
[61] Ködern – Beständigkeit

Analyse des Fallbeispiels

Dieser Fall zeigt, dass Widerstand eine Runde lang gut durchzuhalten ist. Ein zweites beziehungsweise drittes Nein erschiene jedoch als Affront. Am Beginn des ersten Gesprächs wird ein *Lob und Feedback* ausgesprochen, das alle wichtigen Elemente (*Was,*

Wie, Stärken, Emotion) enthält. Souverän vermeidet die Führungskraft den Fehler, selbst Vorgaben zu machen. Vielmehr definiert Konrad F. anhand der *Fuß-in-die-Tür-Taktik* all das selbst, was seine Chefin von ihm will. Er schlägt von sich aus zwölf Referate vor. Damit setzt er sich selbst einen *Anker* für alles Weitere. Die Bitte seiner Chefin, alle zwölf Vorträge zu übernehmen, entspricht unter den genannten Umständen einer Maximalforderung *(Tür-vor-den-Kopf-Technik)*. Schließlich zeigt Frau A. empathisches Verständnis für sein Nein (*Spiegeln*) und akzeptiert wohlwollend den Dreier-Vorschlag (*Gegenseitigkeit*). Zugleich leitet sie damit seine spätere Selbstverpflichtung ein.

Im zweiten Gespräch lässt sie den Mitarbeiter von seinen Erfahrungen berichten (*Fuß-in-den-Mund-Technik*). Es ist ziemlich ausgeschlossen, dass er Negatives erzählt. Unweigerlich muss er sich in weiterer Folge dankbar zeigen (*Gegenseitigkeit*), denn die Ausbildung erfüllt die Kriterien einer besonderen *Anerkennung*, weil sie unter höchst *knappen* Bedingungen ermöglicht worden ist. Damit leitet sie ihre Forderung ein, Konrad F. solle die Projektleitung übernehmen. Bei all dem Guten, was ihm zuerkannt worden ist, hat er große Mühe, ein Nein über die Lippen zu bringen. Noch etwas kommt hinzu: Beim ersten Mal hat seine Chefin drei von zwölf Vorträgen akzeptiert. Da Konrad F. offensichtlich die Projektleitung schluckt, hätte er zwar die Möglichkeit, das abzulehnen, aber weil er ja jetzt schon mit der ganzen Sache gut vertraut ist, fällt ihm das schwer.

11. Gut und Böse, Cyber-Manipulation und Pippi Langstrumpf

Die soeben geschilderten Fallbeispiele suggerieren eine klare Opfer-Täter-Beziehung. Herr Jahn schwatzt einem langjährigen Kunden einen unnötigen Komplettreifenwechsel samt teurer Premiumreifen für einen Twingo auf. Herr Dr. V. treibt eine alleinerziehende Mutter sehenden Auges in das Burn-out. Peter P. versucht, einer Unbekannten ein Finanzprodukt anzudrehen, an dem vornehmlich das Versicherungsunternehmen verdient, und nutzt parasitär ihre Bekanntschaft mit Herrn Z., um bei ihm das Gleiche zu versuchen. Frau Dipl.-Ing. A. halst einer verdienten Fachkraft jede Menge zusätzliche Arbeit auf.

Aber handeln die »Täter« in diesen Beispielen aus reinem oder gar böswilligem Eigennutz? Herr Jahn muss seine Werkstatt samt aller Mitarbeiter erhalten und leistet letztlich einen Beitrag zur Verkehrssicherheit. Herr Dr. V. muss eine Stelle nachbesetzen und ermöglicht Julia Entwicklungs- und Lernchancen. Herr P. will nicht das Heer arbeitsloser Außendienstler vergrößern und kümmert sich um eine ausreichende Altersvorsorge für andere. Frau Dipl.-Ing. A. reagiert im Rahmen ihrer Möglichkeiten auf die angespannte Marktlage und trägt potenziell zu besseren medizinischen Diagnosen für leidende Patienten bei. Andere Beeinflusser wie Lehrer, Therapeuten, Ärzte, Fundraiser, Erzieher oder Ehepartner wähnen sich diesbezüglich sowieso aus dem Schneider, ist es doch ihre Rolle, für ihr Gegenüber nur das Beste zu wollen. Letztendlich ist die Legitimität von Manipulation immer eine Frage der Perspektive und der Moral. Selbst wenn Hermann im Nachhinein also doch zu dem Schluss kommen sollte, auf hinterlistige Weise übervorteilt worden zu sein, wäre ein Hassposting über die manipulative Kundenschröpfung auf der Facebook-Seite der Firma »Reifen Jahn« wahrscheinlich unangebracht.

Apropos Hassposting: Die Beschreibung der Manipulationstechniken in diesem Buch bezieht sich beinahe ausschließlich auf Face-to-Face-Kommunikation. Es zeichnet sich aber ein neuer, immer bedeutsamer werdender Austragungsort der Manipulation ab, dessen Gefahrenpotenzial wohl gemeinhin unterschätzt wird. Weltweit gibt es drei Milliarden Internetnutzer. Täglich werden vier Milliarden Suchanfragen bei Google gestellt, rund zehn Milliarden YouTube-Videos angeschaut und etwa 500 Millionen Tweets versandt. Während Sie diesen Satz gelesen haben, sind circa 530 000 Google-Anfragen eingegeben und über eine Million YouTube-Videos abgerufen worden (Sie können das auf internetstatslive.com sekündlich verfolgen).

Was hat das mit Manipulation zu tun? Postings, Likes und Kommentare auf Twitter und Facebook oder schlichte Google-Abfragen treiben Menschen in vielschichtige Manipulationsfallen. Das Tippen am Keybord oder das Wischen am Touchscreen geht leicht und schnell von der Hand. Zudem scheinen in der oftmals anonymen Internetkommunikation viele soziale Normen außer Kraft gesetzt. Sätze (beziehungsweise oft eher Satzfragmente, dafür mit umso mehr Ausrufezeichen!!!), die man ob ihrer primitiven Gehässigkeit einem physisch anwesenden Gegenüber niemals ins Gesicht sagen würde, werden ungeniert via Social Media weltweit verbreitet. Das beeinflusst nicht nur den generellen Umgangston im Rahmen von Online-Diskussionen[314], auch auf längere Sicht werden sich Menschen auf Internetplattformen in ihrem Kommunikationsverhalten immer ähnlicher, je länger sie miteinander zu tun haben.[315]

Ein weiterer Faktor sind durch Algorithmen gesteuerte personalisierte Suchergebnisse und Newsstreams von Google und Facebook, die Menschen bezüglich ihrer Einstellungen in homogenen Gruppen isolieren und von neuen Ideen, Informationen und Standpunkten ausschließen. Google und Co. tragen also dazu bei, dass wir uns zunehmend in *Filterblasen* und *Echokammern* bewegen.[316]

Neben den immerhin von an der Tastatur sitzenden Menschen verfassten Äußerungen werden in sozialen Netzwerken zunehmend Computerprogramme eingeschleust, die Nachrichten verteilen, Kontakte knüpfen beziehungsweise mit uns chatten und nur dazu dienen, User zu beeinflussen. Angeblich sind bis zu 15 Prozent der Benutzerkonten auf Twitter »Social Bots«, also Computerprogramme, die vorgeben, Menschen zu sein, aber keine sind.[317] Sie werden eingesetzt, um Themen auf die Agenda zu bringen beziehungsweise von anderen Themen abzulenken.

All das treibt Menschen in Beständigkeitsfallen, setzt selektive Einstellungsanker, missbraucht unsere Sensitivität fürs Negative, bringt kollektiv eskalierende Frust- plus Hetztiraden in Gang, ermöglicht gebetsmühlenartige Selbstbespiegelung durch digitales Mimikry, macht Menschen »Likometer«-süchtig und suggeriert soziale Bewährtheit und Ähnlichkeit, die so nicht existiert. Häme, Unwahrheiten und Gerüchte hat es immer gegeben. Dann wurde im Wirtshaus darüber debattiert. Aber beim digitalen Facebook-Wirt befinden sich Hunderttausende am Stammtisch. Was dabei epidemisch abgeht, besingt Pippi Langstrumpf höchst treffsicher mit den Worten:

2 × 3 macht 4
Widdewiddewitt und 3 macht 9e!
Ich mach' mir die Welt –
Widdewidde wie sie mir gefällt (…)

Google & Co. unterstützen uns tatkräftig dabei. 2 × 3 macht natürlich nicht 4. Sie aufzuklären, warum Sie immer wieder diesem Irrtum unterliegen und wie Sie sich davor schützen, das war und ist der tiefere Sinn dieses Buches. In seinem berühmten Traktat *Beantwortung der Frage: Was ist Aufklärung?* hat Immanuel Kant 1784 geschrieben: »Es ist für jeden einzelnen Menschen schwer, sich aus der ihm beinahe zur Natur gewordenen Unmündigkeit herauszuarbeiten.«[318] Sollte es Ihnen – sowohl als Akteur als auch als Adressat von Manipulation – künftig besser gelingen, sich aus dieser zur Natur gewordenen Unmündigkeit zu befreien, weil Sie jetzt mehr Wissen und ein besseres Bewusstsein dafür haben, wie sie funktioniert, worauf sie beruht und wie Sie sich davor schützen können, dann hat dieses Buch sein Ziel erreicht.

Anmerkungen

1 http: / / derstandard.at / 2000059015779 / Impfgegner-Suedtiroler-Eltern-wollen-Asyl-in-Oesterreich-beantragen, abgerufen am 11.11.2017.

2 Diller, H. (1992). *Vahlens Großes Marketinglexikon*. München, 637 f.

3 Thaler, R. H., & Sunstein, C. R. (2012). *Nudge: Wie man kluge Entscheidungen anstößt*. Berlin.

4 Lerner, J. S., Small, D. A., & Loewenstein, G. (2004). Heart strings and purse strings: Carryover effects of emotions on economic decisions. *Psychological Science, 15*(5), 337–341.

5 Guéguen, N. (2013). Helping with all your heart: The effect of cardioid dishes on tipping behavior. *Journal of Applied Social Psychology, 43*(8), 1745–1749.

6 Guéguen, N., & Pichot, N. (2001). The influence of status on pedestrians' failure to observe a road-safety rule. *The Journal of Social Psychology, 141*(3), 413–415.

7 Tamir, D. I., & Mitchell, J. P. (2012). Disclosing information about the self is intrinsically rewarding. *Proceedings of the National Academy of Sciences, 109*(21), 8038–8043.

8 Miller, G., Tybur, J. M., & Jordan, B. D. (2007). Ovulatory cycle effects on tip earnings by lap dancers: Economic evidence for human estrus? *Evolution and Human Behavior, 28*(6), 375–381.

9 Kraus, S. J. (1995). Attitudes and the prediction of behavior: A meta-analysis of the empirical literature. *Personality and Social Psychology Bulletin, 21*(1), 58–75. Siehe auch: Wicker, A. W. (1969). Attitudes versus actions: The relationship of verbal and overt behavioral responses to attitude objects. *Journal of Social Issues, 25*(4), 41–78.

10 Batson, C. D., Kobrynowicz, D., Dinnerstein, J. L., Kampf, H. C., & Wilson, A. D. (1997). In a very different voice: Unmasking moral hypocrisy. *Journal of Personality and Social Psychology, 72*(6), 1335.

11 Myers, D. G. (2013). *Social Psychology*, San Diego, 121.

12 Darley, J. M., & Batson, C. D. (1973). »From Jerusalem to Jericho«: A study of situational and dispositional variables in helping behavior. *Journal of Personality and Social Psychology, 27*(1), 100–108.

13 Johansson, P., Hall, L., Sikström, S., & Olsson, A. (2005). Failure to detect mismatches between intention and outcome in a simple decision task. *Science, 310*(5745), 116–119.

14 ChoiceBlindnessLab (2009): BBC Choice Blindness, veröffentlicht am 27.01.2009, https://www.youtube.com/watch?v=wRqyw-EwgTk, abgerufen am 11.09.2017.
15 Johansson, P., Hall, L., Tärning, B., Sikström, S., & Chater, N. (2014). Choice blindness and preference change: You will like this paper better if you (believe you) chose to read it! *Journal of Behavioral Decision Making*, *27*(3), 281–289.
16 Festinger, L. (1962). *A theory of cognitive dissonance* (Vol. 2). Stanford.
17 Hammond, D. (2011). Health warning messages on tobacco products: A review. *Tobacco Control*, *20*(5), 327–337.
18 Sunstein, C. R., Bobadilla-Suarez, S., Lazzaro, S. C., & Sharot, T. (2016). How people update beliefs about climate change: Good news and bad news. Abrufbar unter: http://cornelllawreview.org/files/2017/10/Sunsteinetal.final_.pdf.
19 Sharot, T., Velasquez, C. M., & Dolan, R. J. (2010). Do decisions shape preference? Evidence from blind choice. *Psychological science*, *21*(9), 1231–1235.
20 Martens, A., Kosloff, S., Greenberg, J., Landau, M. J., & Schmader, T. (2007). Killing begets killing: Evidence from a bug-killing paradigm that initial killing fuels subsequent killing. *Personality and Social Psychology Bulletin*, *33*(9), 1251–1264.
21 Freedman, J. L., & Fraser, S. C. (1966). Compliance without pressure: The foot-in-the-door technique. *Journal of Personality and Social Psychology*, *4*(2), 195.
22 Pliner, Patricia, Hart, H., Kohl, J., & Saari, D. (1974). »Compliance without pressure: Some further data on the foot-in-the-door technique.« *Journal of Experimental Social Psychology*, *10*(1), 17–22.
23 Dolin, D. J., & Booth-Butterfield, S. (1995). Foot-in-the-door and cancer prevention. *Health Communication*, *7*(1), 55–66.
24 Carducci, B. J., Denser, P. S., Bauer, A., Large, M., & Ramaekers, M. (1989). An application of the foot in the door technique to organ donation. *Journal of Business and Psychology*, *4*(2), 245–249.
25 Guéguen, N., & Jacob, C. (2001). Fund-raising on the web: The effect of an electronic foot-in-the-door on donation. *Cyber Psychology & Behavior*, *4*(6), 705–709.
26 Guéguen, N., & Fischer-Lokou, J. (1999). Sequential request stategy: Effect on donor generosity. *The Journal of Social Psychology*, *139*(5), 669–671.
27 Guéguen, N., Marchand, M., Pascual, A., & Lourel, M. (2008). Foot-in-the-door technique using a courtship request: A field experiment. *Psychological Reports*, *103*(2), 529–534.
28 Guéguen, N., Jacob, C., & Lamy, L. (2010). »Love is in the air«: Effects of songs with romantic lyrics on compliance with a courtship request. *Psychology of Music*, *38*(3), 303–307.
29 Howard, D. J. (1990). The influence of verbal responses to common greetings on compliance behavior: The foot-in-the-mouth effect. *Journal of Applied Social Psychology*, *20*(14), 1185–1196.

30 Meineri, S., & Guéguen, N. (2011). »I Hope I'm Not Disturbing You, Am I?« Another Operationalization of the Foot-in-the-Mouth Paradigm. *Journal of Applied Social Psychology, 41*(4), 965–975.
31 Lipsitz, A., Kallmeyer, K., Ferguson, M., & Abas, A. (1989). Counting on blood donors: Increasing the impact of reminder calls. *Journal of Applied Social Psychology, 19*(13), 1057–1067.
32 Pascual, A., Guéguen, N., Pujos, S., & Felonneau, M. L. (2013). Foot-in-the-door and problematic requests: A field experiment. *Social Influence, 8*(1), 46–53.
33 Burger, J. M. (1999). The foot-in-the-door compliance procedure: A multiple-process analysis and review. *Personality and Social Psychology Review, 3*(4), 303–325. Beaman, A. L., Cole, C. M., Preston, M., Klentz, B., & Steblay, N. M. (1983). Fifteen years of foot-in-the door research: A meta-analysis. *Personality and Social Psychology Bulletin, 9*(2), 181–196. Dillard, J., Hunter, J. E., & Burgoon, M. (1984). A Meta-analysis of Two Sequential Request Strategies for Gaining Compliance: Foot in the Door and Door in the Face. *Human Communication Research, 10*(4), 461–488. Fern, E. F., Monroe, K. B., & Avila, R. A. (1986). Effectiveness of multiple request strategies: A synthesis of research results. *Journal of Marketing Research, 23*(2), 144–152. Pascual, A., & Guéguen, N. (2005). Foot-in-the-door and door-in-the-face: A comparative meta-analytic study. *Psychological Reports, 96*(1), 122–128.
34 Cialdini, R. B., Cacioppo, J. T., Bassett, R., & Miller, J. A. (1978). Low-ball procedure for producing compliance: Commitment then cost. *Journal of Personality and Social Psychology, 36*(5), 463–476.
35 Burger, J. M., & Cornelius, T. (2003). Raising the price of agreement: Public commitment and thelowball compliance procedure. *Journal of Applied Social Psychology, 33*(5), 923–934.
36 Guéguen, N., Pascual, A., & Dagot, L. (2002). Low-ball and compliance to a request: An application in a field setting. *Psychological Reports, 91*(1), 81–84.
37 Guéguen, N., & Pascual, A. (2014). Low-ball and compliance: Commitment even if the request is a deviant one. *Social Influence, 9*(3), 162–171.
38 Joule, R. V. (1987). Tabacco deprivation: The foot-in-the-door technique versus the low-ball technique. *European Journal of Social Psychology, 17*(3), 361–365.
39 Hornik, J., Zaig, T., Shadmon, D., & Barbash, G. I. (1990). Comparison of three inducement techniques to improve compliance in a health survey conducted by telephone. *Public Health Reports, 105*(5), 524–529.
40 Marchand, M., Joule, R. V., & Guéguen, N. (2015). The lure technique: Generalization and moderating effects. *Revue Européenne de Psychologie Appliquée/European Review of Applied Psychology, 65*(2), 105–113.
41 Ebenda.
42 Brehm, J.W. (1966). *Theory of psychological reactance.* New York.

43 Guéguen, N., Martin, A., & Meineri, S. (2013). »Even a single marble will make him/her happy…«: Further evidence and extension of the legitimizing paltry contribution technique on helping. *Social Influence, 8*(1), 18–26.
44 Carpenter, C. J. (2013). A meta-analysis of the effectiveness of the »but you are free« compliance-gaining technique. *Communication Studies, 64*(1), 6–17.
45 Guéguen, N., Joule, R. V., Halimi-Falkowicz, S., Pascual, A., Fischer-Lokou, J., & Dufourcq-Brana, M. (2013). I'm free but I'll comply with your request: Generalization and multidimensional effects of the »evoking freedom« technique. *Journal of Applied Social Psychology, 43*(1), 116–137.
46 Guéguen, N., Meineri, S., Martin, A., & Grandjean, I. (2010). The combined effect of the foot-in-the-door technique and the »but you are free« technique: An evaluation on the selective sorting of household wastes. *Ecopsychology, 2*(4), 231–237.
47 Guéguen, N. (2014). Door-in-the-face technique and delay to fulfill the final request: An evaluation with a request to give blood. *The Journal of Psychology, 148*(5), 569–576.
48 Lecat, B., Hilton, D. J., & Crano, W. D. (2009). Group status and reciprocity norms: Can the door-in-the-face effect be obtained in an out-group context? *Group Dynamics: Theory, Research, and Practice, 13*(3), 178–189.
49 Terrier, L., Joule, R. V., & Marfaing, B. (2011). Requester's Acceptance and Non-Acceptance of the Refusal of the Initial Request: How to Improve the Door-in-the-Face Effects? *Current Research in Social Psychology, 17*(1), 1–9.
50 Pascual, A., & Guéguen, N. (2006). Door-in-the-face technique and monetary solicitation: An evaluation in a field setting. *Perceptual and Motor Skills, 103*(3), 974–978.
51 Chan, A. C. Y., & Au, T. K. F. (2011). Getting children to do more academic work: Foot-in-the-door versus door-in-the-face. *Teaching and Teacher Education, 27*(6), 982–985.
52 Ebster, C., & Neumayr, B. (2008). Applying the door-in-the-face compliance technique to retailing. *The International Review of Retail, Distribution and Consumer Research, 18*(1), 121–128.
53 Guéguen, N., Jacob, C., & Meineri, S. (2011). Effects of the Door-in-the-Face technique on restaurant customers' behavior. *International Journal of Hospitality Management, 30*(3), 759–761.
54 Kiesler, C. A. (1971). *The Psychology of Commitment: Experiments Linking Behavior to Belief.* New York.
55 Diesen Fall habe ich im Rahmen einer Unternehmensberatung persönlich erlebt.
56 Lewin, K. (1943). Forces behind food habits and methods of change. *Bulletin of the National Research Council, 108*(1043), 35–65.
57 Anonym (2009). No shows' cost the NHS millions, BBC-News, http://news.bbc.co.uk/2/hi/health/8195255.stm, abgerufen am 11.09.2017.

58 Scott, M., Allen, S., Bamford, A., Walshe, M., & Clark, C. I. (2002). Influence of a nurse practitioner on non-attendance rate for barium enema. *Journal of the Royal Society of Medicine, 95*(9), 448–449.
59 Martin, S. J., Bassi, S., & Dunbar-Rees, R. (2012). Commitments, norms and custard creams–a social influence approach to reducing did not attends (DNAs). *Journal of the Royal Society of Medicine, 105*(3), 101–104.
60 Keller, P. A., Harlam, B., Loewenstein, G., & Volpp, K. G. (2011). Enhanced active choice: A new method to motivate behavior change. *Journal of Consumer Psychology, 21*(4), 376–383.
61 Smith, A. (1846). *Untersuchungen über das Wesen und die Ursachen des Nationalreichthums.* Leipzig, 26.
62 Rothschild, E. (1994). Adam Smith and the invisible hand. *The American Economic Review, 84*(2), 319–322.
63 Nowak, M. A., Page, K. M., & Sigmund, K. (2000). Fairness versus reason in the ultimatum game. *Science, 289*(5485), 1773–1775.
64 Henrich, J., Boyd, R., Bowles, S., Camerer, C., Fehr, E., Gintis, H., & McElreath, R. (2001). In search of homo economicus: Behavioral experiments in 15 small-scale societies. *The American Economic Review, 91*(2), 73–78.
65 Rese, M., & Schons, L. M. (2013). Durchsetzung sozialer Normen in Hochkostensituationen / Norm Enforcement in High-Cost-Situations. *Zeitschrift für Soziologie, 42*(6), 463–482.
66 Stohwass, J. M. (1928). *Lateinisch-Deutsches Schul- und Handwörterbuch,* 7. Aufl. Wien, 647.
67 Wilkinson, G. S. (1984). Reciprocal food sharing in the vampire bat. *Nature, 308*(5955), 181–184.
68 Levitikus (26). Die Bibel in der Erstübersetzung. https://www.uibk.ac.at/theol/leseraum/bibel/lev26.html, abgerufen am 31.12.2017. 14–38.
69 Pinker, St. (2011). *Gewalt. Eine neue Geschichte der Menschheit.* Frankfurt, 36 f.
70 Hof, J., & Sommer, V. (2010). *Menschenaffen wie wir: Porträts einer Verwandtschaft.* Mannheim.
71 Jensen, K., Call, J., & Tomasello, M. (2007). Chimpanzees are rational maximizers in an ultimatum game. *Science, 318*(5847), 107–109.
72 De Waal, F. (2006). Tierische Geschäfte. *Spektrum der Wissenschaft,* 51(6), 51–58.
73 Heyman, J., & Ariely, D. (2004). Effort for payment a tale of two markets. *Psychological science, 15*(11), 787–793.
74 Bourdieu, P. (1983). Ökonomisches Kapital – Kulturelles Kapital – Soziales Kapital. In: *Soziale Ungleichheiten.* Kreckel, R. (Hrsg.) Göttingen, 183–198.
75 Statistisches Bundesamt (2014): *Konsumausgaben von Familien für Kinder.* Wiesbaden.
76 Singer, T., & Steinbeis, N. (2009). Differential Roles of Fairness- and Compassion-Based Motivations for Cooperation, Defection, and Punishment. *Annals of the New York Academy of Sciences, 1167*(1), 41–50.

77 Fehr, E., Fischbacher, U., & Gächter, S. (2002). Strong reciprocity, human cooperation, and the enforcement of social norms. *Human Nature, 13*(1), 1–25.
78 Anonym (2011), Negatives Menschenbild macht egoistisch, Max-Planck-Gesellschaft, https://www.mpg.de/1359022/kooperatives_verhalten, abgerufen am 11.09.2017.
79 Ein ähnliches Beispiel über Vögel und deren Zeckenbefall findet sich bei: Dawkins, R. (2004). *Das egoistische Gen.* Heidelberg, 296 ff.
80 Axelrod, R. (1991). *Die Evolution der Kooperation.* München.
81 Nowak, M. A., Boerlijst, M. C., Cooke, J., & Smith, J. M. (1997). Evolution of genetic redundancy. *Nature, 388*(6638), 167–171. Press, William H., & Freeman J. Dyson (2012). »Iterated Prisoner's Dilemma contains strategies that dominate any evolutionary opponent.« *Proceedings of the National Academy of Sciences, 109*(26). 10409–10413.
82 Strohmetz, D. B., Rind, B., Fisher, R., & Lynn, M. (2002). Sweetening the Till: The use of candy to increase restaurant tipping. *Journal of Applied Social Psychology, 32*(2), 300–309.
83 Garner, R. (2005). Post-It® note persuasion: a sticky influence. *Journal of Consumer Psychology, 15*(3), 230–237.
84 Kano, N., Seraku, N., & Takahashi, F. (1984). Tsuji, Attractive quality and must-be Quality. *Journal of the Japanese Society for Quality Control, 14*(2), 147–156.
85 Flynn, F. J. (2003). How much should I give and how often? The effects of generosity and frequency of favor exchange on social status and productivity. *Academy of Management Journal, 46*(5), 539–553. Flynn, F. J., & Brockner, J. (2003). It's different to give than to receive: Predictors of givers' and receivers' reactions to favor exchange. *Journal of Applied Psychology, 88*(6), 1034.
86 Grant, A. M., & Gino, F. (2010). A little thanks goes a long way: Explaining why gratitude expressions motivate prosocial behavior. *Journal of Personality and Social Psychology, 98*(6), 946.
87 Herr, P. M., Sherman, S. J., & Fazio, R. H. (1983). On the consequences of priming: Assimilation and contrast effects. *Journal of Experimental Social Psychology, 19*(4), 323–340.
88 Hershenson, M. (Ed.). (2013). *The moon illusion.* Psychology Press.
89 Kaufman, L., & Kaufman, J. H. (2000). Explaining the moon illusion. *Proceedings of the National Academy of Sciences, 97*(1), 500–505.
90 Kenrick, D. T., & Gutierres, S. E. (1980). Contrast effects and judgments of physical attractiveness: When beauty becomes a social problem. *Journal of Personality and Social Psychology, 38*(1), 131.
91 Kenrick, D. T., Gutierres, S. E., & Goldberg, L. L. (1989). Influence of popular erotica on judgments of strangers and mates. *Journal of Experimental Social Psychology, 25*(2), 159–167.
92 Zillmann, D. (1989). Effects of prolonged consumption of pornography. In: *Pronography: Research advances and policy considerations.* Zilllman, D., Brynant J. (Eds.). Hillsdale, NJ, 127–157.

93 Brown, J. D., Novick, N. J., Lord, K. A., & Richards, J. M. (1992). When Gulliver travels: Social context, psychological closeness, and self-appraisals. *Journal of Personality and Social Psychology, 62*(5), 717–727.
94 Grabe, S., Ward, L. M., & Hyde, J. S. (2008). The role of the media in body image concerns among women: A meta-analysis of experimental and correlational studies. *Psychological Bulletin, 134*(3), 460–476.
95 Pallett, P. M., Link, S., & Lee, K. (2010). New »golden« ratios for facial beauty. *Vision research, 50*(2), 149–154.
96 Bóo, F. L., Rossi, M. A., & Urzúa, S. S. (2013). The labor market return to an attractive face: Evidence from a field experiment. *Economics Letters, 118*(1), 170–172.
97 Hamermesh, D. (2010). *Beauty pays*. Maastricht, 45.
98 Dehaene, S. (2003). The neural basis of the Weber–Fechner law: A logarithmic mental number line. *Trends in Cognitive Sciences, 7*(4), 145–147.
99 Williams, N. A., Azarm, S., & Kannan, P. K. (2010). Multicategory design of bundled products for retail channels under uncertainty and competition. *Journal of Mechanical Design, 132*(3), 031003.
100 Schäfer, H. (2002). *Die Erschließung von Kundenpotentialen durch Cross-Selling*. Wiesbaden.
101 Ariely, D. (2008). *Predictably irrational: The Hidden Forces that Shape Our Decisions*. New York, 2 f.
102 Simonson, I., & Tversky, A. (1992). Choice in context: Tradeoff contrast and extremeness aversion. *Journal of Marketing Research, 29*(3), 281–295. Die Preise wurden bei diesem Beispiel angehoben.
103 Simonson, I. (1989). Choice based on reasons: The case of attraction and compromise effects. *Journal of Consumer Research, 16*(2), 158–174.
104 Valenzuela, A., & Raghubir, P. (2009). Position-based beliefs: The center-stage effect. *Journal of Consumer Psychology, 19*(2), 185–196.
105 Hinrich, M. Aphorismus, https://www.aphorismen.de/suche, abgerufen am 14.11.2017.
106 Banas, J., & Turner, M. M. (2011). Exploring the »that's-not-all« effect: A test of theoretical explanations. *Southern Communication Journal, 76*(4), 305–322.
107 Orbach, S. (2010): *Bodies: Schlachtfelder der Schönheit*. Zürich, 89.
108 Festinger, L. (1954). A Theory of Social Comparison Processes. In: *Human Relations*, (7), 117–140.
109 Corcoran, K., Crusius, J., & Mussweiler, T. (2011). Social comparison: Motives, standards, and mechanisms. In: Chadee, D. (Ed.): *Theories in Social Psychology*, 119–139.
110 Strack, F., Schwarz, N., Chassein, B., Kern, D., & Wagner, D. (1990). Salience of comparison standards and the activation of social norms: Consequences for judgements of happiness and their communication. *British Journal of Social Psychology, 29*(4), 303–314.
111 Langer, M., & Wimmer-Puchinger, B. (2011). Der gemachte Körper – die genormte Frau. In: *Im Dienste der Schönheit? Interdisziplinäre Perspektiven auf die ästhetische Chirurgie*. Lüttenberg, B. (Hrsg.), (11). Münster, 71– 95.

112 Feingold, A. (1988). Matching for attractiveness in romantic partners and same-sex friends: A meta-analysis and theoretical critique. *Psychological Bulletin, 104*(2), 226.
113 Lee, L., Loewenstein, G., Ariely, D., Hong, J., & Young, J. (2008). If I'm not hot, are you hot or not? Physical-attractiveness evaluations and dating preferences as a function of one's own attractiveness. *Psychological Science, 19*(7), 669–677.
114 Furnham, A., & Hua Chu Boo (2011). A literature review of the anchoring effect. *The Journal of Socio-Economics 40*(1), 35–42.
115 Tversky, A., & Kahneman, D. (1975) Judgment under Uncertainty: Heuristics and Biases. In: *Utility, Probability, and Human Decision Making. Theory and Decision Library*. Wendt, D., & Vlek, C. (Eds.), An International Series in the Philosophy and Methodology of the Social and Behavioral Sciences, 11. Dordrecht, 141–162.
116 Mussweiler, T., & Strack, F. (2001). Considering the impossible: Explaining the effects of implausible anchors. *Social Cognition, 19*(2), 145–160.
117 Mussweiler, T., & Englich, B. (2005). Subliminal anchoring: Judgmental consequences and underlying mechanisms. *Organizational Behavior and Human Decision Processes, 98*(2), 133–143.
118 Ariely, D., Loewenstein, G., & Prelec, D. (2003). »Coherent arbitrariness«: Stable demand curves without stable preferences. *The Quarterly Journal of Economics, 118*(1), 73–106.
119 Mussweiler, T. (2001). Sentencing under uncertainty: Anchoring effects in the courtroom. *Journal of Applied Social Psychology, 31*(7), 1535–1551.
120 Englich, B., Mussweiler, T., & Strack, F. (2005). The last word in court – a hidden disadvantage for the defense. *Law and Human Behavior, 29*(6), 705–722.
121 Englich, B., Mussweiler, T., & Strack, F. (2006). Playing dice with criminal sentences: The influence of irrelevant anchors on experts' judicial decision making. *Personality and Social Psychology Bulletin, 32*(2), 188–200.
122 Loschelder, D., & Trötschel, R. (2014). Ratgeber: Erfolgreich beim Gehaltspoker. Gehirn und Geist. (5), Themenheft Arbeitspsychologie, 22–27.
123 Galinsky, A. D., & Mussweiler, T. (2001). First offers as anchors: The role of perspective-taking and negotiator focus. *Journal of Personality and Social Psychology, 81*(4), 657–669.
124 Northcraft, G. B., & Neale, M. A. (1987). Experts, amateurs, and real estate: An anchoring-and-adjustment perspective on property pricing decisions. *Organizational Behavior and Human Decision Processes, 39*(1), 84–97.
125 Opresnik. M. (2014). *Die Geheimnisse erfolgreicher Verhandlungsführung.* Heidelberg, 23.
126 Schweinsberg, M., Ku, G., Wang, C. S., & Pillutla, M. M. (2012). Starting high and ending with nothing: The role of anchors and power in negotiations. *Journal of Experimental Social Psychology, 48*(1), 226–231.

127 Loschelder, D., & Trötschel, R. (2014). Erfolgreich beim Gehaltspoker. *Gehirn und Geist. 2014*(5), 22–27.
128 Galinsky, A. D., & Mussweiler, T. (2001). First offers as anchors: The role of perspective-taking and negotiator focus. *Journal of Personality and Social Psychology, 81*(4), 657–669.
129 Mussweiler, T., & Strack, F. (2000). The use of category and exemplar knowledge in the solution of anchoring tasks. *Journal of Personality and Social Psychology, 78*(6), 1038–1052.
130 Thaler, R. (1985). Mental accounting and consumer choice. *Marketing Science, 4*(3), 199–214.
131 Loschelder, D. D., Stuppi, J., & Trötschel, R. (2014). »€ 14,875?!«: Precision boosts the anchoring potency of first offers. *Social Psychological and Personality Science, 5*(4), 491–499.
132 Novemsky, N., & Kahneman, D. (2005). The boundaries of loss aversion. *Journal of Marketing research, 42*(2), 119–128.
133 Kahneman, D., & Tversky, A. (1972). Subjective probability: A judgment of representativeness. *Cognitive Psychology, 3*(3), 430–454. Tversky, A., & Kahneman, D. (1992). Advances in prospect theory: Cumulative representation of uncertainty. *Journal of Risk and Uncertainty, 5*(4), 297–323.
134 Laux, H., Gillenkirch, R. & Schenk-Mathes, H. (2012), Entscheidungstheorie, 8. Auflage, Wiesbaden, 109–116.
135 Kahneman, D. (2012). *Schnelles Denken, langsames Denken*. München, 331 ff.
136 Kahneman, D., & Tversky, A. (1979). Prospect theory: An analysis of decision under risk. *Econometrica: Journal of the Econometric Society, 47*(2), 263–292.
137 Beck, H. (2014). *Behavioral Economics. Eine Einführung*. Wiesbaden.
138 McDermott, R., Fowler, J. H., & Smirnov, O. (2008). On the evolutionary origin of prospect theory preferences. *The Journal of Politics, 70*(2), 335–350.
139 Horx, M. (2009). *Das Buch des Wandels. Wie Menschen Zukunft gestalten*. München.
140 Ebenda 17.
141 McNeil, B. J., Pauker, S. G., Sox Jr, H. C., & Tversky, A. (1982). On the elicitation of preferences for alternative therapies. *The New England Journal of Medicine, 306*(21), 1259–1262.
142 Gächter, S., Johnson, E. J., & Herrmann, A. (2007). Individual-level loss aversion in riskless and risky choices. Cedex Discussion Paper No. 2010–20, The University of Nottingham.
143 Kahneman, D. (2012). *Schnelles Denken, langsames Denken*. München, 347.
144 Gossen, H. H. (1854): *Entwickelung der Gesetze des menschlichen Verkehrs, und der daraus fließenden Regeln für menschliches Handeln*. Braunschweig, 4 f.
145 In der Managementforschung wird das Escalating Commitment genannt. Siehe dazu z. B. Whyte, G. (1993). Escalating commitment in individual and group decision making: A prospect theory approach. *Organizational behavior and human decision processes, 54*(3), 430–455.

146 Thaler, R. (1980). Toward a positive theory of consumer choice. *Journal of Economic Behavior & Organization, 1*(1), 39–60.
147 Karlsson, N., Loewenstein, G., & Seppi, D. (2009). The ostrich effect: Selective attention to information. *Journal of Risk and Uncertainty, 38*(2), 95–115.
148 Machiavelli, N. (1990). *Politische Schriften*. Frankfurt, 70 f.
149 https://www.tagesschau.de/wirtschaft/ikea-rueckgaberecht-begrenzung-101.html, Stand: 17.08.2016 09:21 Uhr.
150 Kahneman, D., Knetsch, J. L., & Thaler, R. H. (1990). Experimental tests of the endowment effect and the Coase theorem. *Journal of Political Economy, 98*(6), 1325–1348.
151 Ebenda.
152 Ebenda.
153 Ariely, D. Painful lessons. *Mimeograph,* http://web.edu/ariely/www/Papers/mypain, abgerufen am 11.09.2017.
154 Carmon, Z., & Ariely, D. (2000). Focusing on the forgone: How value can appear so different to buyers and sellers. *Journal of Consumer Research, 27*(3), 360–370.
155 Piketty, T. (2014). Capital in the twenty-first Century. London, 113 ff.
156 Ebenda 237 ff.
157 Johnson, E. J., & Goldstein, D. (2003). Do defaults save lives? *Science, 302*(5649), 1338–1339.
158 Kahneman, D., Knetsch, J. L., & Thaler, R. H. (1991). The endowment effect, loss aversion, and status quo bias. *Journal of Economic Perspectives, 5*(1), 193–206.
159 Ariely, D., & Silva J. (2002). *Psychological and economic aspects of payment.* MIT eBusiness.
160 Prelec, D., & Simester, D. (2001). Always leave home without it: A further investigation of the credit-card effect on willingness to pay. *Marketing Letters, 12*(1), 5–12.
161 Soman, D. (2001). Effects of payment mechanism on spending behavior: The role of rehearsal and immediacy of payments. *Journal of Consumer Research, 27*(4), 460–474.
162 Inman, J. J., Winer, R. S., & Ferraro, R. (2009). The interplay among category characteristics, customer characteristics, and customer activities on in-store decision making. *Journal of Marketing, 73*(5), 19–29.
163 McCall, M., & Belmont, H. J. (1996). Credit card insignia and restaurant tipping: Evidence for an associative link. *Journal of Applied Psychology, 81*(5), 609–613.
164 Feinberg, R. A. (1986). Credit cards as spending facilitating stimuli: A conditioning interpretation. *Journal of Consumer Research, 13*(3), 348–356.
165 Tessari, T., Rubaltelli, E., Tomelleri, S., Zorzi, C., Pietroni, D., Levorato, C., & Rumiati, R. (2011). € 1≠€ 1: Coins versus banknotes and people's spending Behavior. *European Psychologist. 16*(3), 238–246.
166 Kahneman, D., & Tversky, A. (1979). Prospect theory: An analysis of decision under risk. *Econometrica: Journal of the Econometric Society, 47*(2), 263–292.

167 Camerer, C. F. (2000). Prospect theory in the Wild: Evidence from the Field. In: *Choices, Values and Frames.* Kahneman, D., & Tversky, A., (Eds.). Cambridge, 148–161.
168 Lozano, R., Naghavi, M., Foreman, K., Lim, S., Shibuya, K., Aboyans, V., … & AlMazroa, M. A. (2013). Global and regional mortality from 235 causes of death for 20 age groups in 1990 and 2010: a systematic analysis for the Global Burden of Disease Study 2010. *The Lancet, 380*(9859), 2095–2128.
169 Horx, M. (2007): *Anleitung zum Zukunftsoptimismus. Warum die Welt nicht schlechter wird.* Frankfurt / New York. 24
170 Ebenda 31.
171 Sunstein, C. R. (2003). Terrorism and probability neglect. *Journal of Risk and Uncertainty, 26*(2–3), 121–136.
172 Kunreuther, H., Novemsky, N., & Kahneman, D. (2001). Making low probabilities useful. *Journal of Risk and Uncertainty, 23*(2), 103–120.
173 Renn, O. (2014). *Das Risikoparadox: Warum wir uns vor dem Falschen fürchten.* Frankfurt, 172 f.
174 Gaissmaier, W., & Gigerenzer, G. (2012). 9 / 11, Act II: A fine-grained analysis of regional variations in traffic fatalities in the aftermath of the terrorist attacks. *Psychological Science, 23*(12), 1449–1454.
175 Kahneman, D., & Tversky, A. (1979). Prospect theory: An analysis of decision under risk. *Econometrica: Journal of the Econometric Society,* 263–291.
176 Rottenstreich, Y., & Hsee, C. K. (2001). Money, kisses, and electric shocks: On the affective psychology of risk. *Psychological Science, 12*(3), 185–190.
177 Seite »Verkehrstod«. In: Wikipedia, Die freie Enzyklopädie. Bearbeitungsstand: 12.08.2017, https: / / de.wikipedia.org / w / index.php?title=-Verkehrstod&oldid=168085309, abgerufen am 11.09.2017.
178 Statista, Statistiken zu Selbstmord / Suizid und Sterbehilfe in Deutschland, https: / / de.statista.com / themen / 40 / selbstmord / , abgerufen am 11.09.2017.
179 Statista, Anzahl der Terroranschläge nach Ländern im Jahr 2015, http: / / de.statista.com / statistik / daten / studie / 235792 / umfrage / terroranschlaege-nach-laendern / , abgerufen am 11.09.2017.
180 Spitzer, M. (2015). *Cyberkrank! Wie das digitalisierte Leben unsere Gesundheit ruiniert.* München, 46.
181 Horne, Z., Powell, D., Hummel, J. E., & Holyoak, K. J. (2015). Countering antivaccination attitudes. *Proceedings of the National Academy of Sciences, 112*(33), 10321–10324.
182 https: / / www.welt.de / gesundheit / article153521836 / Das-unloesbare-Problem-mit-den-Maerchen-der-Impfgegner.html, abgerufen am 17.09.2017.
183 Thaler, R. (1981). Some empirical evidence on dynamic inconsistency. *Economics Letters, 8*(3), 201–207.

184 Rogers, T., & Bazerman, M. H. (2008). Future lock-in: Future implementation increases selection of ›should‹ choices. *Organizational Behavior and Human Decision Processes, 106*(1), 1–20.
185 Brickman, P., Coates, D., & Janoff-Bulman, R. (1978). Lottery winners and accident victims: Is happiness relative? *Journal of Personality and Social Psychology, 36*(8), 917–927.
186 Dunn, E. W., Aknin, L. B., & Norton, M. I. (2008). Spending money on others promotes happiness. *Science, 319*(5870), 1687–1688.
187 Aus Tierschutzgründen soll in Zukunft diese Attraktion nicht mehr im Programm sein.
188 Blanchard, K., Lacinak, T., Tompkins, Ch., & Ballard, J. (2003). *Whale done! Von Walen lernen. So motivieren Sie jedes Team zu Spitzenleistungen.* München, 14–15.
189 Ebenda 19.
190 Ebenda 22.
191 Thorndike, E. L. (1898). Animal intelligence: An experimental study of the associative processes in animals. *The Psychological Review: Monograph Supplements, 2*(4), 1–107.
192 Haggbloom, S. J., Warnick, R., Warnick, J. E., Jones, V. K., Yarbrough, G. L., Russell, T. M., … & Monte, E. (2002). The 100 most eminent psychologists of the 20th century. *Review of General Psychology, 6*(2), 139–152.
193 Skinner, B. F. (1974): *Die Funktion der Verstärkung in der Verhaltenswissenchaft.* München.
194 Seite »Skinner, B. F.«. In: Wikipedia, Die freie Enzyklopädie. Bearbeitungsstand: 6. Juli 2017, https://de.wikipedia.org/w/index.php?title=B._F._Skinner&oldid=167041253, abgerufen am 11.09.2017.
195 Skinner, B. F. (1992). »Superstition« in the pigeon. *Journal of Experimental Psychology: General, 121*(3), 273–274.
196 Simmel, G. (1989). *Philosophie des Geldes.* Leipzig, 260.
197 Torgler, B.; Schmidt, S. L., & Frey, B. S. (2006): Relative Income Position and Performance: An empirical panel analysis, *Nota di Lavoro,* Fondazione Eni Enrico Mattei, No. 39.2006.
198 https://www.ft.com/content/13e676f0-92bb-11e5-94e6-c5413829caa5, abgerufen am 05.01.2016.
199 mm-newsdesk (2016). Investmentbank-Chef kann Cryan überflügeln, Manager-Magazin, http://www.manager-magazin.de/unternehmen/banken/john-cryan-dieser-banker-kann-mehr-verdienen-als-sein-chef-a-1084806.html, abgerufen am 11.09.2017.
200 Lazear, E. P. (2000). The power of incentives. *The American Economic Review, 90*(2), 410–414.
201 Ariely, D., Gneezy, U., Loewenstein, G., & Mazar, N. (2009). Large stakes and big mistakes. *The Review of Economic Studies, 76*(2), 451–469.
202 Bohnet, I, Oberholzer-Gee F. (2002): Leistungslohn als Motivations- und Selektionsinstrument. In: *Managing Motivation.* Frey, B., Osterloh. M. (Hrsg.). Wiesbaden, 139–161.

203 Ryan, A., Sutton, M., & Doran, T. (2014). Does winning a pay-for-performance bonus improve subsequent quality performance? Evidence from the hospital quality incentive demonstration. *Health Services Research, 49*(2), 568–587.
204 Vandewalle, D., Brown, S. P., Cron, W. L., & Slocum Jr, J. W. (1999). The influence of goal orientation and self-regulation tactics on sales performance: A longitudinal field test. *Journal of Applied Psychology, 84*(2), 249–259.
205 Ariely, D., Gneezy, U., Loewenstein, G., & Mazar, N. (2009). Large stakes and big mistakes. *The Review of Economic Studies, 76*(2), 451–469.
206 Burks, S., Carpenter, J., & Goette, L. (2009). Performance pay and worker cooperation: Evidence from an artefactual field experiment. *Journal of Economic Behavior & Organization, 70*(3), 458–469.
207 Dobelli, R. (2011): *Die Kunst des klaren Denkens.* München, 69 ff.
208 Baker, G., Gibbons, R., & Murphy, K. J. (1994). Subjective performance measures in optimal incentive contracts. *The Quarterly Journal of Economics, 109*(4), 1125–1156.
209 http://www.ndr.de/nachrichten/hamburg/Rendite-oder-Jobverlust-Klinik-Aerzte-unter Druck, aerztekammer110.html, abgerufen am 05.01.2016.
210 Grote Westrick, M., Zich, K., & Klemperer, D. (2015). *Faktencheck Gesundheit 2015: Regionale Unterschiede in der Gesundheitsversorgung im Zeitvergleich.* Gütersloh.
211 Möller, M., & Sigillo, F. (2010). Der Enron-Andersen-Skandal und dessen Einfluss auf das Reputationskapital der Institution Wirtschaftsprüfung. *GesKR Online-Beitrag, 1.*
212 Matthäus, C. (2004). Interview mit Enron-Insiderin Watkins »Es war wie ein Begräbnis, das nicht enden wollte«, Spiegel Online, http://www.spiegel.de/wirtschaft/interview-mit-enron-insiderin-watkins-es-war-wie-ein-begraebnis-das-nicht-enden-wollte-a-300178.htm, abgerufen am 11.09.2017.
213 Harris, J., & Bromiley, P. (2007). Incentives to cheat: The influence of executive compensation and firm performance on financial misrepresentation. *Organization Science, 18*(3), 350–367.
214 Peng, L., & Röell, A. (2008). Executive pay and shareholder litigation. *Review of Finance, 12*(1), 141–184.
215 Wowak, A. J., Mannor, M. J., & Wowak, K. D. (2015). Throwing caution to the wind: The effect of CEO stock option pay on the incidence of product safety problems. *Strategic Management Journal, 36*(7), 1082–1092.
216 Schäder, B. (2017). Banker-Boni. Der Spitzenverdiener arbeitet in Großbritannien, Stuttgarter Nachrichten, http://www.stuttgarter-nachrichten.de/inhalt.millionen-boni-34-millionen-eur jahresverdienst.7a593a4d-3429-4eef-8850-12a1357b3ccf.html, aufgerufen am 11.09.2017.
217 Barks, C. (1954): *Der arme reiche Mann.* Micky-Maus-Sonderheft 10.

218 Kabat-Zinn, J. (2006). *Gesund durch Meditation. Das große Buch der Selbstheilung*. Frankfurt, 75 f.
219 March, J. G., & Simon, H. A. (1958). *Organizations*. New York, zit. n. Martin, A. (2003). Arbeitszufriedenheit. In: *Organizational Behaviour*. Martin, H. (Hrsg.), Stuttgart, 21.
220 Olds, J., & Milner, P. (1954). Positive reinforcement produced by electrical stimulation of septal area and other regions of rat brain. *Journal of Comparative and Physiological Psychology*, *47*(6), 419–427.
221 Breiter, H. C., Gollub, R. L., Weisskoff, R. M., Kennedy, D. N., Makris, N., Berke, J. D., … & Mathew, R. T. (1997). Acute effects of cocaine on human brain activity and emotion. *Neuron*, *19*(3), 591–611.
222 https://www.dailydot.com/parsec/taiwan-gaming-binge-death-hsieh/ aufgerufen am 11.09.2017.
223 Spitzer, M. (2004). *Selbstbestimmung. Gehirnforschung und die Frage: Was sollen wir tun?* Ulm, 141.
224 Waelti, P., Dickinson, A., & Schultz, W. (2001). Dopamine responses comply with basic assumptions of formal learning theory. *Nature*, *412*(6842), 43–48.
225 McClure, S. M., Berns, G. S., & Montague, P. R. (2003). Temporal prediction errors in a passive learning task activate human striatum. *Neuron*, *38*(2), 339–346.
226 Deci, E. L., & Flaste, R. (1995). *Why we do what we do: The dynamics of personal autonomy*. New York, 26.
227 Frey, B. S., & Osterloh, M. (2002): Motivation – der zwiespältige Produktionsfaktor. In: *Managing Motivation*. Frey, B., & Osterloh, M. (Hrsg.). Wiesbaden, 25.
228 Sprenger, R. K. (2014). *Mythos Motivation*. Frankfurt, 78.
229 Fryer Jr, R. G. (2011). Financial incentives and student achievement: Evidence from randomized trials. *The Quarterly Journal of Economics*, *126*(4), 1755–1798.
230 Volpp, K. G., Levy, A. G., Asch, D. A., Berlin, J. A., Murphy, J. J., Gomez, A., … & Lerman, C. (2006). A randomized controlled trial of financial incentives for smoking cessation. *Cancer Epidemiology and Prevention Biomarkers*, *15*(1), 12–18.
231 Gneezy, U., & Rustichini, A. (2000). A fine is a price. *The Journal of Legal Studies*, *29*(1), 1–17.
232 Gneezy, U., & Rustichini, A. (2000). Pay enough or don't pay at all. *The Quarterly Journal of Economics*, *115*(3), 791–810.
233 Mellström, C., & Johannesson, M. (2008). Crowding out in blood donation: Was titmuss right? *Journal of the European Economic Association*, *6*(4), 845–863.
234 Schäfer, B. (2009) David Garrett: «Musik ist keine Religion", Zeit Online, http://www.zeit.de/online/2009/02/david-garrett-interview/seite-4, abgerufen am 11.09.2017.
235 Luthans, F., & Kreitner, R. (1985). *Organizational Behaviour Modification and Beyond: An Operant and Social Learning Approach*. London.

236 Locke, E. A., & Latham, G. P. (2002). Building a practically useful theory of goal setting and task motivation: A 35-year odyssey. *American Psychologist, 57*(9), 705–717.
237 Deci, E. L., Koestner, R., & Ryan, R. M. (2001). Extrinsic rewards and intrinsic motivation in education: Reconsidered once again. *Review of Educational Research, 71*(1), 1–27.
238 https://www.bcgperspectives.com/content/articles/human_resources_leadership_decoding_global_talent/?chapter=5, abgerufen am 15.09.2017.
239 Ariely, D., Kamenica, E., & Prelec, D. (2008). Man's search for meaning: The case of Legos. *Journal of Economic Behavior & Organization, 67*(3), 671–677.
240 Makary, M. A., & Daniel, M. (2016). Medical error-the third leading cause of death in the US. *BMJ: British Medical Journal (Online), 353.*
241 Armellino, D., Trivedi, M., Law, I., Singh, N., Schilling, M. E., Hussain, E., & Farber, B. (2013). Replicating changes in hand hygiene in a surgical intensive care unit with remote video auditing and feedback. *American Journal of Infection Control, 41*(10), 925–927.
242 Podsakoff, P. M., Bommer, W. H., Podsakoff, N. P., & MacKenzie, S. B. (2006). Relationships between leader reward and punishment behavior and subordinate attitudes, perceptions, and behaviors: A meta-analytic review of existing and new research. *Organizational Behavior and Human Decision Processes, 99*(2), 113–142.
243 Kluger, A. N., & DeNisi, A. (1996). The effects of feedback interventions on performance: A historical review, a meta-analysis, and a preliminary feedback intervention theory. *Psychological Bulletin, 119*(2), 254–284.
244 Ludwig, T. D., & Geller, E. S. (1997). Assigned versus participative goal setting and response generalization: managing injury control among professional pizza deliverers. *Journal of Applied Psychology, 82*(2), 253–261.
245 Dowling, N., Smith, D., & Thomas, T. (2005). Electronic gaming machines: are they the ›crack-cocaine‹ of gambling? *Addiction, 100*(1), 33–45.
246 Madden, G. J., & Hartman, E. C. (2006). A steady-state test of the demand curve analysis of relative reinforcer efficacy. *Experimental and Clinical Psychopharmacology, 14*(1), 79–86.
247 Madden, G. J., Dake, J. M., Mauel, E. C., & Rowe, R. R. (2005). Labor supply and consumption of food in a closed economy under a range of fixed- and random-ratio schedules: Tests of unit price. *Journal of the Experimental Analysis of Behavior, 83*(2), 99–118.
248 Rachlin, H. (1990). Why do people gamble and keep gambling despite heavy losses? *Psychological science, 1*(5), 294–297.
249 Fiorillo, C. D., Tobler, P. N., & Schultz, W. (2003). Discrete coding of reward probability and uncertainty by dopamine neurons. *Science, 299*(5614), 1898–1902.
250 Pomerantz, E. M., & Kempner, S. G. (2013). Mothers' daily person and process praise: Implications for children's theory of intelligence and motivation. *Developmental Psychology, 49*(11), 2040–2046.

251 Hattie, J., & Timperley, H. (2007). The power of feedback. *Review of Educational Research, 77*(1), 81–112.
252 Brummelman, E., Thomaes, S., Orobio de Castro, B., Overbeek, G., & Bushman, B. J. (2014). »That's not just beautiful—that's incredibly beautiful!« The adverse impact of inflated praise on children with low self-esteem. *Psychological Science, 25*(3), 728–735.
253 Larsen, R. (2009). The contributions of positive and negative affect to emotional well-being. *Psihologijske Teme, 18*(2), 247–266.
254 Appleton, M. (2000). *Summerhill-Kindern ihre Kindheit zurückgeben: Demokratie und Selbstregulation in der Erziehung.* Hohengehren.
255 Bach, G. R., & Wyden, P. (1983). *Streiten verbindet: Spielregeln für Liebe und Ehe*. Frankfurt. Bach, G. R., & Goldberg, H. (1974). *Keine Angst vor Aggression: wie lerne ich mit Aggression kreativ umzugehen und durch offene Auseinandersetzung meine Partnerprobleme neu zu klären.* Frankfurt.
256 Jackson, D. (1968). *Communication, Family and Marriage.* Human communication, VI. 1. Palo Alto.
257 Gottman, J. M. (2014). *Principia amoris: The new science of love.* New York, London.
258 Ebenda 15.
259 Buehlman, K. T., Gottman, J. M., & Katz, L. F. (1992). How a couple views their past predicts their future: Predicting divorce from an oral history interview. *Journal of Family Psychology, 5*(3-4), 295–318.
260 Carrere, S., & Gottman, J. M. (1999). Predicting divorce among newly-weds from the first three minutes of a marital conflict discussion. *Family Process, 38*(3), 293–301.
261 Gottman, J. M., & Levenson, R. W. (1992). Marital processes predictive of later dissolution: Behavior, physiology, and health. *Journal of Personality and Social Psychology, 63*(2), 221–233.
262 Gottman, J. M. (2014). *Principia amoris: The new science of love.* New York, London, 20 ff.
263 Ebenda 21.
264 Gottman, J. M., & Levenson, R. W. (2002). A Two-Factor model for predicting when a couple will divorce: Exploratory analyses using 14-Year longitudinal data. *Family Process, 41*(1), 83–96.
265 Losada, M., & Heaphy, E. (2004). The role of positivity and connectivity in the performance of business teams: A nonlinear dynamics model. *American Behavioral Scientist, 47*(6), 740–765.
266 Bauman, Z. (2009). *Leben als Konsum*. Hamburg.
267 Sutton, K. (2009). Cult of Less Blog. Is it possible to own nothing? http://cultofless-blog.tumblr.com/post/182833987/is-it-possible-to-own-nothing, aufgerufen am 11.09.2017.
268 Naish, J. (2008). *Genug. Wie Sie der Welt des Überflusses entkommen.* München. Zitat auf der Rückseite des Buches.

269 Schlüter, P. M., Xu, S., Gagliardini, V., Whittle, E., Shanklin, J., Grossniklaus, U., & Schiestl, F. P. (2011). Stearoyl-acyl carrier protein desaturases are associated with floral isolation in sexually deceptive orchids. *Proceedings of the National Academy of Sciences, 108*(14), 5696–5701.
270 Erickson, M. H., & Rossi, E. L. (1979). *Hypnotherapy, an exploratory casebook*. New York.
271 Bandler, R., & Grinder, J. (1975). *The structure of magic I: A book about language and therapy*. Palo Alto.
272 Chartrand, T. L., & Bargh, J. A. (1999). The chameleon effect: the perception–behavior link and social interaction. *Journal of Personality and Social Psychology, 76*(6), 893–910.
273 Van Baaren, R. B., Holland, R. W., Kawakami, K., & van Knippenberg, A. (2004). Mimicry and prosocial behavior. *Psychological Science, 15*(1), 71–74.
274 Guéguen, N., Martin, A., & Meineri, S. (2011). Mimicry and helping behavior: An evaluation of mimicry on explicit helping request. *The Journal of Social Psychology, 151*(1), 1–4.
275 Guéguen, N. (2009). Mimicry and seduction: An evaluation in a courtship context. *Social Influence, 4*(4), 249–255.
276 Van Baaren, R. B., Holland, R. W., Steenaert, B., & van Knippenberg, A. (2003). Mimicry for money: Behavioral consequences of imitation. *Journal of Experimental Social Psychology, 39*(4), 393–398.
277 Jacob, C., Guéguen, N., Martin, A., & Boulbry, G. (2011). Retail salespeople's mimicry of customers: Effects on consumer behavior. *Journal of Retailing and Consumer Services, 18*(5), 381–388.
278 Karremans, J. C., & Verwijmeren, T. (2008). Mimicking attractive opposite-sex others: The role of romantic relationship status. *Personality and Social Psychology Bulletin, 34*(7), 939–950.
279 Carpenter, M., Uebel, J., & Tomasello, M. (2013). Being mimicked increases prosocial behavior in 18-month-old infants. *Child development, 84*(5), 1511–1518.
280 Torberg, F. (2004). *Die Tante Jolesch oder Der Untergang des Abendlandes in Anekdoten*. München.
281 Anonym (2013). Ab drei Uhr nachts angestanden Neue Aldi-Filiale: 300 Luxus-Briten stehen Schlange. Online Focus. http://www.focus.de/panorama/welt/ab-drei-uhr-nachts-angestanden-neue-aldi-filiale-300-luxus-briten-stehen-schlange_aid_1035993.html, abgerufen am 11.09.2017.
282 Verhallen, T. M. (1982). Scarcity and consumer choice behavior. *Journal of Economic Psychology, 2*(4), 299–322.
283 Zellinger, D. A., Fromkin, H. L., Speller, D. E., & Kohn, C. A. (1975). A commodity theory analysis of the effects of age restrictions upon pornographic materials. *Journal of Applied Psychology, 60*(1), 94–99.
284 Brannon, L. A., & Brock, T. C. (2001). Scarcity claims elicit extreme responding to persuasive messages: Role of cognitive elaboration. *Personality and Social Psychology Bulletin, 27*(3), 365–375.

285 West, S. G. (1975). Increasing the attractiveness of college cafeteria food: A reactance theory perspective. *Journal of Applied Psychology, 60*(5), 656–658.
286 Knishinsky, A. (1982). *The Effects of Scarcity of Material and Exclusivity of Information on Industrial Buyer Perceived Risk in Provoking a Purchase Decision.* Arizona State University.
287 Van Herpen, E., Pieters, R., & Zeelenberg, M. (2009). When demand accelerates demand: Trailing the bandwagon. *Journal of Consumer Psychology, 19*(3), 302–312.
288 Roth, A. E., & Ockenfels, A. (2002). Last-minute bidding and the rules for ending second-price auctions: Evidence from eBay and Amazon auctions on the Internet. *The American Economic Review, 92*(4), 1093–1103.
289 Etzersdorfer, E., Sonneck, G., & Nagel-Kuess, S. (1992). Newspaper reports and suicide. *The New England journal of medicine, 327*(7), 502–503.
290 Cheng, A. T., Hawton, K., Lee, C. T., & Chen, T. H. (2007). The influence of media reporting of the suicide of a celebrity on suicide rates: A population-based study. *International journal of epidemiology, 36*(6), 1229–1234. Martin, G. (1998). Media influence to suicide: The search for solutions. *Archives of Suicide Research, 4*(1), 51–66.
291 Vartanian, L. R., Sokol, N., Herman, C. P., & Polivy, J. (2013). Social models provide a norm of appropriate food intake for young women. *PLoS One, 8*(11), e79268. https://doi.org/10.1371/journal.pone.0079268.
292 Schmiege, S. J., Klein, W. M., & Bryan, A. D. (2010). The effect of peer comparison information in the context of expert recommendations on risk perceptions and subsequent behavior. *European Journal of Social Psychology, 40*(5), 746–759.
293 Sieverding, M., Matterne, U., & Ciccarello, L. (2010). What role do social norms play in the context of men's cancer screening intention and behavior? Application of an extended theory of planned behavior. *Health Psychology, 29*(1), 72–81.
294 Unkelbach, C., & Memmert, D. (2010). Crowd noise as a cue in referee decisions contributes to the home advantage. *Journal of Sport and Exercise Psychology, 32*(4), 483–498.
295 Delsing, M. J., Ter Bogt, T. F., Engels, R. C., & Meeus, W. H. (2008). Adolescents' music preferences and personality characteristics. *European Journal of Personality, 22*(2), 109–130.
296 Salganik, M. J., Dodds, P. S., & Watts, D. J. (2006). Experimental study of inequality and unpredictability in an artificial cultural market. *Science, 311*(5762), 854–856.
297 Keizer, K., Lindenberg, S., & Steg, L. (2008). The spreading of disorder. *Science, 322*(5908), 1681–1685.
298 Ebenda.

299 Martin, St. (2012). 98% of HBR Readers Love this Article, *Harvard Business Review*, https://hbr.org/2012/10/98-of-hbr-readers-love-this-article, abgerufen am 11.09.2017.
300 Goldstein, N. J., Cialdini, R. B., & Griskevicius, V. (2008). A room with a viewpoint: Using social norms to motivate environmental conservation in hotels. *Journal of Consumer Research, 35*(3), 472–482.
301 Martin, St. (2012). 98% of HBR Readers Love this Article, *Harvard Business Review*, https://hbr.org/2012/10/98-of-hbr-readers-love-this-article, abgerufen am 11.09.2017.
302 DeBruine, L. M. (2002). Facial resemblance enhances trust. *Proceedings of the Royal Society of London B: Biological Sciences, 269*(1498), 1307–1312.
303 Burger, J. M., Messian, N., Patel, S., del Prado, A., & Anderson, C. (2004). What a coincidence! The effects of incidental similarity on compliance. *Personality and Social Psychology Bulletin, 30*(1), 35–43.
304 Oates, K., & Wilson, M. (2002). Nominal kinship cues facilitate altruism. *Proceedings of the Royal Society of London B: Biological Sciences, 269*(1487), 105–109.
305 Martin, A., Jacob, C., & Guéguen, N. (2013). Similarity facilitates relationships on social networks: A field experiment on facebook. *Psychological Reports, 113*(1), 217–220.
306 Burger, J. M., Soroka, S., Gonzago, K., Murphy, E., & Somervell, E. (2001). The effect of fleeting attraction on compliance to requests. *Personality and Social Psychology Bulletin, 27*(12), 1578–1586.
307 Burger, J. M., Messian, N., Patel, S., del Prado, A., & Anderson, C. (2004). What a coincidence! The effects of incidental similarity on compliance. *Personality and Social Psychology Bulletin, 30*(1), 35–43.
308 Eibl-Eibesfeldt, I. (1984). *Die Biologie des menschlichen Verhaltens: Grundriß der Humanethologie* (Vol. 5). München.
309 Hornik, J. (1992). Effects of physical contact on customers' shopping time and behavior. *Marketing Letters, 3*(1), 49–55.
310 Guéguen, N., & Jacob, C. (2006). The effect of tactile stimulation on the purchasing behaviour of consumers: An experimental study in a natural setting. *International Journal of Management, 23*(1), 24.
311 Ebesu Hubbard, A. S., Tsuji, A. A., Williams, C., & Seatriz, V. (2003). Effects of Touch on Gratuities Received in Same-Gender and Cross-Gender Dyads. *Journal of Applied Social Psychology, 33*(11), 2427–2438.
312 Guéguen, N. (2007). The effect of a man's touch on woman's compliance to a request in a courtship context. *Social Influence, 2*(2), 81–97.
313 Guéguen, N. (2004). Nonverbal encouragement of participation in a course: The effect of touching. *Social Psychology of Education, 7*(1), 89–98.
314 Cheng, J., Bernstein, M., Danescu-Niculescu-Mizil, C., & Leskovec, J. (2017). Anyone can become a troll: Causes of trolling behavior in online discussions. *arXiv preprint arXiv:1702.01119.*

315 Danescu-Niculescu-Mizil, C., Gamon, M., & Dumais, S. (2011). Mark my words! Linguistic style accommodation in social media. In: *Proceedings of the 20th international conference on World wide web*. 745–754, http://wwwconference.org/proceedings/www2011/proceedings/p745.pdf, abgerufen am 31.12.2017.

316 Pariser, E. (2011). *The Filter Bubble: What the Internet Is Hiding from You.* New York.

317 Davis, C. A., Varol, O., Ferrara, E., Flammini, A., & Menczer, F. (2016, April). Botornot: A system to evaluate social bots. In: *Proceedings of the 25th International Conference Companion on World Wide Web*, 273–274). International World Wide Web Conferences Steering Committee, https://dl.acm.org/citation.cfm?id=2889302, abgerufen am 31.12.2017.

318 http://gutenberg.spiegel.de/buch/-3505/1, abgerufen am 15.11.2017.